モンゴルが世界史を覆す

顛覆世界史的蒙古

杉山正明
Sugiyama Masaaki

周　俊宇——譯

目次

第四章　人類史上的「帝國」 204

圖表

文庫版前言

時光飛逝，歲月如梭。本書的原版《異論歐亞史——來自蒙古的視線》（逆説のユーラシア史—モンゴルからのまなざし）在二〇〇二年九月由日本經濟新聞社出版。九一一事件就是在前一年發生的。

那股巨大衝擊，和堪稱當時紐約象徵「金融景氣」之沸騰的世界貿易中心雙子大廈，因遭恐怖攻擊客機撞擊，由上而下依次崩塌，那使人慘不忍睹的畫面，在轉瞬間同步傳送到世界各地與日本。然後，不問人種、國別、空間等界線而生活在陸地上的許多人們，為這個沒有現實感的「現實」感到驚訝，同時也不得不實際體認到世界和時代已經發展到了一個和過去完全不同的境界。姑且不論世間出現了一種反省直擊美國核心之恐怖組織這個「現象」的意義與是非，並進而預想、預測接下來即將發生之事件的傾向，作為人類社會的「共通體驗」——，我們能夠說是以極具視覺效果的形式，無從選擇地被迫體驗到現實時間中世界彼此聯繫的全球化時代已經來臨。

翌年，即二〇〇二年，美國透過阿富汗戰爭，終於正式介入歐亞中亞地帶。於是在全球化的同時，又有一場全新的權力遊戲在「古老大陸」歐亞展開。並且，對於扮演主角的美國，人們也出現了對「世界帝國」的憂慮。這些皆屬前所未有的事態。

回顧往昔，若是以人類史角度來追溯過去、環視歷史，是否曾有類似的事例呢？在此，我的腦海裡浮現出歐亞帝國蒙古和全球帝國美國這兩個相隔七百年時光的國家，與這兩國之間差異極大的立國理念和形象。一邊是以陸海連結了歐亞非的蒙古，一邊則是可以看到在陸海空各方面支配著地表的美國。在前著《異論歐亞史——來自蒙古的視線》裡，我在意識到美國主導著現代的同時，也嘗試大略地描繪這個給人類史的步伐帶來劃時代轉變，推開了通往遙遠現代之全球化時代門扉的蒙古帝國，以及其時代的輪廓。書中的關鍵詞是「巨大帝國」、「統合化的世界」，以及「歷史與現在」。

如今，距前著已歷時三年半有餘。這段期間，美國自阿富汗更進一步向位於中東中央地帶的伊拉克展開作戰。不過，海珊政權本身雖然輕易便被擊垮，但美國仍為頻頻爆發的恐怖事件所苦，在國內外遭受責難。事態仍然持續發展中。也就是說，現在只不過是一個過程而已。不過，坦白說整體局面已經開始回歸平穩，中東和歐亞的情勢看起來正要告一段落。

這次趁著拙著推出文庫版的機會，我又新加入了嘗試通盤論述人類史中「帝國」政體的第四章，以及處理與成吉思汗作為一位屹立於歐亞史上的典型王權形象相關的第三章。此外，針對有關單行本出版後發生的伊拉克戰爭和阿富汗戰爭，我也在第一章第三節增加了一些內容，這都是為了更多角度地探討「歷史與現在」這個問題。

話說回來，今年即二〇〇六年，相當於蒙古帝國出現後的八百週年。就在一二〇六年，一位名喚鐵木真的領袖，整合了割據現在蒙古高原的突厥蒙古系游牧民，將「國家」以蒙古語命名為「大蒙古國」（yeke mongɣol ulus），同時又自稱成吉思汗。空前的「世界帝國」和歐亞的新時代，由此開始。

自二〇〇五年起，在德國舉辦了與成吉思汗和蒙古帝國有關的各種活動和展覽會，我多少盡了棉薄之力。今年，以當事國蒙古國為主，包括中華人民共和國的內蒙古自治區及世界各地在內，也有各種紀念企畫活動展開。以直接或間接的形式與成吉思汗或蒙古國具有關聯的區域，占了歐亞近大半。日本亦不例外。近年來，一種將日本方面的研究視作有價值的成果，對蒙古帝國及其時代從頭重新檢視的動向，正在世界各地擴散。

無庸贅言，「歷史」和「現在」是密不可分的。藉著蒙古時代的真實狀態較往昔更加翔實，而且其真實輪廓也能夠正確且確實地被描繪出來，今後觀照歐亞以及現在世界的眼光想必將更加深入。若能如此，對於身為一位歷史工作者的我而言實屬萬幸。

寫於二〇〇六年二月

序　章
——
我們身在何處？關注歷史之眼

私たちはどこにいるのか —— 史を見つめる眼

一、全球化時代與九一一事件

人類史上的首發事態

西元二十一世紀的今日，我們似乎正邁向一個前所未有，規模遍及全球的人類文明新時代。特別值得一提的是，過去將人與人隔開的空間、政治、意識藩籬，藉著網路或電子郵件的普及，或是以美國為中心的電視、媒體等龐大力量，幾已清除殆盡。

由於訊息在轉瞬之間便能傳播、共享，從某一方面來看，規模遍及全球的共通「世界知識」及共時認知，或是堪稱為地球公民化的新現象，的確正跨越國家或地域的界線在形成中。這顯然是人類史上從未發生過的。

此外，不限國界或地域之別，也發生了中央與地方的差距與層級等各種空間上的隔閡也正急速模糊，就某部分而言更可說是正在明顯消失的事態。自人類邁開腳步以來，經過所謂的古代、中世、近世、近代，甚至是現代及當代，在悠長的歷史時間中，一直以來定義著我們及我們所創造之社會的形成原理，正不發聲響，而且是極為迅速地，從根本之處開始變化。這也是過去未曾有的。

人類總是動輒認定「自己現在所生存的時代非常特殊，這個時代是往昔未有的新時代開端」。無論是在世界各地還是日本，過去我們可以看到幾種主張，主張其所處時代為轉型期，或是時代及歷史的轉捩點等。然而，與上述這樣一個常有的癖性或深信不疑所不同的是，我們所處的這個全球化時代的開端與過去的時代之間，似乎還是能夠看到一些明確而無法否定的差異。

整合與多元的同步進展

這樣的樣貌，終究無法以「高度資訊社會」一語涵蓋。掌握資訊進而發聲者，身懷巨大力量，以新的權力者姿態出現。資訊的支配、獨占與控制，使得令人驚異的新形態的雄心或權力浮上檯面。由於這些雄心或權力是以地球為規模輕而易舉地展開，因此難以扼止。

例如，前些日子美國在全球化經濟、金融大改革等呼聲中公然布下的經濟攻勢，有一半以上堪稱金融恐怖攻擊、金融虛無主義。很明顯，這是攸關著支配世界的權力遊戲。並且，在電腦商務領域獲得成功的人士成為世界巨人，掌握了人類史上從未有過的巨富和權力，隱然成為世界的支配者之一。這樣的個人，企圖收購全世界藝術品的圖像版權，再大賺一筆，成為文化、藝術的帝王，最後雖然失敗了，卻並不是純然的鬧劇或玩笑。

理所當然地，全世界一舉邁向全球化時代，不能只以單純的功罪、損益來論定。顯然，就結果而言，與是否有所意圖無關，我們已一腳跨入了此一時代。

在全球化的另一面，反而國家化、區域化、在地化等動向也更加鮮明且有形化，這無庸贅述。若以漢語或日語來說為：民族、部族、族群、文化共同體等，以及姑且不論以英語來說是否適當的 Nation、Tribe、Ethnic Group 等辭彙，這些在大大小小各種規模、層次及結構中的人群，作為一個具有前所未有之意義的群體而復甦、活化。我們可以見到各種自我主張、我群確認，新的整合工程在所有地方展開嘗試。輪廓、內容皆曖昧，極具機會主義色彩有如「鵺」，[1] 一般的用語如「族群」，作為一個重要的關鍵詞，其意義重新受到檢視。此外，文化多元主義的動向，當然也開始出現蹤跡。

在所謂「國族國家是近代想像」這個想法扎根的過程中，逐漸消聲匿跡的國族主義，在全球化時代開始的同時，不只未遭否定，反而是挾著新的生命再度浮現。如中華人民共和國等亞洲各國中存在的「後進型國族主義」固不待言，更令人注目的是，在已成既定事實的國族國家框架之下，不屬於國家或無國家的人群，反而加強了他們追求建立國

1　譯注：日本傳說的怪獸，猴頭、狸身、蛇尾、虎足，鳴聲有如虎斑地鶇。

家的志向。這是因為，全球化時代雖然看似跨越了國家的邊界，削弱了國家的存在，但在另一方面，成為全球化前提的國際秩序體系，終究是以國家為單位來構成的。

要言之，全球化時代中整合和多元是同時進行的。兩者不見得時常對立或相剋。整合時而促進多元，多元也會支持整合。這樣的情況並不算少。而我們正處於其夾縫間。在同一個人身上發現兩種要素的同時體現，或許並不罕見。不過，那僅限於能夠被歸類為「地球公民」這個新「階層」的人們。

蒙古「帝國」和美國「帝國」

全球化時代具有一個面向，就是無論世界、國家、地域、社會、集團、個人的任一層次，富者與貧者、強者與弱者之間的差距都更加鮮明。過去懷抱「文明化使命」分割、支配世界的歐美，再加上日本等，如今可說是以全新的強大電子機器之力為後盾，改變形式卻又昭然若揭地，意圖以另一形態再度支配世界。

當然，美國處於全球化的中心。第二次大戰後手握世界霸權的美國，藉著蘇聯的解體，澈底成為國際秩序體系的唯一領導者、支配者。今日表面上以國族國家為基本單位的世界秩序，若是觀察其實際樣貌，便能發現那是幾近於帝國的秩序。

姑且不論「帝國」的語源、語義，以及作為辭彙的自我矛盾等討論，[2]若是著眼於現實面，在過去的人類史上確也曾經存在著幾個適合以「帝國」之名概括稱呼的政治體。

若要一一列舉便沒完沒了，而且什麼是帝國，什麼又不算是帝國，相關的討論在各種觀點、角度下皆有其道理。雖說如此，在過去為數不多的帝國之中，比較顯眼的兩個，應該就是羅馬帝國和蒙古帝國了。這兩者皆是以大大小小的國家、區域權力為基本單位而構成的「世界秩序」。兩者不同之處在於羅馬帝國是地中海規模，而蒙古帝國則是歐亞規模。

筆者在此想略過兩者的比較和「帝國論」不述。在此大膽地做出斷言，羅馬帝國和蒙古帝國都是陸與海的帝國。不用說，羅馬帝國是立基於地中海這個世界罕見的大型內海的優勢。順帶說一點題外話，我們所生活的這個日本列島，時常將瀨戶內海比擬為地中海，從文明史角度的類似性來進行討論，其心情雖可理解，然而還是有些怪異。地中

2 有關源自拉丁語 Imperium 的 Empire，若從文字組合的角度來看其原為日本和製漢語的「帝國」，確實予人奇妙之感。意指地面上唯一支配者的「帝」，與意味著古代中華春秋時代之都市國家的「國」，本來是不相關的。張冠李戴的這個奇怪用語，是在江戶後期，作為德語 Kaiserreich 的譯語而創造出來的。因為 Kaiser 為皇帝之意，Reich 則是國家。這樣的轉譯便是在可說有些草率，或是引人會心一笑的單純發想下誕生。不得不說，同樣通曉漢字文化的日、中、韓文化人士皆加以援用而沒有提出異議，的確令人不解，畢竟這其實是一個充滿「日本味」的用語。

海是一座最大深度達四千公尺的大海，浪高風強。與深度僅二百公尺，幾可說是平底，如大河一般的瀨戶內海完全不同。另一方面，蒙古帝國則是先成為史上最大的陸地帝國，然後再向海上發展，緩緩地匯總歐亞的陸與海。

以類似的粗略說法來講，美國便是一個陸海空的帝國。特別是以龐大的海上展開能力為基礎的航空戰力為主，支配大氣圈內和圈外的宇宙空間、資訊、通訊，在大眾文化和青少年文化方面也以全球化規模來散播電影、音樂等，因此或許可以稱之為「天空帝國」。在整個人類歷史中形成國家支配、帝國秩序的樣貌上，美國堪稱是相當程度地綜合了過去以來的歷史經驗，創造了新的形態。

九一一事件的意義

然後，九一一事件發生了。有關這一天的意義，已經有無數的意見和討論，今後也將持續下去。不過，在此筆者只想討論有關「二〇〇一年九月十一日這一天將美國的帝國性往上提高了一個層次」這方面的變化。

造成變化的一個原因是，美國這一個內在巨大的國族國家，非常單純地凝聚且沸騰了起來。回顧過去，以南北戰爭為名的 Civil War（又稱「公民戰爭」或「內戰」），是一場美國為了成為「美國」而發生的「內部戰爭」，在流了六十三萬餘人的鮮血後，美利堅合眾國正式地跨出大西洋及太平洋這兩座海洋，進入了對外戰略的時代。美國此一自第二次大戰開始突然顯著的世界戰略，基本上是在這樣的走向中形成。在此過程中，戰爭時常是「外向」的。

其間，美國在歐洲或亞洲，特別是在越南傷得頗重，但所流的鮮血皆無南北戰爭的多，更重要的是美國本土皆未受到攻擊。他們名符其實地實踐了「攻擊便是最大防衛」的這個法則。我們可以說，自十九世紀初可稱作事實上的獨立戰爭的英美戰爭以來，美國在本質上便未曾經歷過「國土防衛戰」。

而這項紀錄由於其國家中心的核心機構遭到攻擊，使得世界經濟支配的象徵、據點完全崩塌瓦解而被打破。就算不是歐薩瑪・賓拉登（Osama bin Laden）[3]，對於前述強調以美國為中心的所謂「金融恐怖主義」的人士來說，世界貿易中心的雙子星大樓，說不定也稱得上是「邪惡巢窟」了。實際上，無論是好是壞，布下了金融控制的人們，也屬於這場事件的犧牲者。當然，對於來自世界各國，不幸遭遇劫難而亡的犧牲者們，我們應該獻上無盡的哀悼。

3 譯注：本書為便利讀者查詢，世界各地人事物原名，皆採羅馬字或拉丁文轉寫的標記方式。

然而，這回許多美國民眾首次驚覺何謂「防衛」。他們被迫一下子嘗到了危及生命、國土及國民安全的恐懼。美國這個多元人種、文化、語言的熔爐國家，是透過用對外作戰把人心維繫在中央政權上的這個人類史上常見之手法，來消解國內矛盾或缺乏整合等問題的。他們以將關心挪向外部的做法，回避了內部問題。外部經常為了內部而遭利用。而這回則是突然出現了一個內部因外來力量而團結一體的事態。

「巨大且不易整合的國族國家，也同時是世界帝國」的這個雙重性，其弱點就在於國內的不安定。而現在則透過九月十一日的事件，獲得了一個國內團結凝聚的無比象徵。原本，所謂的「帝國」幾乎皆從內部開始瓦解，歷史上的事例，不是只有最近瓦解的蘇聯帝國而已。

復甦的歐亞地緣政治學

之所以說「美國的帝國性向上升高了」的另一個原因是，作為緊接而來的阿富汗戰爭的結果，美國終於在包括阿富汗、塔吉克、烏茲別克、土庫曼等原蘇聯圈共和國在內的歐亞中央地帶上，明確地建立了軍事、政治、經濟方面的陸上據點。

方才筆者已經談到美國是一個陸海空帝國。其實，過去以來在「陸」這個面向上，美國在歐亞的據點除包含日本在內的島嶼部分以外，僅限於朝鮮半島與沙烏地阿拉伯、德國以西的歐洲等地，事實上還未跨進歐亞的內側。

現在，美國則是一舉深入到歐亞的正中央，也就是中華人民共和國的裡側、印度的上方、俄羅斯的懷裡、伊朗的背面。也就是說，美國這個空中帝國，在此取得了歐亞陸上帝國的可能性。

過去曾經擔任卡特政權下的國家安全顧問的布里辛斯基（Zbigniew Kazimierz Brzezinski），[4]在一九九七年，部分由於自己出身於波蘭，而提倡「歐亞地緣政治學」的觀點與戰略。[5]但是，美國這個國家總是給人一種欠缺關照歐亞大陸整體眼光的印象。布里辛斯基的主張，在當時或許是提出得過早了。其主張就算有成為美國不久將來之戰略的潛力，但在主事者眼中則未必是具備現實感的。

然而，二〇〇二年，令人略感意想不到的是，美國獲得了一個通往人類史上尚未成

---

4 布里辛斯基曾為約翰・霍普金斯大學高級國際研究學院教授，於二〇一七年五月去世。

5 原書名為 *The Grand Chessboard: American Primacy and its Geostrategic Imperatives*。日文版為山岡洋一所譯《ブレジンスキーの世界はこう動く—21 世紀の地政戦略ゲーム》，一九九八年日本経済新聞社出版。後改為《地政学で世界を読む—21 世紀のユーラシア覇権ゲーム》，二〇〇三年日経ビジネス人文庫出版。此書中文版《大棋盤：全球戰略大思考》為林添貴所譯，二〇〇三年立緒出版；二〇〇七年曾改書名為《大國政治——全球戰略大思考》；二〇二一年再改回原名。

就過的，完全具備了陸海空三項要素之世界帝國的發展契機。即便是照應到過去所有的歷史，在政治、軍事體系，或是劃時代的轉折方面，都存在著清楚分明的差異。無論是喜歡或不喜歡，美國恐怕已經無法後退了。從今以後，歐亞情勢若撇開在大陸中央地帶上握有地面據點的美國不談，將愈來愈難成論。美國已經身在其中。筆者不得不再次強調，九一一事件所具有的意義是非常重大的。

二、歷史研究的大改革開始了

關注事實

現在，我們恐怕正站在人類史上大轉折的入口。在這當中，我們為了要以更宏大的眼光揣度面向未來的道路，而不僅是不久的將來，仍須向歷史借鏡，深入思索。澈底地把握人類過去種種作為，適當且正確地評價，同時搜羅歷史經驗整體的工作，是至為緊要的。

這是一件知易行難的工作。不過，以「人類為何？」為出發點及歸結點，同時從大視野來重新掌握歷史發展的道路，是無可替代的程序。著眼於各個文明、地域、國家、社會等固有脈絡，以及其中所發現的人類文明共通性、普遍性，而非只以一個文明觀或價值觀來形塑歷史，這是不可或缺的。因而，筆者想藉著站在多元歷史學這個基礎上的必要性，來建構以全球規模來展望整體的歷史學，也就是可為人類所共享的二十一世紀世界史圖像。

個別的歷史研究之能成形，本來就具有超越其所存在之政治環境或時代的價值，若逐一且細緻地探索我們先人所走過的路，作為其結果方有我們今日世界的路程，縱使那一個個事實如何渺小，這項工作亦必定具有其獨特的意義。

若是有人認為這有如薛西弗斯永遠推著自山頂滾落之岩石的行為，而加以揶揄並斷言那近於無益，那麼我們可以說這是不清楚「將事實作為事實來了解」之意義的妄言。我們對於過去的事實幾乎全然無知。原本，一種對於歷史所抱持的「為何能斷言過去種種為事實？」的懷疑主義、虛無主義，在相當程度上是很可以讓人理解的，而且也確有其相應的理由。然而，即便不是上述高層次的討論，而只是極為理所當然的基礎性事實，儘管這些事實以許多人無法否定之形式來呈現，恐怕仍會在深信、成見或怠慢的情況下，一直未受到釐清與認知。我們所處的世界的確存在此一現象。

其實，筆者平日對於過去或現在的某些論者，不解歷史上的某些事實就高談闊論深奧的思想、哲學、歷史論、文明論、政治論的情況，在詫異的同時也感到佩服。這樣一種「怠學」，雖是當事者本身的責任，但超越那個層次，我們仍不得不說直到現在，為了要大略追溯人類腳步而應該要有最小限度存在的大歷史框架，終究還尚未確立。希望讀者能有所自覺，後現代的主張是依時間與環境而定的。

關注事實仍然是無比重要的。自然科學裡的事實主義，與人文學特別是歷史學裡的事實主義並無任何不同。自然科學中的事實主義與理論化，是某種想像反覆不斷的建構與再建構，事到如今已自不待言。歷史學也不過是相同道理。

本來，包括自然科學在內的幾乎所有學術研究，就鑑往知來的這層意義來看，其實皆是廣義的歷史研究。追尋史料、資料及過去的痕跡，尋求一路走來的路程和變遷，然後探索未來。而所謂狹義的歷史學，偏重文獻學或遺物、遺跡學，或許本來就是奇怪的。歷史學照理來說與文科或理科的框架無關，而應該是運用所有資料及思考方法，來進行的一門綜合學術。

特殊時代「二十世紀」

回頭來看，時當基督教曆千年紀元更新的二〇〇〇年到二〇〇一年間，有許多回首二十世紀，展望二十一世紀的主張，或是企劃以出版或大眾媒體等多種形式反覆出現。雖說如此，這樣一個動向，到了九一一以後的今天，卻好似被忘卻了一般。

以下是一段個人經驗。在我所任職大學的學系及研究所裡，自數年前開始設置「二十世紀學」講座，作為現代文化學系列之一，二〇〇〇年十二月還創辦了一份學術刊物，名為《二十世紀研究》。這份刊物應該是以確立「將二十世紀作為研究對象」的學問領域為目標，趕在二十世紀最後一年的最後一個月，在創辦者們貫注了強而有力的訊息下發刊的。

接下來又是一段切身的事例。在我直屬的東洋史學研究室度過了十二年留學生活，於前年九月以天津南開大學副教授身分返回中國的胡寶華先生，於世紀解紘更張的二〇〇一年三月一日出版了一本引人注目的日文書籍《百年の面影—中国知識人の生きた二十世紀》（角川選書）。那是一本以種種事件或逸聞為橫軸，鮮明地描寫近代中國一百年充滿苦澀之足跡的著作。甚至，若是放在中國知識分子為之激動的二十世紀動盪的悲劇脈絡來看，還是以陸鍵東在二十世紀最後一個月附帶著〈譯者後記〉出版了日文版，由荒井健等翻譯的《中国知識人の運命—陳寅恪最後の二十年》（平凡社，二〇〇一年三月）更帶給我們強烈的衝擊。該書主角陳寅恪，是二十世紀中國具代表性的學者、歷史學家及文學家。

不只是在中國，二十世紀在人類史上確實是特別的一百年。這個世紀作為歐美的世紀揭開了序幕，進而成為美國的世紀。並且，這既是社會主義的世紀，也是充滿殺戮與破壞的戰爭世紀。接著，這個世紀後半，亞洲改頭換面開始重生，甚至環境問題所引發的對全球社會、人類社會的思考也帶著現實感，作為迎向新世紀的課題擺在我們眼前。在思考人類整體的來路與去向之際，二十世紀所具有的意義極大。

歐美型世界史圖像的瓦解

當我們面對如何思考、理解人類腳步的這個問題時，二十世紀的意義同樣重要。所謂世界史的這個思考方式，並非始於歐美。然而，在二十世紀前，歐洲於十九世紀後半期壓制了世界。結果，歐洲文明成為一切的價值基準，人類的歷史便以歐洲為主角來編寫情節。

二十世紀是一個以歐洲為中心的世界史圖像宛如不證自明般地被談論、教育，然後普及的時代。但是，事實上在二十世紀後半期的五十年間，歐洲就只是歐洲，這也成為一項自明的事實。更嚴密地說，應該是所謂古代、中世紀以來，不過長期是一概念、虛構、幻想的歐洲，約在十年前便開始成為現實，甚至以歐盟及共同貨幣歐元為基礎，逐漸走向實體化的道路。

既是歐洲的擴大版，又為其後繼者的美國，為了使二十世紀成為美國的世紀，懷抱著強烈的自負心，推動了軍事、政治、經濟渾然一體化的世界戰略。可是，自蘇聯解體和東歐民主化以後，其霸權反而失去了大半的正當性。在全球化現象展開的同時，在歐美或日本以外的區域，以中國為首，往強國發展的意向或各國獨自的行動，建立相互關係變得更加顯著。在這當中，美國的「力量」仍然突出，只是不再絕對。

回顧過去，一九九〇年代中「美國時代」的世界史圖像，是將舊有的歐洲中心世界史圖像依樣繼承下來，或者是將之稍稍變型的世界體系論。結果，以歐洲為中心，甚至是以美國為中心來談論世界一體化的這個想法，有一段時期在部分單純的政治學者、經濟學者間喧騰，但他們對於事實的認識卻是程度過低，且偏離歷史，不得不稱之為一種為求省事，自我中心的廉價假象。

一切從現在開始

從二十世紀後半期到現在的發展過程中，追求重新檢視歐美中心世界史圖像的動向，理所當然地和現實的世界情勢相糾結，浮現在我們眼前。同時，我們也可以看到歷史研究本身的展開呈現出多樣性。有關各地域、時代的歷史研究廣泛進行的，一個原因是，隨著全球化的展開，過去史料和政治環境上的障礙較大程度地被排除。特別是亞洲各地區和原蘇聯圈史料的發掘速度極快，我們也時常見到不少歷史研究從根底被改變的事例。

只是，這裡又浮現了一個課題。那就是應該取代歐洲中心史觀成為新標準的世界史圖像，究竟是什麼呢？

其實，那便是今後的課題。我們應該在全面考察地域、時代後，建構一個沒有偏頗的歷史事實，並以此為基礎重新形成反映事實的人類歷史。這是一件知易行難的事。可是，任誰都能接受的世界史圖像，無疑是存在的，那將成為人類共有的財產。世界史或世界史研究，皆從現在開始。

此際，掌握重要關鍵者便是歐亞。之所以這麼說，是因為過去對於世界史的掌握上之所以簡略單純，或者說其較大的弱點，便是由於明顯缺乏對歐亞整體眼光所致，尤其對於歐亞規模的歷史變動實在是太過不關心了。

歐洲雖然在有關自身成為主角的海洋時代及近代以降部分，能夠高聲強調自我本位的歷史圖像即為世界史，卻未認真思考在那之前，自身祖先其實長時期不過是偏處歐亞一隅時的世界史是怎樣的？

在探索人類史洪流之際，對於歐亞的視線是不可或缺的。如果，作為阿富汗戰爭的結果，造成前面所述的布里辛斯基式「歐亞地緣政治學」復甦，甚至成為一著力點，使得歐亞史觀點在世界史研究中也擁有浮出檯面之能力的話，坦白說來，身為歷史研究者的我們還真是情何以堪。

不過，筆者倒不反對那將成為一個契機。因為對於歐亞的視線本來就很重要，而今後那將更清楚地在現實中被日本、歐美的人們所看到。

這本小書，是貫注了這些訊息的粗略嘗試之一。即便乍見之下或許被認為是有些奇怪，但在本書裡頭，為了考慮人類史中歐亞的意義，並重新思索近代的意義，甚至再加上關注全球化時代下的「帝國」即美國的觀點，筆者打算以近代之前人類史上最大的歐亞帝國蒙古及其時代為主題。

涵蓋陸海、跨越地域的超大帝國蒙古的時代，是十三、十四世紀，乃西洋人所說的「地理大發現」或「大發現時代」（近年日本出現了一個新造辭彙「大航海時代」）開始前一百年左右。不過，依我所見，西歐是以這個「蒙古時代」中的歐亞鬆散「秩序」，以及通向印度洋包括非洲在內的整體，作為前提及誘因，而出發前往外洋去的。其最終結果便是美利堅合眾國的成立，以及現今這個陸海空全球化帝國「美國」的出現。

歐亞時代的頂點之一，就是蒙古。然後，以此為起點發展過來的全球化時代下的當前主軸便是美國。但願本書作為論定世界史上的大潮流、大轉折，同時檢證近代文明和知識架構，並思索人類文明普遍性問題的一個線索，能夠發揮作用。

第一章——歐亞史的再思考

ユーラシア史をとらえ直す

一、「世界史」科目是十九世紀的負面遺產

在本書一開頭，我們討論到了長久以來在世界史認識上的問題所在。在此，筆者盼能連同「蒙古時代」這個概念，再稍做一些深入討論。

蒙古時代的想法，在「世界史」這個整體史中，具有獨特的意涵及定位。其要點可歸為以下三項。

首先，蒙古時代可以作為對現有世界史圖像最易理解，而且難以否定的一個批判。這與世界史認知裡一直以來存在的結構性缺陷密切相關。

第二點，蒙古時代位於一個堪稱是世界史分水嶺的位置。這是以它鬆散地統合了先前時代的諸多要素，開啟了通往近代之門扉的這層意義上而立論的。

第三，蒙古時代同時也是世界史上另一大潮流「游牧文明」的頂點。它可說是我們探索人類史上游牧生活體系、游牧民社會、文化，以及游牧國家的角色，甚至是「國家」在近代以前的本質為何，以及那和近現代國家或政治權力又有多大程度相通等課題之意義時的絕佳線索。

有鑑於此，本章接下來將做一些概略性的討論。雖然這些與蒙古時代的意涵與定位

相關的討論，以及與之相涉的幾個錯綜複雜的狀況背景，說穿了盡是一些想當然耳的內容，但也仍有一些再確認的作用。

創造「歷史反派」的西歐史觀

近年來，西歐中心主義（Eurocentrism）的思想、價值觀、歷史圖像突然開始屢受質疑，這可視為對於源自近代西歐的文明與知識框架的再思考。這個反省雖見於一九七〇年代左右，然其全面展開，仍要等到一九九一年蘇聯的瓦解與東歐民主化發生以後。許多民族騷動、區域紛爭幾乎在同一時間，於包括原蘇聯圈在內的世界各地一齊爆發。與此同時，民族、國界、民族國家等想法，也被認為必須自根底重新思考。如今，已歷經十年歲月。[6]

比方說，在狹義歷史學的「再思考」論中時常被提及，而且幾乎是以固定形式來反覆述說的幾種說法如下：重新探討以民族國家為單位的歷史敘述，重新界定歷史區域單位，以及對於近代歷史學的懷疑與審視等。

坦白來講，這些說法都是理所當然的，是一直以來的思維太過奇怪了。

回顧歷史，我們在第二次世界大戰後長期被灌輸的世界史圖像，帶有一種濃濃色彩，這種色彩大多肇因於十九世紀中葉開始到二十世紀初期，以西歐為中心的歐美列強割據支配世界的國際情勢和歷史變遷。西歐列強對於本身的軍事和工業能力充滿自信，從以近代西歐文明為至高價值的立場出發，擅自對當時世界各地區及住民作「善」、作「惡」，或是「發展尚可的文明地區」、「落後嚴重的地區」、「無計可施的未開化、野蠻邊遠地區」等判斷。

中華地區或中東伊斯蘭地區，被判定為「發展尚可」。若與近代西歐相較，它們雖然「非常惡劣」，但姑且還算與自身屬同樣類型，是具備了農耕、畜牧、城市等多層社會的文明地區，更重要的是「擁有發達的文字、文化」。

另一方面，從西歐來看，對於過著他們難以理解之生活的那些地區的人們，則斷定為不文明，並抹上不當的負面形象。特別是生活在廣布於歐亞遼闊內陸地帶或中東、北非等歐亞非大陸乾燥世界的游牧民，更動輒被視為與文明相去甚遠的邊緣群體，是一群不僅不順服於近代國家，甚至該說是有所妨害的、沒有價值的人們。游牧民們的行動和生活受到壓抑，過去可以自由往來、通行之處，也遭柵欄或防禦線等邊界的隔離，若是跨越，便遭認定是犯罪、叛亂。以此為口實進行鎮壓、討伐者也不在少數。

6 編按：作者撰寫此書時為二〇〇一至二〇〇二年間。

甚至，更重要的是，這樣一種十九世紀型的妄斷，竟然還進一步被回溯到往昔的歷史時代而印象化，不僅未予游牧及游牧民在人類史上所扮演的角色一個正當評價，反而還使得將他們視作「歷史反派」、「文明破壞者」的態度更加普遍。游牧民可以說被當成了歷史上的「負面象徵」。雖然我們常說「思想的十九世紀」，但「無意識的十九世紀」才真正可怕。

速成的教學科目「世界史」

就在世界與歷史被以西歐本位價值觀為基礎作排序評價的時候，歷史學也作為一項近代學術而誕生了。學術研究開始普遍被視作是大學（特別是一八一〇年柏林大學以後的所謂近代大學）這個特殊環境中的特別活動，學者、研究者在實際上則是藉學問謀生的職業人士，歷史研究在大致上也成為這些專家及其預備軍的工作。

十九世紀西歐的學問領域框架或價值基準，帶有極為濃厚的傳統色彩。文明主義、古典主義、教養主義，幾乎是各大學共通的基本精神。另一方面，十九世紀當時的大學或學問，就算是在西歐，仍然具有一種不過是限定在特定階層中的「少數者知識」，甚至是「貴族知識」的特質，這就某種程度而言也是事實。

明治日本將上述特質依樣引進國內。明治時期的學問和大學皆屬西歐型（雖說如此，明治時期日本的大學僅有作為官立大學於一八七七年設立的東京大學，接著是於一八九七年成立的京都大學、一九〇七年的東北大學、一九一〇年的九州大學。順帶一提，私立、公立大學的成立要等到大正七年，也就是一九一八年「大學令」公布以後），日後也成為日本學術研究或組織的基本骨架。

於是，十九世紀的西歐型思考便不由分說、自然而然地充斥世間，在歷史學方面，十九世紀型的世界史圖像也成為所有歷史研究、印象的基礎或前提，其中有許多無可奈何之處。加以，日本還有下面將提到的一個獨特情況。

第二次世界大戰後，「世界史」在日本突然作為新制高中的一項教學科目而出現了。說實在的，當時日本幾乎未（或應說是無法）從根本上探討或討論世界史究竟為何，或是世界史何以成為「世界史」，甚至是日本史應該如何與世界史做連結，又該如何敘述等問題，便在一種相關討論遭到擱置，無論如何一定要制定世界史這個新科目不可的「現實主義」先行的情況下，誕生了世界史科目。

在戰前相當於戰後新制高中的舊制中學歷史教學裡，原是以國史、東洋史、西洋史三門為主，大學裡頭的歷史研究和教育也屬同樣形式。也就是說，戰後新制高中以日本史、世界史兩門為主的情況，乃是將國史改稱日本史，至於新設的世界史，實際上是將戰前的東洋史和西洋史併在一起而已。然而，戰後在大學及學術層面的歷史研究領域內，則仍是戰前的日本史、東洋史、西洋史三門繼續存在，這使情況變得更為複雜。

或許有許多人覺得意外，但名為「世界史」的學問領域，實際來講不只是在日本，甚至在世界任一角落都可說是不存在的。不只如此，舉目世界各國，所謂「世界史」的這個發想，一直到最近為止，其實都可說是罕見的。作為近代學術研究「嫡系」的歐洲大學裡雖有歷史學系，然而講授的內容卻是歐洲史。當我們想學習亞洲歷史時，只能去求教於東洋各語言或東方學系，於是那裡便能同時看到專攻哲學、思想、文學、語言、藝術等各式學問的學生。

當然，思索人類普遍歷史的學者自古便有，例如德國稱為「一般史」、「整體史」（Allgemeine Geschichte），英美稱作「通史」（Universal History），戰前日本稱「萬國史」等，都是類似的概念。不過，那完全只是少數派，在歐洲內部只有歐洲史才是歷史學，其餘皆是「附加」的這個狀態，實際上一直持續到最近。

日本的西洋史與東洋史

日本歷史學的情況又是如何呢？我們可以說，日本的歷史學是在明治時期作為引進、吸收先進西歐文明的一環，在招聘外籍講師的形式下起步的。德國的利斯（Ludwig Riess）受聘至東京大學，因而建立起德國流派的「實證主義」歷史研究方法。即便說是歷史學，但由於依樣引進了歐洲「嫡系」的學風，可想而知其內容實際上就是歐洲史。

上述學問成為「西洋史」，而有關日本本身的歷史研究則成為「國史」，這兩道主軸並立的狀態持續一段時日後，在甲午戰爭到日俄戰爭期間，日本國民對亞洲的關心普遍提升，於是便新設了「東洋史」。也就是說，戰前的東洋史和戰後的世界史，皆可說是因應現實政治、社會情勢的需要而出現的。兩者皆屬一種教育較研究先行的框架設定，就學問和研究是後來才趕上的這點而言，兩者也是共通的。

日本的西洋史，依樣畫葫蘆地承襲了歐洲人，尤其是西歐人的看法，這或許是莫可奈何的。西歐的歷史研究，尤其是西歐歷史本身的研究積累，分量與近代西歐歷史本身相同，的確令人吃驚。對此我們不得不坦然地表示佩服。雖說日本學者當然也陸續提出獨特的觀點、看法、詮釋和新的見解，創造出與西歐研究不同的意義和歷史圖像，然而，迄今日本的西洋史絕大多數（甚至可以說日本西洋學的大多數）不得不將咀嚼、吸收、引介視為基礎的現象，很大程度也可歸咎於這個姑不得已的時代背景。日本在西洋史、西洋學上所嘗到的「苦楚」，在根本上與亞洲學和日本學是不同的。有鑑於此，包括筆者在內，當然是專攻亞洲學和日本學的人們應該多體諒西洋學學者們的。相反地，若是日本的西洋學學者完成了西洋人不得不肯定的基礎性研究，那真該稱得上是無上的讚美了，不是嗎？

另一方面，可想而知，東洋史這個日本獨有的學問領域，發揮了江戶時期以幕府、諸藩為中心，長達二百年以上的儒學教育、漢學研究的傳統和積累，尤以漢文史料為基礎的中國史研究最屬擅長（附帶一提，包括中國文學、哲學在內的所謂「中國學」之所以會在日本的文科學術體系中較顯突出，多半是可想而知的）。不過，這裡要特別強調的是，這樣一個西洋史的西洋中心史觀或東洋史的中華主義史觀，到了第二次世界大戰後竟在未善加檢討的情況下，便悄悄地被繼承到新科目「世界史」裡頭。

再者，戰後不久，歷史學者們便持續且頻繁地討論「何為世界史」、「思索世界史」、「重讀世界史」等相關課題，如今也有類似的企畫、出版、研討會不厭其煩地推展。這說起來也是可以理解的。因為，日本的世界史學原先只有名稱，內容則是被「擱置」的。總而言之，責任並不只在戰後的世界史教科書上。

當然，在戰後超過半世紀的進程下，日本也針對伊斯蘭中東地區史、亞洲史、南亞史，甚至是近年的非洲史或中南美洲史等領域，展開了自己的研究，相關成果亦陸續反映在歷史教科書上，對過往學說進行了某種程度的修正。不過，莫可奈何的是，由於那是在不對以西歐中心主義的西洋史為主，再加上不對從中國史出發的東洋史基本結構做太大更動的前提上而做的調整，因此缺陷和問題很難說已澈底除去。

比方說，我們只要考慮到這二百多年來美國在世界史上的意義，便不得不說現在的世界史將美利堅合眾國史的分量看得太輕了。雖然明白其重要性，實質上卻未做相應處理。這是因為，日本的歷史研究、教育，完完全全是一個西歐中心，而非歐美中心的史觀（有關東歐或俄羅斯方面的歷史研究，儘管專攻者與過去相較有所增加，但其不足狀態仍難以彌補）。並且，相反地，呼應到近年日本的研究狀況，伊斯蘭中東史的比重也有大幅增加。這個增加本身當然是值得歡迎的，但也無法以此推論世界史的整體圖像便能因此而立刻明朗，我們的理解也能取得平衡。我們該如何思考人類史中伊斯蘭與中東的定位，這在現代世界裡是首屈一指的大問題，而不應限於歷史學。

探索全球化時代真實的世界史圖像

在以大學為主的學術研究圈裡，無論戰前戰後，始終持續著將涉及世界史的諸多領域以日本獨特的「西洋史」和「東洋史」二分並立狀態，然而一旦要討論世界史的整體圖像時，研究層次中的「國際發言權」則會發生逆轉。以東洋史為名的亞洲史研究者對世界史的發聲總是罕見，相反地對於歐美思潮和動態較為敏感的西洋史家則大致握有領導權，不可否認西歐中心型的世界史圖像確實是有受到「捍衛」的一面。

總而言之，「世界史的基本圖像」固然有些許調整，但以十九世紀印象為底蘊的基本圖像，至今仍然穩居主流位置，這堪稱是「諸多弊端」的核心。我們的確必須展開一個從根底重新建構的工作。

不過，值得討論的是，在日本接受戰後教育者占國民大多數的現在，遠遠偏離史實的世界史圖像早已成為共通的「常識」，深深烙印在我們腦裡。這的確叫人害怕。有時，那甚至似乎已經化為一種「思考定型」。

並且，這套用在被稱作歷史學家、歷史研究者的這一群人身上，也大致是吻合的。一旦跨出自身專攻的地域、文明、時代、領域，一位歷史研究者對於其他知識的涉獵，也不會超出世界史教科書的範圍太多。

例如，一直到一九九一年蘇聯解體為止，位於原蘇聯境內的哈薩克、烏茲別克、塔吉克、吉爾吉斯、土庫曼，以及喬治亞、亞塞拜然等各國的情況是如何呢？有關上述各國，的確是在獨立以後與裏海周邊地區的石油利權問題和國際政治、區域紛爭、經濟開發、文化協力等情勢連動，急遽地映入世人眼簾。尤其是九一一以後的阿富汗戰爭，更間接地促使這些國家的現狀為世界所知。

不過，一直到十二、三年前為止，除了部分專精的學者或消息人士外，這些情勢極難進入「西方」視野，也鮮少能在一般民眾意識中占上比重。那麼，若要說這些地區在歷史上是否全無意義？答案是否定的，它們可是在歐亞世界史的展開中占有聯繫東西兩方的樞紐位置。遺憾的是，對此有充分認識的歷史研究者在今天恐怕也不算多。時至今日，我們還必須說「中亞再發現」這個現象本身，無非就是過往世界或世界史圖像被扭曲的一項證明。這只是其中一個例子。

然而，跨過二十世紀來到二十一世紀的我們，還要為過去那些不幸時代的遺物、殘渣，或是由於種種原委而累積下來的偏頗、偏見所囿，真是不可思議。我們必須跳脫十九世紀價值觀、世界觀的束縛。若是可行，將現有的世界史敘事，悉數作一次拆解，然後再加以重新組合，也是一種解決方法。這在日本若能實現，說不定反倒會出現一個更好的世界史圖像，一個由日本發聲的世界史。

總而言之，一個以特定的國家、地域、文化圈為中心，以自我本位的觀點從過去人類史中擷取下來的世界史圖像，沒有道理會是一個好的圖像。以本真輪廓、比重來注視各個時代、地域之「真正史實」，才是置身於全球化時代的我們所必須追求的一個適切的世界史圖像。如果我們對於現在世界的關注得遭受過去的遺物或廢物蒙蔽，不得不說這就是歷史的「負面遺產」。

問題核心應該在於，是什麼連結了區域與區域、文明圈與文明圈，使得世界史成為世界史？這同時也是在探索世界史整體圖像中，推動人及「時代」的動力究竟是什麼？這是本書盼能專注考察、思索的重點。

如此一來，從正面來重新審視一直以來的世界史認識裡總被賦予最負面形象的游牧及游牧民，以及其在世界史上所扮演的角色與意義，將是一個重點。在人類跨越海洋，真正迎向全球化的「地球世界史」時代以前，長期作為人類史主要舞臺的，是歐亞和北非。在這個「歐亞世界史」或「歐亞非世界史」的漫長時代裡，串連了總是相互孤立的各個區域，創造出某些「人類文明」、「人類文化」等共通事物的原動力，不正是游牧民及其國家嗎？

若要重新思考長期偏頗的世界史，創造出全新且真實的世界史圖像，那麼澈底地重新掌握、理解游牧民及其歷史，乃一不可或缺的工作。這與澈底重新思考形成近現代世界的既有框架的作業，也是相通的。

改變中的誤解與偏見

總而言之，一直以來附加在游牧及游牧民身上的誤解與偏見，確實很大。不過，近年來這個現象已經一點一點地在改變。

不只是日本的學者，世界各國的人類學者、民族學者們親自進入現存的游牧民社會，反覆進行生活體驗和觀察的這種研究途徑，使得游牧的形態和體系，相關知識與認識基礎已經隱隱約約地開始浮現。另一方面，針對過去記載的，盲從於蔑視或非難等形容描寫的歷史文獻，也在意識到其中存在著誤解、偏見的前提上，進行了應有的重新解讀與再探討。雖說如此，了解文獻的癥結所在，詳細地析出事實，這種態度本來就是理所當然的，只是過去的論調的確是太過情緒性又不容爭論了。

尤其，有關游牧民這個主題，透過較多地記載其原本樣貌的波斯文、阿拉伯文、突厥文的伊斯蘭歷史文獻來切入的研究途徑，與這三十年來日本伊斯蘭史研究的進展相互連動，而不再如同過去一般只憑藉傳統的主要史料即漢文文獻或歐洲史料，使得研究變得更加容易，這一點也不容忽視。

如後所述，歐亞的中央地帶不消說，所謂的中東地區原來也是游牧民與農耕民、城市民混居的社會。再加上，古代誕生出阿契美尼德王朝（一般以緣自希臘語的阿契美尼德王朝稱之）或薩珊王朝等「古代伊朗帝國」核心的政治、軍事集團，其游牧民色彩亦濃。不止如此，作為誕生出伊斯蘭文化之母體，阿拉伯族也原是游牧民，甚至突厥族也作為游牧民的軍事力量從中亞向伊朗、安那托利亞、埃及等地發展。因此，伊斯蘭文獻中對於游牧民的描繪，其偏頗程度較漢文文獻來得低；同時也大量留存了對游牧民的生活或社會體系、游牧國家的結構等方面更富於具體性的敘述，這對有關游牧民歷史的再建構工程上是不可或缺的。

總的來說，透過立足於田野調查所得來的歐亞與北非游牧民社會的基本圖像，以及遍覽東西各種語文文獻的歷史圖像所做的摸索，雖然仍在彼此刺激、緩緩進行的階段，但其水準和以前相比確實可說是高出了許多。

二、游牧文明——另一個世界史

陸上最後的游牧國家——阿富汗

游牧民及其國家所創造出來的歷史，堪稱是「另一個世界史」。不過，其中既有早已為人所知的史實，也有尚不為世人普遍所知者。

例如，阿富汗尼斯坦（通稱阿富汗）曾是「陸地上最後一個游牧國家」的事實，恐怕幾乎無人知曉。二〇〇一年十月在美國主導下展開阿富汗作戰後，世間有一段時期充斥著關於阿富汗的報導，這些報導是以一種短視的眼光，追蹤著時時刻刻出現變化的新進展。可想而知，有關變化的起源與由來，充其量僅是從一九七九年十二月末蘇聯軍事侵略的脈絡開始而已。

阿富汗其實算不上是一個古老國家。我們或許該說它與一般所認知的不同，其成立年代距今之近，出人意料。當然，現在阿富汗立國的這個區域，以「文明十字路口」而著稱於世，擁有可以回溯至紀元前的古老、多樣歷史，只是那些政權所採取的都不是阿富汗這個國家形式。

一直到十八世紀中葉為止，以阿富汗為名的國家都不曾存在。一七四七年，在日本相當於江戶時代德川吉宗的晚年，出身自杜蘭尼系普什圖游牧民的艾哈邁德沙在誕生地坎達哈整合了普什圖游牧民各部族勢力而立國，這是阿富汗這個國家的起點。

附帶一提，「阿富汗尼斯坦」這個波斯文，意指「阿富汗之地」。「阿富汗」在狹義上指的是普什圖族。這支民族在歷史文獻中的出現，最早始自十世紀，特別是十三、十四世紀的蒙古時代波斯文文獻（附帶一提，有關伊斯蘭中東地區一帶的情況，在客觀的史實和據此編撰的文獻資料兩方面，於蒙古時代前後有決定性的極大落差。平心而論，中東是自蒙古時代開始進入正式的「文獻世界」時代）。所謂的阿富汗，指的是橫跨現在阿富汗及巴基斯坦國界之山岳地區的居民。

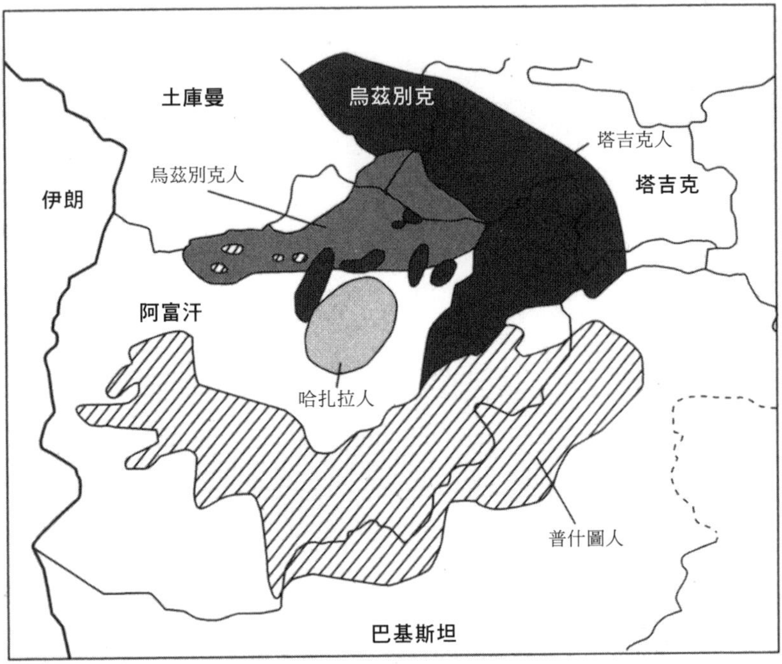

圖一　阿富汗的民族分布

由本圖可以了解阿富汗各主要民族中，普什圖、塔吉克、烏茲別克等民族的分布跨越國界，與巴基斯坦、塔吉克、烏茲別克等周邊各國是處於密不可分的關係。此外普什圖人又分為許多部族各自割據，因此阿富汗這個國家，實際上不只是民族的馬賽克，更近似於部族單位的複合體。

總而言之，阿富汗的主要民族普什圖族有一千萬人左右居住於巴基斯坦，其原因並不難理解。近代國界線不過是以切割原有居住地的形式而被畫下的產物罷了。這樣的案例，在山岳居民身上，例如跨越現在土耳其、伊朗、伊拉克三國而居的庫德族等身上，更是屢屢可見。近代的國家和國界線，可以說是硬湊合出來的，極不自然。在現今阿富汗及巴基斯坦獨特關係的根源裡頭，這點最是重要。

阿富汗國家出現於一七四七年，其實體為普什圖游牧民的部族聯盟。這個國家在歷史上又稱杜蘭尼王朝，簡言之是陸地上最後的游牧國家。世人常說與清朝處於競爭關係，位於蒙古西部、天山一帶的準噶爾是「最後的游牧王國」，其實並不正確。

十八世紀後半期的阿富汗游牧王國，不只是發動了東至印度、西抵伊朗的征服、擴張戰爭，併吞了現今巴基斯坦全境，也形成了一個領有伊朗東部要衝馬什哈德的巨大版圖。有歷史學家稱其為「杜蘭尼帝國」。姑且不論其真確與否，自彼時起印度的蒙兀兒王朝便澈底弱化，伊朗又因阿富汗游牧民而衰落，所以這個游牧王國在從中東到印度次大陸的這塊區域，確實是僅次於鄂圖曼帝國的「伊斯蘭帝國」。

阿富汗游牧國家的不幸，來自於取代過去統合了印度次大陸的中央權力即蒙兀兒王朝的英國。到了十九世紀，完全掌握了印度次大陸的英國，以此作為亞洲經略核心區域的同時，也榨取了「印度財富」，邁向被世人稱作大英帝國的世界支配者地位。而且，在阿富汗以北隔著阿姆河，現在是哈薩克、吉爾吉斯、烏茲別克、土庫曼等共和國所轄之地，當時有布哈拉、希瓦、浩罕等伊斯蘭王國存在，十九世紀後半葉卻逐漸落入俄羅斯手中。

阿富汗王國南為英國，北為俄羅斯，這個被兩大強權國家所包圍的國家，從此步入了苦難年代。面對意圖南下的俄羅斯，想要守護印度次大陸這個「大金庫」的英國，於是介入阿富汗，三度引發阿富汗戰爭。第一次阿富汗雖完全殲滅超過一萬名英軍而取勝，但最後卻仍淪為英國的保護國，並作為英俄之間的緩衝國而定下了目前的國界。

總而言之，綜觀歷史，這個北有俄羅斯（蘇聯），南有英國、美國的國際權力遊戲舞臺的定位，便形成近現代阿富汗歷史宿命的格局。這個國際政治格局，如今在本質上仍無改變。

組成阿富汗國民近半比例的雖是普什圖族，但其居住地區幾乎偏處國土的南半邊。北半邊主要以塔吉克族或烏茲別克族為主，還有土庫曼族或被稱作蒙古帝國派遣軍子孫的哈扎拉族等族群；其餘還有努里斯坦族或印度教徒、錫克教徒等，簡直就是一個多民族國家。

單就普什圖族來看，巴基斯坦境內的人口數量與在阿富汗境內者相近，這兩支「普什圖族」不過就是由於「杜蘭尼帝國」時代的東部領土遭英國奪去，成為其後的巴基斯坦，才造成了看似分屬兩國的結果。也就是說，在普什圖族的立場來講，現在的國界並不理想。如果由另一角度來看，巴基斯坦和阿富汗兩國間的關係，堪稱是愛憎與共的對手和兄弟之邦。蘇聯軍撤退後，巴基斯坦由於意圖取得對印度的戰略優勢，因而強力支援阿富汗的塔利班，被外界認為是扮演「保護國」的角色，但其中早就存在近年來國際政治面向所無法解釋的「潛流」。

反過來說，雖然只是夢想，但如果阿富汗也像沙烏地阿拉伯、伊拉克、伊朗、科威特等國家一樣有石油產出的話又會如何呢？十九世紀中期以後阿富汗的苦難歷史，是不是會全然改觀？豈會淪為「歐亞權力政治」下被玩弄於大國意圖間的弱小國家，說不定還能在歐亞中央成為操控國際政局的要角，至少不會有現在的悲慘命運，不是嗎？

支爾格源自蒙古時代

普什圖族現在仍有游牧民後裔豪邁尚武的風範，男性至上的社會，同族間強烈的凝聚力及復仇的習慣，款待客人的盛情，以及被稱為「支爾格」（Jirga）的長老間圓桌會議。這樣一個特徵，在思考今後的阿富汗時，絕對是不容忽視的要素。

令人最能強烈感受到中央歐亞一脈相承的游牧民組織傳統者，是「支爾格」。共商復興阿富汗未來走向的國民大會議「支爾格大會」（Loya Jirga），在電視媒體的報導下而廣為世人所知，但那其實是「『支爾格』中的『支爾格』」，游牧民們圍成圓形來召開討論集會的「支爾格」，正是貫穿古今歷史皆可看見的本真面貌。

其實，「支爾格」一語的語源，毫無疑問地是來自蒙古語的「捷兒給」。回溯到十三、十四世紀蒙古時代的「捷兒給」，除了團團圍坐以外，據說還有圓形陣勢、圍獵隊形等，總之是意指圓形乃至於近似圓形的配置，而不問規模大小。最後，這樣一種圍坐式會議，若加上酒菜則又有宴會之意。「捷兒給」一辭若以蒙古時代的國際語即波斯語來轉寫，便成為「支爾格」，這個名詞在蒙古時代波斯文史書裡是清楚可辨的辭彙。

另一方面，同樣源自蒙古時代的單詞且廣為人知的，還有意指「會議」的「庫力臺」。只是，嚴格說來「庫力臺」意指蒙古帝國中的大會議、國會。並且，實際上是帝室會議和國際會議的「庫力臺」，時常附帶著會議後的宴會「托儀」（toi）。在就真實意義而言可說是人類最早世界史敘述的《史集》，以及在蒙古時代和其後的波斯文史書中，「庫力臺」和「托儀」幾乎必定是成套出現的。在蒙古世界帝國裡，會議和宴會是分不開的。

「捷兒給」或「支爾格」，指的是層級不及「庫力臺」那般大的會議，屬於游牧民們的一般會議，也就是部族會議。之所以採團團而坐的形式，其原因之一是為了不給參加者排定位階高低。在此，族長和長老們議論、討論種種事務，簡而言之就是合議制。

這一點和鎌倉武士團等組織的形態在基本上沒有差異。該會議所討論的事項，既有部族內部事務，也有部族間的。討論若達共識，就接著舉辦宴會，大概是沒有以別的單詞來作區別的必要。在起源於普什圖族游牧民部族聯盟的阿富汗國家裡，「支爾格」才是一切的關鍵所在。這個辭彙和習慣，在直接印象上可上溯到成吉思汗時代，而其習慣本身恐怕從更早就有了。綜觀歷史，我們能夠看到許多體系、制度堪稱是游牧國家、歐亞國家所專屬的，而「支爾格」則是其中一直存於今日，不可忽視的一個。

游牧國家乃多民族國家

游牧國家在阿富汗游牧王國之後消失了蹤跡，在近現代幾乎不存在。換句話說，對近現代人來說，游牧國家純粹是已成過去的歷史，只能透過文獻、遺物、遺跡等等進行再建構。而且，游牧民的特徵之一，就是不易留下固定居所和建造物。因此，我們很難從「物質」的面向來加以掌握，其歷史實在不易復原。此外，既如所述，定居民所書寫的文獻總有極大偏頗，又有近代文明眼光所導致的負面印象。

儘管如此，游牧國家歷史的長流在某種程度上還是清楚的，藉此我們看到了人類史中堪稱「游牧文明」的一個形態。由於這個形態和近現代文明完全相異，反而能夠引發我們對自我形態的省察。

十三、十四世紀的蒙古世界帝國及其時代，便處於這「另一個世界史」的頂點上。有關其發展歷程，我們雖已數度言及，在此謹再整理其要點簡述如下。

無庸贅言，連貫歐亞東西的草原，這條「帶狀陸地」自古以來便是游牧民的天地。只是有關游牧與游牧民的起源、誕生時期、地點等，各種見解間仍存在歧異。總而言之，游牧民們平日便發揮大規模行動力，連結容易陷入孤立的中小型區域與社會，同時也以騎馬及弓射的軍事力為基礎，創造了強而有力的政權與國家。

就文獻上確認的最古老史例而言，是希羅多德《歷史》裡提到的斯基泰。斯基泰這支游牧民集團，最遲在西元前八世紀就以黑海北岸的南俄羅斯草原為中心，收攏其他游牧集團或城市、農業地區及希臘系居民的港灣、商業聚落，形成了一個多元種族和文化複合的軍事強國，以游牧民聯合體為核心之「多種族複合國家」模式的起點（此外，依希羅多德之見，與斯基泰呈南北對峙的古代伊朗阿契美尼德王朝或先行存在的米底亞王國，也是以游牧民及其軍事力量為核心）。現在，我們一般稱作「游牧國家」甚至是「游牧帝國」者，其實就是這樣的形態。必須注意的是，它們是並不只有游牧民的「民族國家」。

此外，斯基泰的遺跡出土了各式各樣裝飾了獨特動物意象的生活用具或黃金製品。

器物的表面繪製了生活、畜牧、戰鬥等景象的精巧浮雕，在與眾多出土遺物對照下，可以了解到他們形成了與其後游牧民所共通的生活文化。而且，這種類型的出土器物，遍及之處西自東歐至德國，東則從西伯利亞到蒙古高原、華北，甚至是雲南，令人想像斯基泰型的游牧文化覆罩在中央歐亞這個巨大空間的東西兩側，已經形成了一個以游牧民為連結而串起的跨域、超大的「歷史世界」。今後，不只是俄羅斯草原或哈薩克草原等斯基泰的「中心地區」，對西伯利亞、蒙古等地之墳墓或遺跡的調查、發掘，應該也會在國際合作的力量下加速步伐（蘇聯解體後，過去以俄羅斯為主，盛極一時的原蘇聯一帶的考古學調查、發掘，雖一度陷入嚴重停頓，最近則明顯有變化之兆。今後，無論好壞，考古學應該會往不同於蘇聯時代那般為國家或政權服務的方向發展）。如此一來，對斯基泰游牧文化圈的實際狀態，或許也能有更進一步的了解。

斯基泰國家確立的「游牧國家」、「游牧文明」形態，傳到歐亞東方，到了西元前三世紀末，以日後被稱作蒙古高原的最大和最好的草原地區為中心，出現了名為「匈奴」的「游牧國家」。所謂匈奴，本來是以其為核心的部族集團之名，在整合了東胡、丁零（應該相當於突厥，也就是土耳其）、堅昆（又稱鬲昆，被認為是後來的吉爾吉斯）等幾支游牧集團，甚至將吐魯番盆地和塔里木盆地的綠洲城市群也納入勢力圈後，便成為這個國家整體的名稱。

有關匈奴，在司馬遷和希羅多德的《歷史》並稱於世的著作《史記》中敘述甚詳。根據該書，匈奴這個游牧國家的力量，最盛期東及朝鮮半島，西達西藏高原以至天山、帕米爾。而且，它還完全令幾乎在同一時期成立於華北的漢王朝（前漢或西漢）屈服，將之作為事實上的「屬國」，此一狀況持續了將近七十年。史上有名的漢武帝所完成的北征匈奴、經略中亞和進軍朝鮮半島的功績，其實都是為了翻轉對於匈奴國家的「臣屬」狀態而進行之「匈漢戰爭」的一環。

附帶一提，這場持續了半世紀以上的長期戰爭，始終是漢武帝在個人意志下，而且大多是由漢王朝發動的，結果匈奴和漢皆極疲憊。雙方在武帝歿後雖然達成和平，但和平請求也是由漢這一方提出來的。過去以來我們在常識上都依漢王朝和中國本位的觀點，將漢視為良善的被害者，而匈奴則是邪惡的加害者，這種解釋、敘述真令人覺得不可思議。所謂的漢文史料，完全是為了奉承當時的政權而記載，才理所當然地出現上述詮釋。包括中國史和中國文學的研究者在內，我們應該要稍稍冷靜，客觀地關注史料和事實才對。

回到正題，將目光轉向司馬遷所說的匈奴國家體系之上（司馬遷本身與近現代人不同，十分客觀與冷靜），我們可以看到以十、百、千、萬等十進位體系為基礎的軍事社會組織，或是國家整體面向南方，以單于為中央向左、中、右作大規模展開的三極結構等日後游牧國家幾乎也存在的共通點。正如我們在斯基泰強壓阿契美尼德王朝時的伊朗帝國，以及匈奴令漢王朝臣服的過程中所見的，游牧國家以軍事力量撼動歐亞世界史的時代便由此開始。就這個意義來說，斯基泰和匈奴或許稱得上是游牧國家的源流。

游牧民推動的世界史

在斯基泰與匈奴以後，許多「游牧國家」、「游牧帝國」在歐亞東西方出現。西方有薩爾馬提亞、匈人、可薩、阿瓦爾，東方則有鮮卑、柔然、高車，從中亞到印度西北，貴霜王朝、嚈噠等則為「第二波」。

以「匈人」為例，無論他們是不是過去匈奴國家中西遁的那一支的直接後裔，匈人對日耳曼各族的壓迫的反擊成為他們西進的導火線，他們進而於現在的匈牙利（即「匈人之地」）確保了根據地，將羅馬這個地中海帝國逼上了崩解的過程，則是眾所周知的史實。此外，貴霜王朝或嚈噠，扮演了連結中亞及印度次大陸的角色，在佛像的誕生和佛法的北傳、東漸中具有關鍵性地位。說佛像的出現是「希臘化」的結果，或說犍陀羅佛教的衰微是嚈噠「毀佛」的結果等，這些一直以來的「常識」，其實皆是西歐人所創造的說法，我們沒有必要全盤相信。

接著，六世紀中葉突厥在蒙古高原上現蹤，並以天山地區為根據地。他們所建立的帝國國祚雖短，卻形成了史上首度將中央歐亞草原地帶合而為一的「大帝國」。所謂的突厥，應該是「Türk」或其複數形式「Türküt」的漢字音譯，其名稱和斯基泰、匈奴等「游牧國家」相同，在作為游牧聯合體核心集團名稱的同時，也是多重、複合的整體國家稱呼。突厥帝國在東方威脅到後面會談到的北齊、北周、隋、唐等「拓跋國家」（其實這也是權力核心出自游牧民的軍事聯合體），在西方則與拜占庭和薩珊王朝合作。

此外，若是將劃分現有歐亞的國界線暫時消除，就能了解到東方從現在的中華人民共和國內的新疆，到烏茲別克、哈薩克、土庫曼、韃靼斯坦、巴什科爾托斯坦，還有阿富汗、巴基斯坦、印度、伊朗內部，以及亞塞拜然、土耳其、克里米亞等地當然也有突厥（土耳其）系人群廣泛分布。這樣一個「突厥族世界」的直接起源，可以往前回溯到突厥帝國。

突厥之後，游牧國家的存在以更鮮明的輪廓在史料中出現。突騎施、吉爾吉斯、畏吾兒、契丹（中華式國號為遼），造成中亞「突厥伊斯蘭化」的可汗王朝，接著是大舉席捲中東的一系列塞爾柱國家，甚至是將一切吞噬殆盡的正牌世界帝國蒙古等。若將突厥看作「第三波」，那麼蒙古和其成為帝國的歷程，是否能看作「第四波」？

至於蒙古以後的世界（最近，有一種說法承認蒙古世界帝國在世界史中的劃時代地位並將其後的時代稱作「後蒙古時代」），除了繼承蒙古帝國某些構成要素的帖木兒帝國、明代蒙古、烏茲別克、哈薩克外，還有喀山、阿斯特拉罕、克里米亞等一連串蒙古系的王權，和清朝展開熾烈死鬥的準噶爾王國，以及前述「陸地上最後一個游牧國家」的阿富汗杜蘭尼王朝等，也名列「游牧國家系譜」中。到了這階段，包含下面將敘述的清朝、蒙兀兒王朝、鄂圖曼王朝等王權在內，或許該總稱為「第五波」比較適當。

游牧民歷史不只在游牧地區

放眼它處，我們可以發現游牧國家不只在游牧地區生成、消長。這一點不僅和游牧民的歷史有關，在觀照世界史整體時也非常重要。

動輒被歸類為中華王朝典型的隋或唐，無論是王室還是國家，其實都和先前存在的北魏、東魏、西魏、北齊、北周等以鮮卑拓跋部為核心的游牧民聯合體血脈和體質緊密相繫。有關這點，在最近的考古發掘、調查中，已經陸續出現了可資證明的雕刻和複製品；其中山西省、陝西省中粟特系貴族、領袖們的墳墓及其陪葬品或墓誌，以及西突厥斯坦有名的彭吉肯特遺跡的出土物品和明顯有關係的複製品、壁畫等，很清楚地顯示出這一系列在唐以前的政權，是極具多元種族及文化複合特質，而且國際化色彩極濃的混血型權力體。坦白說來，與其將這些王朝依照中華傳統的王朝史觀，用中國風格的王朝名稱細分為不同國家，不如以「拓跋國家」之名將北魏到唐作涵蓋性的掌握，可能更符合歷史現實。尤其是王朝和政權的核心部分，游牧民的風貌可說是相當濃厚。

再者，有關與唐朝在同一時期出現於中東的伊斯蘭，我們也常只從宗教面向來討論。然而，史實是過去不曾以統合形態運作的各阿拉伯系游牧民集團以伊斯蘭共同體為名而一體化，憑藉軍事力量於六四二年在納哈萬德戰役中擊敗中東最強的薩珊王朝，其後也擊退拜占庭帝國等，一舉完成了擴張與發展。距離六二二年穆罕默德自麥加遷徙至麥地那只有二十年。[7]如果從穆罕默德逝世後進入哈里發（意即神的使徒，也就是Rasul Allah，即穆罕默德的代理人之意）時代來算，那麼不過是十年後的事。這樣一種奪目的急遽擴張，一般稱作「伊斯蘭征服」，但我們不能忘記它是作為游牧民軍事集團的征服權力而出現的。若不考慮到這點，便會有所誤解。

事實上，在後來伊斯蘭歷史的發展中，游牧民扮演了關鍵性的角色。特別是在十世紀以後，突厥蒙古系游牧民的浪潮從中亞方面到伊朗、中東，然後接連向印度北部逼進，至少政治、軍事上的主角都是游牧民，或是出身自游牧民者。例如，征服阿富汗伊朗東方的伽色尼王朝，或是出自同一地帶，勢力遍及印度北部的古爾王朝，以及自十三世紀初開始成為印度北部支配者的一系列德里蘇丹政權，另外還有從伊朗制伏敘利亞、安那托利亞的塞爾柱國家群，或是在蒙古來臨前稱霸東方伊斯蘭一帶的花剌子模王國沙王朝。此外，當然也包括蒙古帝國和在其派遣下控制了伊朗一帶的旭烈兀汗國（伊兒汗國為其俗稱）在內，並且阻擋了蒙古大西進，與旭烈兀抗衡的埃及馬木路克王朝，也是由出身突厥的游牧民者所建立的軍事政權。

接著，成為印度北部突厥系游牧民政權「最後一波」的是蒙兀兒王朝（「蒙兀兒」指的就是蒙古），這實際上可以看作是由中亞南下的第二帖木兒王朝；另一方面在中東成為「最後巨浪」的，是維持了橫跨三大陸疆域的鄂圖曼王朝。順帶一提，蒙古帝國衰落以後，伊朗一帶的札剌也兒王朝、黑羊王朝（Karakoyunlu）、白羊王朝（Akkoyunlu）自不待言，時常被稱作是「伊朗民族國家」的薩非王朝，也不能否定是以突厥．蒙古系游牧民軍事力量為基礎而成立的。如此看來，在從中東跨越到中亞、印度的伊斯蘭世界裡，游牧民可說是推動歷史的主要力量。

時代上雖稍有出入，在這個時期的中國，我們可以看到在九〇七年唐朝滅亡後，華北地區有總稱為「五代」的政權更迭興亡。其中，國家屬中華王朝形態者有後唐、後晉、

7 這個遷徙在阿拉伯語中稱希吉拉 Hijrah。由於這次遷徙成為伊斯蘭教的發端，所以也譯作聖遷，伊斯蘭世界以這一年作為曆制的紀元。

後漢三個朝代，它們是突厥系游牧民的突厥沙陀族所建立的政權。而且，在完全同一時期內，契丹族的游牧聯合體也以內蒙的熱河草原為根據地而崛起，推翻渤海國控制滿洲，並將外蒙古納入間接統治下，發展為契丹遼帝國。

前近代亞洲也存在的「條約」、「主權國家」

契丹帝國在獲得了屬國沙陀政權「後晉」所割讓的中國北邊的「燕雲十六州」（現在的北京地區到大同一帶）後，對繼承了五代的北宋王朝直接展開軍事進攻。兩國皇帝間簽訂了和平條約「澶淵之盟」，契丹在事實上成為北宋的保護國，雙方在亞洲東方的南北邊，實現了長約一百年的和平共存。契丹與北宋兩帝國間的共存關係，從近現代的眼光來看也值得特別關注。兩國的國界線在詳細制定的協議和明文化的條約下明確劃清，也設置了各種相應設施。關於其細節，留有清晰入微的文獻紀錄。總而言之，一切皆在兩國合議下進行。

契丹與北宋每年互派使節團，彼此親善。雙方並不如中國史研究者所言，時常處於動輒險惡、微妙的關係之中。兩大帝國的並存，是否定所謂「中華帝國只有一個」這種刻板想法的明證之一。並且，兩國透過協議與條約所劃定及維持的國界線，可以輕易地推翻近現代人認為前近代亞洲不存在國界和條約關係的謬論。所謂「《西發里亞條約》後的歐洲，才開始有國家間協定和主權國家體制據條約」的這個「定論」，還望世人重新評估。

然後，到了十二世紀，推翻契丹遼帝國和北宋帝國的女真族王朝金帝國出現了。金帝國雖是女真族政權，但剝下一層外皮後，我們能夠說其真實面貌是一個與契丹族合作的聯合政權，游牧民的軍事力量仍然不可欠缺。在金帝國之後，蒙古接著登場，將亞洲東方及中國本土併吞殆盡。此外，在蒙古之前成立的西夏王國，以及在中亞重建的第二契丹帝國即所謂西遼，是促使蒙古世界帝國出現的關鍵因素，可以由此窺知其對蒙古時代的政治、軍事、文化等諸項制度有強大影響，但由於缺乏核心史料，其國家、政權概況極難掌握。其中一個原因，可能是在蒙古帝國的歷史編纂情境下，有關西夏和西遼皆避免從正面來描繪之故。即使大元汗國編纂了《宋史》、《遼史》、《金史》等三史作為中國正史，雖針對曾被稱作「東遼」的第一契丹帝國編纂了《遼史》，但有關西遼卻只做了極為簡單的附記，西夏甚至未被納入正史。諸如此類，極有可能是蒙古時代政治力學下的產物。

總而言之，游牧民及由此出身者成為政權、國家主要推手的時代，持續了很長一段期間，亞洲東方和中亞、北印度、中東在形態上也沒有太大不同。這種說法或許會引來中國史、伊斯蘭史研究者的抗拒感或嫌惡情緒。不過，若要談論歷史，客觀的事實才重要，不應有好惡或某種既定的主義、主張。

「蒙古時代」精神籠罩世界

無論如何，最能讓我們了解到世界史中游牧民角色的，非十三、十四世紀的大蒙古及其時代莫屬。因為蒙古大大改變了世界史。並且，作為其結果，蒙古時代是歐亞世界史中極為罕見的，使覆蓋在歐亞中央地帶上的那片「史料不足」的薄霧被澈底拭去，是在史料上歐亞各地幾可均等兼顧的時代。這兩項有關事實與史料的理由是不容忽視的。

十三、十四世紀的歐亞及北非各地，由於以蒙古為中心緩緩地連結起來，而必然地處於同一時代下。各地區間縱使未直接受蒙古支配，也在各個層面發生了接觸與交流。這個世界因西歐列強而成為一個整體，事實上是始於十九世紀。可是，早在六世紀以前，雖非全球規模，歐亞和北非早就一度成為一體。在思考何謂世界史之際，若是追尋這個時代的史料與史實，便會因專注於這些無法回避的歷史事實與歷史現象而躊躇不前。

尤其受到注目者，是蒙古時代的後期，歐亞與北非全境圍繞著轉型為陸海大帝國的蒙古，為世界史前所未有的偌大東西交流與經濟、文化活絡狀況所包覆的史實。「資本主義」、「重商主義」，或是以「銀本位制」為背景之「紙幣政策」的全面展開等，這些早於近代的經濟樣貌在蒙古政府的主導下已經出現。在蒙古的主導下，政治、經濟、社會體制不用說，甚至宗教、藝術、科學、技術、知識、資訊、生活方式等，各式各樣的文化或文明皆廣泛地傳播到歐亞或北非各地，甚至誕生了超越區域框架的「時代精神」。在這段時期還有一部堪稱名實相符的世界史，就是以波斯文寫成的《史集》，也以國家編纂的形式出現。

其實，我們稱作「義大利文藝復興」的西歐文明的大幅轉向，也是在蒙古時代下展開的。而且，常常被認為是「世界史」孤兒的日本列島，亦受到蒙古時代的濃烈氣息影響，有了大幅的轉向。例如，日本傳統文化中重要的能劇或是茶道、水墨畫、小笠原流禮法、建造書院等，皆是從蒙古統治下的大陸引進的。

在與近現代的比較中意義較深的，是蒙古帝國統治下形式統一的施令公文，包含行政公文、特許狀、外交公文等多樣形式的系統都被創造出來，同時負責製作與歐亞各地語言完全對譯之公文的多語言翻譯機關也整頓完成。這些確立於蒙古時代的行政體系，在後蒙古時期的明、清、朝鮮王朝、帖木兒帝國、蒙兀兒帝國、鄂圖曼帝國、俄羅斯帝國等國家或時代，即便形態有若干改變，基本上仍依樣畫葫蘆地被承襲下來。也就是說，在十三世紀後的至少四、五個世紀間，俄羅斯、安那托利亞以東的歐亞全境，極有可能是籠罩在一套相似的行政系統下。其實，我們在外交體系中也可看到同樣現象，而未必只在前述《西發里亞和約》以降的近代歐洲。

綜觀世界史，蒙古時代可說是一個極大的分水嶺。以游牧民為主要原動力來展開的歐亞世界史，在蒙古時代達於頂點。另一方面，不只是陸上，蒙古帝國本身也具備海上帝國的一面，在推動了海上通路的系統化後，這個陸上國家也開始不再只限於陸上發展，而緩緩地揭開了「海洋時代」的序幕。所謂的「大航海時代」，若不以蒙古時代為前提，實在是難以想像的。

並且，在蒙古世界帝國後現身登場的清朝、蒙兀兒王朝、鄂圖曼王朝，甚至包括俄羅斯帝國在內，它們的國情雖各有不同，但都被注意到與游牧民有直接或間接的關係。縱使是在西歐列強開始割據世界的時代裡，游牧民的身影也不曾在世界史中完全消失。

其實，若要透過歷史觀照成立於歐亞與北非的大型國家，要統計出與游牧民無關者，可能遠比要算出有關者要來得快。在火器與工業力量決定戰爭或國家命運的近現代以前，富有集團性與機動性，優於騎射的游牧戰士們，就是最優秀的軍人及軍隊。並且，游牧民的角色當然不只限於軍事或政治，在交通、物流、傳播等面向上，他們以「面」展開活動，而不是只有「點」。作為「相繫者」，他們是不可或缺的存在。歐亞與北非世界的動力因游牧民而串連起來，一同感受、體驗歷史形塑和歷史變動而走向近現代。

總上所述，游牧國家的傳統在歐亞中央區域儼然持續了兩千多年。這些大大小小的國家及政權間存在著共通體系，這體系也頻繁地被帶進歐亞東西南北的各個地區。一直到十九世紀，「歐亞國家」的跨域權力之形成，除非例外，否則必定與游牧國家有關。

三、蒙古對伊斯蘭做了些什麼？

比較美國與蒙古的戰爭

美國在一九九一年攻擊伊拉克，展開了波斯灣戰爭。接著，從二〇〇一年到二〇〇二年，又展開了阿富汗戰爭。另一方面，距今七世紀半之前，蒙古在成吉思汗遠征中亞時進入阿富汗，甚至其孫旭烈兀也於一二五六年在兵不血刃的狀態下使伊斯瑪儀教派盤據在伊朗一帶的山城聚落開城；接著兩年後仍是以近於不流血的形式，讓阿巴斯王朝所據的巴格達開城。美國與蒙古這兩個人類史上屈指可數的「帝國」，對伊斯蘭所進行的軍事活動，其間的差異在時代相隔久遠下依然鮮明。

在波斯灣戰爭裡，美國主導的「多國籍軍」致力於以武力攻下伊拉克，結果造成使伊拉克民眾捲入空襲的悲劇，並不得不推遲對首都巴格達展開直接進攻，使得海珊依舊穩坐大位。就這點而言，七百多年前由旭烈兀所率領的蒙古軍，遠遠來得精明多了。他們在拉攏當地伊斯蘭勢力的同時，又漸漸地掏空巴格達阿巴斯王朝的哈里發政權。當巴格達開城時，阿巴斯王朝的哈里發，也就是穆斯臺綏木（Al-Musta'sim）身邊只剩屈指可數的人員，而蒙古方面則一個兵員也未折損。兩相比較下，清楚凸顯出美國多麼缺乏智慧又粗暴野蠻。兩者間戰略、戰術的巧拙，對於當地民眾的態度，以及對自身軍隊士兵的約束等，均相差了一大截。

另一方面，有關阿富汗作戰又是如何呢？後面會提到，成吉思汗在阿富汗這關非常辛苦。結果，他是在無法完成確實壓制的情況下，撐過了中亞的作戰。至於一九七九年年底以後蘇聯軍隊的苦戰，包括我在內的蒙古時代史、中亞史研究者們，在了解過去成吉思汗苦戰的先例後，便充分預想到結果，最後竟然也成真了。山岳、溪谷錯綜複雜，就地勢來講的確是無法展開像樣的地面作戰。就這點而言，在「中世」或近現代皆無太大改變。九一一事件以後美國對阿富汗作戰時，為了避免重蹈蘇聯覆轍，地面作戰的部分幾乎全部委託當地各軍閥勢力，美軍只專注於飛彈攻擊及空襲，這或許該說他們稍微學聰明了一點，是一種「進步」。可是，他們造成賓拉登逃脫，而塔利班以後的阿富汗情勢也依舊不明朗，這與旭烈兀對伊斯瑪儀教派作戰時的巧妙相較，仍是遠為遜色。

被稱為暗殺教團的伊斯瑪儀教派，雖然總是單純地被視做法外之徒、恐怖集團之屬，但一直到蒙古進攻為止擁有一百五十年餘歷史，在伊朗社會是有相當程度扎根的。他們一方面看似狂熱集團，卻與塔利班截然不同。旭烈兀進攻時其實充分發揮了成吉思汗以來的經驗和智慧，而且，莫說與波斯灣戰爭時相較已強了多倍的美國現代兵器，蒙古在那個時代只有配備弓箭的軍隊，兵力充其量也只有總額三萬，最多到五萬左右，其實沒什麼大不了。不同於「壓倒性武力」這些刻板印象，對旭烈兀來說，唯有周到而綿密的戰術和政治謀略才行得通。如此，在跨越歷史進行蒙古帝國與美國帝國間的比較時，目前來講，不得不說美國很明顯地是屬於強迫又單純的武斷主義。

雖說如此，有關歷史上蒙古對於伊斯蘭的態度或形態，若要一概而論，可以指出的就是，長期以來世間皆未賦予良好的形象。一般來說蒙古都是被烙上伊斯蘭世界「入侵者」、「破壞者」、「殺戮者」的印記。譬如，在談論伊朗乃至伊斯蘭文化低落的時候，來自蒙古的打擊屢屢被視為一個主要原因。對於伊斯蘭世界而言，「蒙古是負面存在」的這個一般認知，不只存在於現在伊斯蘭世界的人們心中，在歐美、日本也依舊有這個很強烈的印象。

然而，這些都是真的嗎？蒙古真的只給伊斯蘭及其世界帶來了不幸及負面影響嗎？

對伊斯蘭而言，蒙古究竟為何？蒙古究竟做了什麼？什麼是事實，什麼又不是？在此，本書希望盡可能從純然客觀的立場來檢證，在探討其歷史意義時，也力求不被一般認知和先入為主的觀念所局限。

蒙古破壞了什麼？

蒙古在伊斯蘭世界裡的出現，事實上是始於成吉思汗在一二一九年至一二二五年間，對花剌子模王國沙王朝所發動的長達七年的遠征。

興起於阿姆河下游花剌子模一帶的突厥系伊斯蘭王朝「花剌子模沙王朝」，當時以旭日東升之勢，逐漸在中亞和西亞稱霸。這個王朝既排除了哈剌契丹，[8]征服帕米爾東西近百年左右的宗主權，又吸收喀喇汗國殘存於中亞河中地區（Mā warāʾ al-nahr）的餘裔，自古爾王朝手中奪取了現在的阿富汗。他們在西邊向伊朗伸展勢力，甚至也擺出伺探巴格達哈里發政權，顯露恢復實權之兆的態勢。

埃及、敘利亞的阿尤布王朝早已不保昔日面容，花剌子模沙王朝看似就要攀上伊斯蘭世界的新中心。他們的英雄是阿拉丁·摩訶末二世。這位英雄和他的王國，若未遭逢蒙古崛起的這個惡運，或許會在伊斯蘭及世界史上大大留名。

對於蒙古這波以舉國之力，堪稱「民族大移動」的大舉攻勢，摩訶末是採取了分散、專守各城市及要塞的策略。這個策略自古以來便遭受伊斯蘭史家們的強烈非難。然而，除此之外摩訶末恐怕已無計可施。探究其因，當然是蒙古軍隊在成吉思汗領導下受到紀律嚴整的統率，但花剌子模沙王朝國內摩訶末和出身康里族的母后圖兒干合敦失和，對於擔心康里人擁戴圖兒干進而發動政變的摩訶末來說，集中戰力反而是危險的決策。

可是，這對花剌子模沙王朝卻成了致命傷。蒙古方面在西征之前已在中國北方對金朝作戰時累積了攻城戰的經驗，有關花剌子模方面的內部情況也有所掌握，並發揮於作戰中。開戰後不到兩年，花剌子模沙王朝就失去了中亞河中地區，實質上已形同瓦解。中亞新興勢力的東西對決，遂以蒙古的壓倒性勝利告終。蒙古獲得了向世界帝國大舉邁進的契機，與其同時，伊斯蘭世界也將蒙古拉進懷中。

此際，傳出蒙古軍的殺戮和破壞慘況。據說摩訶末自喀喇汗國奪取過來，才剛作為首都不久的撒馬爾罕，以及布哈拉、赫拉特、內沙布爾等地，有許多城市遭到破壞，並有為數驚人的居民慘遭集體虐殺。

8 哈剌契丹為「黑契丹」之意，中國稱為西遼。這原來是契丹人的自稱，伊斯蘭文獻中除了將之稱為耶律大石創立的第二契丹帝國外，也使用「哈剌契丹」Qarā Khitāï 這個稱法。

根據某項紀錄，赫拉特有一百六十萬人，內沙布爾有一百七十四萬七千人遭到殺害；另一項紀錄竟指出赫拉特有為數二百四十萬名的死者。此外，名為「坎兒井」的地下水道也遭破壞，農業生產崩壞停擺。一般來說，只要一提到「蒙古破壞」，大抵上都是基於成吉思汗遠征中亞時的這個印象。

然而，冷靜地翻查史實，那時蒙古的軍事活動，大致只到伊朗東部的呼羅珊便打住了，要說伊朗整體遭到劫掠，實屬錯誤。實際上蒙古軍隊的作戰行動，大體看來是分為花剌子模沙王朝中心地區的中亞河中地區，以及越過阿姆河的呼羅珊和現在的阿富汗這兩個方面，兩個地區呈現了完全不同的景況。

在中亞河中地區，蒙古採取的是秩序井然的軍事行動。戰爭中作為攻擊對象者，只有花剌子模正規軍和康里部隊等戰鬥兵員，對於一般居民則儘量不加傷害。只要調查過去被傳為「虐殺居民」的事例便可知，被殺的其實是聚集在伊斯蘭城市裡的無賴漢。此外，全城遭到毀壞的，只有位於最前線國界地帶的兩三個特殊軍事要塞，被指「破壞都市」的情況，其實是破壞、燒毀了城壁和內城等防禦設施而已。

引發恐怖的戰略

然而，在阿姆河以南，蒙古的作戰行動卻缺乏連貫性，多屬無意義的戰鬥和攻城戰。原因之一，就是花剌子模沙王朝高層輕易放棄中亞河中地區便撤退了，這叫人懷疑是否屬於有計畫的撤退，而蒙古軍隊便在未能做好充分及事先調查的情況下，緩緩地陷入阿姆河以南所致。

阿姆河以南，有遁逃彼處的花剌子模軍隊或重振士氣的舊古爾王朝系等錯綜複雜的勢力，各城市居民的意圖和態度也有所動搖，對蒙古來說，軍隊進入了「攻擊目標究竟為何」的那種彷彿追趕著看不見的敵人的狀況。在騷動混亂中，居民和蒙古方面皆為不安所苦。最後，似乎在呼羅珊一帶發生了不少殺戮或彼此相殘的情況。

但若說殺戮、相殘程度能達至萬、十萬或百萬單位計，則是毫無道理且難以置信的。首先，當時就算是世界最大的城市如南宋杭州，人口也不過一百萬至一百五十萬左右。中亞是否真有那麼龐大的人口？這個說法本身就存在疑問。

有關這樣的受害狀況，有一種主張說由於在出仕於蒙古的人物所留下之文字紀錄中，也看到了大筆數字記載，因此足以相信。這種說法是很愚蠢的。對於蒙古來講，就誇示功業的角度和造成敵人恐慌的戰略意義而言，盡可能地誇大吹噓偏離現實的戰果，才符合理想。因此散布這種數字謠言的，或許是蒙古本身也說不定。

根據文獻紀錄，許多被指為因戰爭失去繁榮而衰亡的城市，其後至少仍持續存在，再加上蒙古財政長官麻速忽必（Mas'ūd Bek）的努力，還在一二七〇年代迎向了相當程度的繁榮時期，因此要將地方衰落的原因歸咎於蒙古時代，是錯誤的。

今日，指著化為土塊堆積如山，遍布城市附近的遺跡，說這些是「蒙古破壞」的確鑿證據也很奇怪。誰也不去證明，遺跡何時成為了遺跡。這些遺跡之所以出現，恐怕很多其實是因為近代產業結構轉變所造成的。

此外，過去一直對於蒙古破壞地下水道等農業灌溉系統的指控，其實到處都找不到紀錄。根據當地紀錄，蒙古之所以破壞城壁等防禦設施，最主要是為了防止城市的反抗，另一方面也是為了能在該處從事農業。內沙布爾的情況就是如此，反而可說蒙古是在當地增加了農地。

要言之，蒙古在呼羅珊雖有某種程度的破壞和殺戮，但那程度無疑不是過去人們所說的那樣極端。戰爭與征服裡，某種程度的罪惡本屬必然，蒙古也不例外。

「蒙古破壞」裡多少含有一些真實，蒙古本身也出於「恐怖戰略」而加以渲染。再加上後世人們將責任推給過去的外來者，以作為對現狀不滿的最佳借口和宣洩；還有，近現代歷史學家們（特別是中東、歐美史家）也不經意地依憑「蒙古血腥大征服」這種單純印象之上。上述因素彼此交互影響與增強，遂形成一個巨大膨脹的產物。

旭烈兀的無血開城

若將成吉思汗遠征中亞視作蒙古對伊斯蘭世界所展開的第一波進攻浪潮，那麼一二五三年到一二六〇年間，以其孫旭烈兀為總司令官的大西征就是第二波浪潮。其後，札蘭丁．明布爾努（Jalāl al-Dīn Mengburnī）意欲以伊朗西北為中心，重建花剌子模沙王朝和猝死等變動，以及蒙古軍團受其活動牽制，以拜住（Baiju）為指揮官，以將領綽兒馬罕（Chormagun）率領為數約兩萬的兵員，進駐亞塞拜然的作戰活動，持續了將近二十年。

只是這支亞塞拜然軍團，在蒙古用語中稱作「塔麻」、「唐麻」（lashkar-i Tamā），是配置於最前線的駐屯專用軍團，並無那般強大的軍事力量。

再加上一二四一年，第二代大汗窩闊臺逝世後，蒙古帝國整體便陷入長期的內部紛亂，在西亞方面以亞塞拜然的蒙古軍為主，另有巴格達哈里發政權，安那托利亞的魯姆蘇丹國，占據厄爾布爾士山脈的伊斯瑪儀教派、摩蘇爾的阿德貝格（Atabeg）王朝，在敘利亞、埃及分權化的阿尤布王朝各政權等伊斯蘭勢力，或是亞美尼亞王國、喬治亞王國，以及散布於東地中海沿岸的十字軍小國家群等基督教勢力，彼此之間反覆著錯綜複雜的交鋒和戰略，同時卻又保持著奇妙的平衡。

使此一狀況一舉翻盤的，就是旭烈兀的西征。而且，旭烈兀軍隊就這麼樣地在伊朗待下，因此就其對於伊斯蘭世界的意義和影響程度的深遠而言，乃是成吉思汗所帶來的第一波所無法相較的。

一二五三年，在第四代大汗的兄長蒙哥命令下出發的旭烈兀，的確是以緩慢步伐西進的。途中，在西北歐亞草原又加入了等待兀魯思[9]到來的朮赤家援兵，逐漸形成了一支大軍團，一二五五年十一月，旭烈兀一行在河中地區的渴石，謁見了呼羅珊總督阿兒渾及伊朗以西的王侯和其代理人們，這時他才首次表明了第一個攻擊目標，就是伊斯瑪儀教派。

然後，翌年一二五六年一月一日，旭烈兀總算渡過了阿姆河。怯的不花所率領的一萬二千人的前鋒部隊等，早已在伊朗東部展開作戰，旭烈兀本軍之所以能夠渡河，是在渴石的謁見後，西亞一帶各股勢力旗幟明顯轉向的直接結果，同時也表現出蒙古抱著以阿姆河來劃定疆域支配界線的認知。具體而言，那是依循「伊朗之地」（Iran Zamin）這個傳統概念的產物。

作為伊斯蘭什葉激進派為世人所知的伊斯瑪儀教派，在一〇九〇年法蒂瑪王朝內亂的動盪中，遠離埃及的哈桑・沙巴（Ḥasan Ṣabbāḥ）占據了厄爾布爾士山脈中的山城阿剌模忒堡，進而向伊朗拓展勢力。他們東起科希斯坦（Kohistan），經厄爾布爾士山脈西至敘利亞，在各個重要據點零星地構建山城，隱然創造了一個教派王國。

雖然其實際情況不明之處尚多，然而正如他們被稱為「暗殺教團」、「刺客派」一般，他們總是給人刺客以短劍暗殺政敵及有吸食大麻惡習等印象。不過，在最近的研究裡，也有一種看法指出，這支教派是伊朗的新思想和宗教運動，在城市內也擁有許多支持者。雖說如此，由於他們也留下了企圖暗殺大可汗蒙哥的紀錄，就蒙古而言，將之視作統治伊朗一帶的最大障礙，確實也是事實。

此時，伊斯瑪儀教派內發生政變，年紀尚輕的魯克那丁剛接任新教主。在旭烈兀完全包圍封殺阿剌模忒堡本城，並使各城孤立，動搖人心的周到布陣與硬軟兼施的交涉下，魯克那丁是撐不下去了。他們期待的雪也並未降下，終於在同年十二月投降。旭烈兀向魯克那丁要求各山城開城。

如此，除了零星戰鬥的幾個例外，各山城陸續在兵不血刃的情況下開城了。歷經一百五十年以上，令伊斯蘭世界東方和十字軍戰士們膽顫心驚的伊斯瑪儀教派，就在遠

9 譯注：兀魯思，蒙古語 Ulus，有人群、部眾或國家之意，也是漢文「汗國」的原文。

遠超乎預期的極短時日內，輕而易舉地結束了其政治生命。

「信徒之長」哈里發的消失

旭烈兀旋即率諸軍向西方前進。巴格達的阿巴斯王朝，半信半疑地坐視蒙古進攻，最終還是沒能拿出有效對策。接到被認為是伊斯蘭東方最強的伊斯瑪儀教派瓦解的消息時，任誰也沒打算去解救哈里發政權；並且，重要的宰相[10]也在旭烈兀巧妙的外交手腕下與蒙古私通。

形同不設防的巴格達為旭烈兀軍隊所包圍，未做太大抵抗，就在一二五八年二月，哈里發穆斯臺綏木便表示降意，巴格達也開城投降。哈里發據說是被幽禁餓死，或是在不流貴人之血的蒙古式做法下，以毛毯包覆，被馬踐踏至死。

如此，在精神及名義上皆為遜尼派穆斯林「信徒之長」的阿巴斯王朝哈里發，就這麼樣地在歷時三十七代，大約五百年的歷史後消失了。穆斯臺綏木一族逃至埃及，透過馬木路克王朝的拜巴爾，在開羅建立了傀儡政權。

然而，這裡最重要的是，有關其存在，出了埃及或敘利亞，除了印度的德里蘇丹等極少數政權外，皆未受到承認。許多遜尼派的人們，能夠接受如此一個沒有哈里發的狀況，實在令人吃驚。直到鄂圖曼帝國後期的蘇丹被稱作哈里發為止，哈里發實質上已從伊斯蘭世界中消失了。

什葉派的伊斯瑪儀教派和遜尼派的阿巴斯王朝這伊斯蘭世界的兩極，相繼被外來的「非教徒」蒙古所消滅，這對穆斯林而言應該是一大衝擊。因為，過去塞爾柱王朝這些突厥系政權，皆在表面上對伊斯蘭展現崇敬之意，成為穆斯林。

不過，實際上並非所有穆斯林都為巴格達被攻陷而感到悲傷。甚至有一種說法指出，遜尼派和什葉派雙方皆為對方「被敲了幾下大板」而感到喜悅。就此意義而言，說不定蒙古是把對所有穆斯林而言已不證自明的，那些遜尼派和什葉派之間的矛盾，透過消滅其核心性存在，促使此一事實在政治和歷史上明確地體現出來。總而言之，伊斯蘭世界由於蒙古而邁向了一個很大的時代轉折。

旭烈兀汗國帶來了什麼？

一二六〇年，包含西亞各軍團與部分十字軍在內，壯大成一支大軍團的旭烈兀軍隊

10 在伊斯蘭世界稱 Vizier 維齊爾。

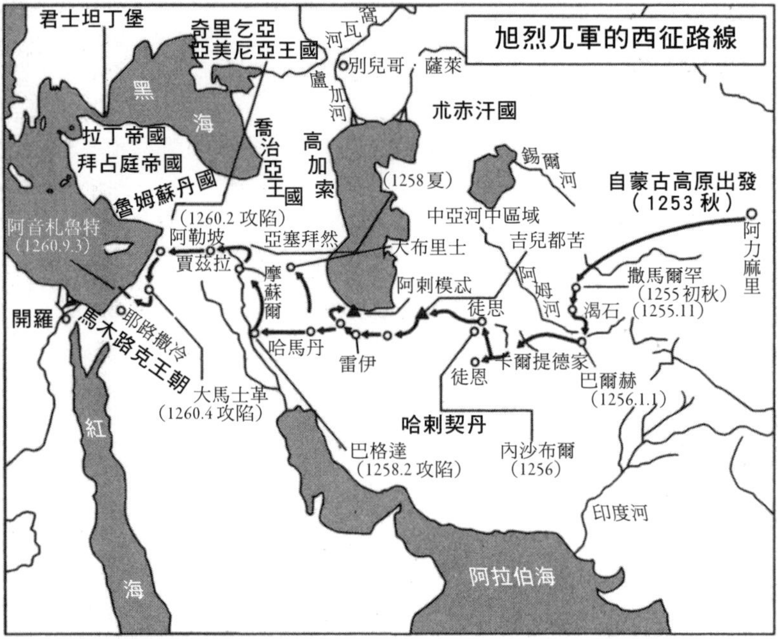

圖二　旭烈兀軍的西征路線

向敘利亞進攻，攻陷了大馬士革。旭烈兀本人到達阿勒坡時，傳來了大可汗蒙哥驟逝的消息。旭烈兀本軍立刻調頭轉向。不過，旭烈兀在回程途經亞塞拜然時，接到二哥忽必烈即位的消息，於是決意留在伊朗自立。這就是史上的旭烈兀汗國，俗稱「伊兒汗國」的建立。

附帶一提，歐亞東方在當年的帝位繼承戰爭中，忽必烈擊敗么弟阿里不哥，正式成為第五代大可汗。可是，以此為轉捩點，除了已經自立的朮赤汗國之外，中亞的窩闊臺、察合臺兩家族也強化了自立態勢。我們可以看到，察合臺汗國在不久後的十四世紀初葉便成立了。原屬多重結構的蒙古帝國，爾後便轉型成為一個擁戴忽必烈及其血脈為共主「大可汗」，結構極其鬆散的多元複合的世界聯合體。

此外，被命令留在敘利亞的怯的不花，由他所率領的一萬二千名前鋒部隊，雖然計劃繼續順勢南下往埃及前進，但在阿音札魯特溪谷（歌利亞之泉）與主動北上迎擊的馬木路克王朝大軍會戰時，卻打了個大敗。結果，「蒙古恐怖」的威力開始消滅，反倒是原先不被認為能長期維持的馬木路克王朝站穩了腳步，成為一道屏障壁壘，擋住了蒙古西進的去路。

如果沒有蒙哥的驟逝和旭烈兀本軍的調頭，馬木路克王朝恐怕就不會繼續存在。不只如此，伊斯蘭世界西方的命運自不待言，也很難保證蒙古不會進一步西進地中海，侵略歐洲。然而，這一波戰事在尾聲卻重演了二十年前拔都西征軍隊因窩闊臺崩殂而撤退，使歐洲獲救的相同歷史。

自此以後，由於蒙古帝國本身的多極化，大規模的遠征已不可行。就伊斯蘭世界而言，整體局面是東半邊的波斯語文化圈為旭烈兀所控制，埃及馬木路克王朝則代表西半邊阿拉伯語文化圈。伊斯蘭世界長期以來的「東方（Mashriq）」、「西方（Maghreb）」概念便是這麼形成的。

旭烈兀汗國在爾後的七十五年間，相當安定地整合、支配了伊朗一帶。後半期自第七代君主合贊改宗以後，蒙古也接受了伊斯蘭的信仰。只不過，其動機主要是為了政治和統治上的方便，蒙古本身究竟對伊斯蘭的理解有多深，仍有疑問。

儘管如此，伊朗藉由蒙古之手，再次恢復了薩珊王朝滅亡以來，消失了數百年的「伊朗之地」的理念及實體。伊斯蘭世界因蒙古而凸顯出來的東西兩邊的大致區分，實質上幾近原封不動地持續到了今日。

再者，長期以來有關一三三五年旭烈兀汗國喪失了統合性以後的演變，有回歸蒙古東方或是土著化等倉促草率的臆測，但事實上我們可以看到的是，蒙古的統治一直持續到十六世紀初薩非王朝成立為止，其瓦解及重組過程長達一百多年。

以宏觀的角度來看，蒙古自登場時起便大大地改變了伊斯蘭世界的結構，其後在歷史上相當長的時間裡，扮演了確定「伊朗」在政治、文化、社會上的形態和伊斯蘭世界東西區分的角色。

支撐蒙古帝國的穆斯林官員

我們在前面探討了與「蒙古對伊斯蘭來說是負面因素」這個想法相關的兩個歷史場景。這些討論姑且打住，接下來這節擬討論蒙古對伊斯蘭做出的明顯、正面的貢獻。具體而言，這個貢獻就是：伊斯蘭世界在十三、十四世紀的蒙古時代，向歐亞東方及北方，以及東南亞多島海域完成了規模可觀的拓展。

其實在蒙古帝國形成和擴大的過程中，穆斯林以及伊朗系族群所扮演的角色極為重要。打從成吉思汗在蒙古高原確立霸權開始，其周邊已出現穆斯林的商人了。

他們以通商團名義前往各地，展開內情調查、擾亂工作和謀略活動。外交交涉及勸降的使者中，幾乎必有穆斯林的參與。作為遠征所需的軍需物資調度和安排、輸送網絡的確保等，也由穆斯林商人團或由此出身的經濟官僚來負責。蒙古的「情報戰」和「補給戰」兩項基本戰略，有相當部分是由穆斯林來支持的。

穆斯林的能力所及遠超出軍事活動，甚至包括征服後的統治、行政、運作等。特別是徵稅及財務，幾乎全部被委託給穆斯林官員。我們可以看到他們既是蒙古的財務官僚，也是商業、金融活動等廣泛層面的推手，這樣表裡一體的現象。

結果，只要是蒙古權力所到之處，歐亞各地從中央政府到各汗國、王領、分領、統治行政的各機關上下，皆可見到穆斯林商人、官僚。透過他們手握政治、社會關鍵環節的多方面活動，伊斯蘭本身也滲透、普及到過去不曾往來或少有交涉的地區、族群中。

在中亞，伊斯蘭化在帕米爾以東也更深入地展開。此外，過去動輒被忽略的是：伊斯蘭也在蒙古、突厥系族群裡普及，其範圍為自阿爾泰山西麓經現今哈薩克草原到俄羅斯、烏克蘭一帶的廣大歐亞西北地帶，包括朮赤汗國的王侯、貴族的領地在內。這個狀況與現在是直接相關的。

蒙古造成伊斯蘭「世界化」

蒙古與伊斯蘭穆斯林兩者以軍事和商業的結合為主軸，在一種堪稱「共生」的關係下，自忽必烈起將當時歐亞最富庶的中國全境納入版圖，成為一個擁有游牧世界與農耕世界，甚至涵蓋海洋世界的「大元汗國」。這個前所未有、中國稱為「元朝」的新型國家，於是獲得了更大規模的發展。

蒙古帝國藉著忽必烈政權接收南宋，取得海上通路，轉型成為陸海大帝國。歐亞大陸在陸海循環下於是形成「世界通商圈」，東西出現了空前的大交流。

忽必烈和他拔擢的穆斯林經濟官僚主導了一切。他們建造了連結陸路與水路的世界帝都「大都」（現在北京的直接前身），以作為巨大的物流集散基地，並以此為中心整頓了陸海交通運輸網。

然後，穆斯林商人團還在蒙古名下，藉著實際上由穆斯林官僚們管理、維持的交通路線和移動、運輸之便，向歐亞各個要地及港口展開各種經濟活動，將物資向大都輸送。

伊斯蘭可說是給以蒙古為中心而緩緩系統化的歐亞世界，帶來「流通」和「經濟」的血與肉，扮演了廣泛連結東西方的角色。結果，在過去伊斯蘭色彩較淡的東亞全境，伊斯蘭化也開始擴大。當然，這從各區域整體人口來看不過是少數，但在城市和港灣等流通點或區域開發的據點，必然可以見到穆斯林聚集的居住區。

現在，中華人民共和國除了新疆、寧夏或甘肅、青海等穆斯林占有相當比例地區外，雲南也是穆斯林集中的區域，其他區域的城鎮出入口也屢屢可見穆斯林居住區，甚至在中國本土的中央地帶也能夠在山野看到追趕羊群的穆斯林牧民。

這些散布在中國全境的「回民」，或者「回族」的總人數公認為八百萬，但實際人數據說應達一千萬，甚至更多。若將「維吾爾」這支新疆突厥系的穆斯林也計算在內的話，伊斯蘭信眾將達至相當人數，而且穆斯林在政治、社會上所具有的意義，也遠超過人口數量上的比例。

另一方面，東南亞多島海域，特別是沿岸地帶在「蒙古時代」活絡的海上交易活動下，開始迅速伊斯蘭化。這也和穆斯林華僑的大量進出幾乎處於同一時期。現在，擁有世界最多穆斯林人口的國家，就是印尼。

一言以蔽之，蒙古時代是歐亞世界史的時代，同時，這也是伊斯蘭開始「世界化」的時代。

歐亞各地是拜蒙古時代所賜，才開始具有一個整體的「世界史」圖像。在蒙古時代問世的歷史著作《史集》，貼切地說明了此一時代現象。

旭烈兀汗國的宰相兼歷史家拉施特・哀丁親自參與，以波斯文記載的這部史籍，是集結了各色人種的力量，憑藉旭烈兀汗國長期累積下來的種種訊息和知識撰寫而成，屬於一部罕見的官方編纂著作。

這部史籍的第一部從成吉思汗的蒙古帝國擴張歷史寫起，即便是波斯文，但從蒙古本身角度來看，也確實是極為詳細且生動的描述。接著，第二部又筆鋒一轉，自亞當開始說起人類歷史，並以當時世界主要區域和種族為別，從帝王血統史角度總述了伊斯蘭、猶太、烏古斯・突厥族、中國、印度以及法蘭克即歐洲的不同歷史。在這部文獻以前，既不存在著類似的史籍，在其後恐怕也難以見得。我們稱這部史籍為人類史上的第一部「世界史」也不為過。

正因蒙古時代是一個前所未有的時代，才會出現《史集》這部前所未有的「世界史」。然後，這樣一部空前的史籍，完全採取伊斯蘭傳統的編年史體裁，並且是誕生在伊斯蘭地區的「伊朗」這片土地上等特徵本身，更象徵了一個全新的時代已經降臨到伊斯蘭世界。

成熟點！美國！

如前所述，蒙古和伊斯蘭在那個時代完美地折衷調和了。就大局而言，兩者的關係可說是共生共存。對蒙古而言，伊斯蘭是不可欠缺的；蒙古也成為伊斯蘭擴張的龐大力量。這純粹是一項客觀又明白的史實。

回頭來說，美國作為一個不唯獨在現代世界，甚至是在人類史上也無可比擬的強大權力，它與伊斯蘭的交往方式實在太過簡單，很難想像這是一個擁有成熟知性與感性的國家或政權應有的態度。所謂正義與邪惡的極端二元論，讓美國及其國民看起來就只像個史上空前的任性磨人精，也加深了世界對美國的輕蔑和揶揄。雖然美國這個國家原本就很單純，但另一方面也有健全的批判精神傳統，照理說應有包容多元、多樣價值觀的度量。縱令國民全體皆為恐怖攻擊的恐懼所苦（當然，對美國國民而言，包括受到核子武器的攻擊在內，可以充分理解此乃非比尋常的威脅與不安），但陷入杭廷頓愚蠢的「文明衝突」迷思裡，又是怎麼一回事呢？

美國對於國內的穆斯林居民，尤其是對於阿拉伯系族群的壓抑現狀，就以「民主主義旗手」來自我標榜的「自由國度」而言，即便那只是表面上的原則性說詞，仍可說是自我掌嘴的行為。尤其是面對巴勒斯坦的態度，更是糟糕。對於以色列的過度支持，也一點都不聰明。阿拉法特或人肉炸彈攻擊當然過分，但以色列政府令人難以置信的好戰主義也出人意料。

世界所有國家或地區都期望美國有智慧、冷靜、自覺與負起責任。這不僅是就巴勒斯坦問題而言，作為一個在世界秩序中擁有主導地位的責任者，最重要的應該是保有共生、共存的意志和態度，以及為此而進行的持續努力。不斷地塑造「敵人」，任誰看來都是極無常識的，反而還有助長恐怖攻擊的危險。美國必須具備並展現出作為「帝國」的成熟。

追記

以上這篇文章寫於二〇〇二年九月。接下來，在二〇〇六年一月的這個時間點上，擬對包括其後發生的伊拉克戰爭在內的歷史做一些補充。二〇〇三年三月二十日，英美聯軍又展開對伊拉克的攻擊，四月九日巴格達市內的薩達姆．海珊像被推倒。自彼時起未經太多時日，我得到了一個撰寫如下帶有些感想意味文章的機會，謹將該文收錄於此書。若有類似的表達或字句重複，祈望讀者見諒。

美國的漫長道路——其後的伊拉克

由美國主導、英國助陣，又有若干國家參與的這場伊拉克制伏戰，以拉倒薩達姆．海珊像的作秀式演出告終，此一演出透過電視媒體傳遍世界，予人一種現在一切似乎已經結束，儼然邁入了戰後階段的氛圍。

可是，正如阿富汗作戰時的經驗所示，美國軍隊大規模的軍事展開和首都控制，前政權垮臺等情勢雖暫且告一段落，但接下來的漫長道路才是真正的「成敗關鍵」。打從一開始，筆者便認為「打倒海珊政權」這個軍事行動本身，大概會在極短時間內結束，但其後的進展將相當辛苦。而現在也幾乎只看得到一些起步而已，一切才正要開始。美國是否能夠跳脫一時的戰勝情緒，或主要國家之間的國際權力遊戲，構築並維持真正具長期性的政治策略，將包括伊朗在內的中東整體導向安定呢？

「平安之都」之夢

中東地區受到英、法，甚至是德、俄等國家的干涉、介入和支配，長達二百年。在「戰後復興」的過程裡，雖說歐盟對抗了美國的主導權，但說到底還是歐美本位的安排，總之是一種沆瀣一氣的支配模式。若不防止過去歷史重演，他們這次恐怕真要陷入杭廷頓所描繪的，愚蠢的文明衝突結構中了。

雖然是歷史學者的夢想，但我真的希望伊朗變成中東一個人心所嚮之地。坦白說，幾乎所有的中東國家，除了為了想加入歐盟而力求歐化的土耳其以外，儘管有情況和程度之差，都長期經歷了由獨裁者、權勢者、王室、宗教權威者等獨攬政治、經濟、宗教三權的狀況。除了少數的統治者和富裕階層外，對於大多數民眾而言，要過著和日本、歐美等地人們一般尋常的「庶民生活」，真是有如做夢一般。

接下來的歲月或許漫長，但若是能讓位於中東正中央，曾是伊斯蘭世界中心，有「平安之都」美名的巴格達成為一個名實相符，配得上「神的賜予」（波斯語中 bagh 為「神」，dād 為「賜、贈」之意）稱號的人間樂土的話，目睹這一切的中東人們，他們的意識自然而然就會產生變化。安全、充分的工作機會，滿溢富庶的生活以及人生的娛樂享受，總而言之，就是打造一個可令人實際感受到平等社會的城市。與其竭力去設想改造國家的政權更迭，不如創造一些可讓貧苦民眾體會到豐庶和公正的實際事例，這才能成為促使中東整體變革的契機。

動盪的歐亞

話說，美國在一年半前因阿富汗戰爭踏入了歐亞的中央地帶，這次則踏入了中東的中央地帶。總而言之，擁有壓倒性強大兵力的美國，這回出現在由歐亞古文明和歷史所交織而成，規模屬地表最大的大陸正中央。此一歷史事件的含意其實很大。

具體而言，他們在中國的後花園、印度和巴基斯坦的頭頂、伊朗的側腹、俄羅斯的懷中，也就是阿富汗、塔吉克、吉爾吉斯等地，建立了數座陸上基地。這種直接性的威脅，不只對鄰近各國的外交，甚至也會使各國內政蒙上陰影。有關這次對伊拉克展開的軍事行動，中國、俄羅斯、伊朗、巴基斯坦等國之所以會坐立難安，也是理所當然的。

例如，就新疆持續有叛亂和暴動發生的中國看來，對存在於本國眼前的美軍空軍基地，當然不得不在意。然後，這次又是美軍駐守伊拉克。伊朗不僅東、西邊皆受控制，連波斯灣也面臨美國海軍部署，但它對此卻無計可施。此一情況在中東各國也都是大同小異。

從九一一開始

直到兩年前為止，美國在歐亞大陸方面，除了沿岸和島嶼地帶的基地群以外，並未擁有太多據點或地盤。這不知是否由於其海、空軍力呈壓倒性優勢，因此在陸上支配方面刻意稍作低調克制所致？總之還保持著一道界線。這次則一舉踏進了歐亞權力政治的核心。

我們不得不說，九一一事件所具有的意義非常深遠。無論美國是不是一個「帝國」，這個世界和美國本身都正朝往嶄新時代而前進。現在不過是歷史劃時代性新發展的開端而已，不是嗎？

（產經新聞晚報，二〇〇三年五月十二日）

伊朗戰爭結束了什麼？——改善民眾生活才是根本的解決之道

伊拉克壓制戰（美國官方代號為「解放伊拉克行動」，後來改名為「伊拉克自由行動」）曾在電視等媒體上引起極大爭議，如今儼然成為過去。直到開戰後不久，先前沸沸揚揚的「戰爭大義名分」與悲憤慷慨的善惡論等也收斂起姿態，如今美、英主導的伊拉克復興、各主要國家的企圖和戰略，理所當然地會被注目觀看。

雖說忽熱忽冷是日本人的特性，但看看海外報導的情況，便能察覺似乎不是只有日本才如此。這氣氛就好比在外野觀「戰」席觀「戰」的觀眾們，因戰爭事態一反預期地在短時間內結束而失望掃興，以為比賽結束了，便如潮水退去一般，減少了對伊拉克的關心。

那麼，結束的是什麼呢？有意見指出，布希總統站上林肯號航空母艦宣告「戰鬥停止」，是由於若宣告「戰爭結束」，便必須依《日內瓦條約》規定釋放俘虜。為了回避此一情況，才刻意採取「戰鬥停止」的表達方式。這一面或許也確實存在，但總而言之這種批評也是以「戰爭結束了」為前提。不過，就客觀的事實而言，整體事態仍停留在「戰鬥姑且停止」的階段，不是嗎？

據實來講，海珊的政府及主力軍該說是陣前逃亡，或逃之夭夭，結果造成首都巴格達在近乎兵不血刃的情況下，落入美軍手中。基爾庫克等北部城市也是一樣。如此，戰鬥似乎是發展到了一個中止的狀態。可是，海珊本人和過去的首腦階層幾乎還未被抓到。一般而言，一度四散的兵員作為軍隊再度集結而復活，是很難想像的，但英、美占領下的伊拉克確實是處於一個仍有相當數量人員「潛伏」的狀況。

要說這是一場「結束」得不夠明確的戰爭，不如說這場戰爭和阿富汗的狀況很相似，是以美國軍隊大規模的軍事展開和控制了首都，以及前政權在表面上消失的局面而姑且中止的。阿富汗仍屢屢有地面戰鬥發生，阿富汗戰爭可說仍在進行。我們目前仍然很難斷言，伊拉克戰爭是否就此結束了？美國主導的「今後」若是失敗，伊拉克戰爭說不定將會重燃戰火。

要使伊拉克戰爭真正結束，就得看接下來的漫長道路上，美國等國家如何走出下一步。重點在於，製造一個讓民眾有工作、生活安定，讓他們感受到富庶、平等及公正的社會，以及打從心底歌誦活著真幸福的環境。中東問題的重點就在於除了少數掌權者專擅擁有政治、經濟、宗教三權，以及一小撮有裙帶關係的富裕者以外，大部分的民眾都被迫身陷貧困之中。變革的門扉就在於民眾生活的根本改善。

我衷心期盼，位於中東中央地帶的伊拉克，尤其是位於伊斯蘭世界中心的歷史，傳統城市巴格達能夠成為「人間樂土」。時間或許漫長，但若能有實際建樹則中東整體將自然改觀。在歐美主要國家自私妄為的政治遊戲中，問題將無法獲得根本性的解決。美國必須負起介入的責任。豈止二、三年，甚至十年、二十年也是必要的。日本若有心協助，也是大有可為。現在正要進入第二階段。一切才剛要開始。

（每日新聞晚報，二〇〇三年六月六日）

在這兩篇文章後，眾所周知，事態又有了新的進展，任誰都能注意到，伊拉克戰爭尚未結束。海珊部隊「轉入地下」的抵抗和發動游擊戰，對政府機關或石油生產基地的攻擊，甚至進行目標不限於美軍的無差別式恐怖攻擊仍持續爆發，這些不安情勢直到今天都還未平息。也就是說情勢還未完全進入到「戰後」。

事態原本就不會這麼簡單地結束。雖是嘲諷的形容，但在「開戰」後未滿三年的時間點上，透過選舉所達成的「民主化」道路姑且敞開，當時事態看起來還像是出乎意料地告了一段落。不只是伊朗國內，包括以色列、巴勒斯坦、敘利亞在內，任誰都會對不間斷的恐怖攻擊感到厭煩。恐怖攻擊的謀劃者，無論在哪都會失去支持。另一方面，此間美軍相繼死傷，可想而知美國國內充斥著「厭戰氣氛」。可是，美國背負著主動介入，攪亂春水的責任。它必須促使伊拉克的戰後成為真正的「戰後」才行。無論如何，伊拉克若能實現安定化，將是中東全面改觀的門扉。

而阿富汗又如何呢？國內各股勢力取代塔利班組成聯合政權，好歹保全了「中央政府」的體面，彼此處於不安的平衡狀態，但離告別軍閥割據的現狀則還很遠。當軍事上擁有關鍵性力量的美軍大多「轉進」到伊拉克時，包含德國在內的各國小部隊持續「駐留」，也只不過是艱辛地保持住了最低限的「安全」罷了。

戰鬥和恐怖攻擊仍在發生，阿富汗的「危險度」自二〇〇五年起升高，包含日本考古隊在內的遺跡調查工作是在相當「不安」的情勢下重啟的。甚至，最近也有報導指出，與巴基斯坦接壤的國界山岳地帶仍有塔利班勢力在活動。阿富汗也還未真正來到「戰後」。巴基斯坦的動向和情勢，其情況較伊拉克還要來得更不可捉摸。總之，伊拉克和阿富汗都走在漫長道路上，現在頂多只能說是在「第三階段」罷了。

回顧過去，蒙古在十三世紀中葉的到來，大大改變了包括阿富汗在內的中亞一帶，以及包含現在伊拉克在內的中東地區。用一句話來說，蒙古帝國是把綜合化的國家體系，帶進了中東及其周邊。結果，蒙古之後的鄂圖曼帝國、薩非王朝、帖木兒帝國、蒙兀兒帝國等，儘管程度有所差異，但都處在蒙古體系的影響下。

這樣的時代持續了五個世紀，到了十八、十九世紀，歐洲的勢力與文明在新的包裝下，湧進了中東。此時，有穆斯林知識分子將此稱為「第二韃靼」，也就是認知成蒙古再度來臨。這是可以理解的。這一回，他們將之看作外來國家、文明體系的入侵，而不單純只是異邦人的侵略。

美國究竟能否超越善惡，成為中東及其周邊的「第三韃靼」，也就是作為世界領袖，扮演引導向沒有獨裁者或少數支配者之國家或社會體系的推手？美國若想在人類史上獲得相應評價，其成敗關鍵就在於它是否能夠展現出擴大安定、普及民主，以及力求實現的韌性和長期的責任感。

四、「東亞」是近代產物

不解的東亞

直接套用近現代形態來思考和討論過去，很容易陷入危險的歷史認識。特別值得留意的，是世人深信只存在於十九世紀乃至於二十世紀的地區或國家的空間架構，彷彿是一個自始便存在的整體，並藉此來眺望歷史現象。在此，作為具體事例，本節想討論的是與我們有深深關聯的「東亞」。究竟「東亞」是不是一個無論在歷史上或近現代皆具有無可否定的確切實體、實質的地區概念呢？或者說只是一個沒有確切框架或根據，不過是當做權宜性使用的用語呢？

「東亞」這個辭彙所指內容範圍原本為何實不明確，其範圍又究竟如何呢？

在我們這些生活於日本列島的人們一般認知中，東亞當然應該包括日本列島、朝鮮半島、中國大陸以及臺灣等在內。那麼，越南呢？或者菲律賓群島又如何呢？東南亞面積相當廣大的半島部分，只算加里曼丹島也遠較法國全境要來得大，由大大小小島嶼組成部分和多島海區域，又該如何考慮呢？愈想愈是混亂。

另一方面，將目光轉向北方，被稱作北亞的蒙古或西伯利亞東部等地區也算在「東亞」裡頭嗎？滿洲（現在中華人民共和國的東北地區）或朝鮮半島、日本列島、日本海及鄂霍次克海海域等，有時也稱作「東北亞」，它們彼此之間的關係又是如何呢？甚至，被稱作亞洲內陸的巨大「正中央」地區，大概無法全部算入「東亞」，那麼，哪邊算得上是「東亞」，哪邊又不算呢？

其實東亞的輪廓是曖昧模糊又不確定的，看似清楚，其實不然。雖有辭彙，內容卻很籠統，不得不說是相當不清晰的概念和區分。「東亞」的範圍恐怕會依想像者的不同而有所不同。

然而，特別在這十多年間，國際政治、外交、行政層面，甚至是大眾媒體間頻繁使用的「東亞」，其意所指則非常清晰。大致是指東南亞國家協會（簡稱ＡＳＥＡＮ）各國，加上日本、韓國、朝鮮、中華人民共和國、臺灣及香港等大範圍區域。若以別的說法來講，則是指包含中華人民共和國和泰國在內，從這兩國起算，遍及東方、太平洋的所有地區。這裡所稱的「東亞」，有時也會代換成「亞太區域」，這的確是一個巨大的空間。

這是二十世紀末至今，優先考量政治、經濟、外交因素而假定下來的區域劃分。正如現今國家、國界成為一基本常識而清楚可知的，乃是以現實的利害關係為前提。或許正因如此，緬甸才會時而從「東亞」中被排除掉。這種區分方式，堪稱是立足於現代世界的「大局」之上。這種不由分說的區分，在現實上是與亞洲東方內部悠長多樣的歷史背景，或包括我們這些生活在日本列島的人們在內，與該廣大區域內各部分居民的觀念或生活實感不同的一個大區分。

這種區分是一項人為產物，無法了解它是否具有恆久性和永續性。當然，這在我們思考和討論現今世界時的確是很方便好用，尤其是對於要在這個巨大的「假想東亞」區域內，進行某些計畫或活動的人們而言，確是十分有利的架構。

回顧日本前一陣子有一些高談亞洲崛起的書籍充斥書店，但那些書籍幾乎將這個現代版「東亞」視為理所當然，並在這個前提上展開討論。以「儒教文化圈」之語作為經濟興起理由也是其背景之一。那麼，對ＡＳＥＡＮ各國又如何解釋？結果，這些書籍不是予以忽視，就是以華人、華僑世界的普及來處理。若要談華人、華僑世界，那麼就必須兼談北美、歐洲及大洋洲才行。要以華人、華僑來概括ＡＳＥＡＮ各國的政治、文化、經濟，仍是有些勉強。「儒教文化圈」云云，或許該說是一種自認「漢字文化圈」的發想，總是飄散著一些單純又稍嫌自私的優越主義氣味。一九九七年金融危機以後，這一類主張迅速退出臺前，的確是一個有趣現象。

當然，要說在二十世紀最後四分之一的時間裡，全球化世界經濟中正在形成一個能被稱作「東亞跨國經濟圈」的鬆散空間，這種討論的確有一些可以令人認同之處。其中一個重點，應該就是一九八〇年代以後，形式上採社會主義體制的中華人民共和國在政策上力圖向改革開放路線大幅轉換，以世界經濟中巨大「發展中國家」姿態登場的這個轉變。由於擁有大量廉價的勞動力和成長中的巨大消費市場，中華人民共和國的重要性日益增大。彷彿是相互連動一般，北京政府活潑且「強硬」的言行作風，也每每成為話題。另一方面，回歸時在日本國內外造成轟動的香港，其現狀反而像是被遺忘了一般。

與經濟上的宏觀現象相對應的「東亞跨國經濟圈」，憑藉著圈內以中華人民共和國為首的各國政治、社會大致安定的現況而成立。不過，各個國家情況不同，不安定因素還有很多。無法排除某些國家政治、經濟、社會中某些事物會成為導火線，而突然出現不安定化、流動化、甚至是演變到流亡化的可能。其中，當然同時存在可以或無法以一國的不安定便得平息了結的情況。今後過了十年乃至十五年，我們究竟是否仍可在不遭遇動盪的情況下維持相對的安定呢？到了那個時候，現在的國家、國界究竟會變得如何呢？在現在這個時間點上，我們的確能說：這個鬆散的「跨國經濟圈」，要確定能夠不生動盪，伴隨著確切的現實與持續性來體現「東亞」這個巨大的區域名稱，恐怕還必須歷經相當的曲折和時間。

要言之，回顧歷史，前述這個堪稱是最大規模的「東亞」概念，其現有內涵可以說是一個被創造出來，或是基於某種預期心理、先說為快的架構。我們能夠看到不少用這個現在進行式的超大、跨國性的「東亞」概念，回溯、套用到以往的歷史時代的脈絡中來說明，或者進行歸因的討論。其心情不難了解，也相當有趣，但不容否認就某些點來說仍是有些牽強。例如，作為跨國性「東亞」下層結構的東北亞或東南亞間，究竟可以找出多少歷史上的共通性呢？若將兩者一併觀之，將會遭遇到「『中華帝國』或『中華世界』可以作為其核心部分嗎？」或是「可以近年流行的『海域亞洲論』來加以連結嗎？」等問題。

但是，這裡談的「中華帝國」或「中華世界」，其實是十八世紀後半期擊垮宿敵準噶爾游牧王國而一舉巨大化的清朝後期，也就是以擁有遼闊疆域的大清帝國（Daicing gurun）為基礎的。[11] 這塊巨大版圖是藉由繼承蒙古帝國以來中央歐亞國家傳統帝王「大清可汗」，自一六四四年「入關」後也成為中華本土君主的清朝皇帝來體現的。若用其他說法來說，起源於印度思想的藏傳佛教的Cakravartin，也就是「金轉輪聖王」的這個思想（轉動金輪司宰時代推移變遷，支配世間的帝王）乃是其底流，這也是以立足在亞洲獨特帝王思想上的乾隆皇帝，及其後繼者為唯一連結而成立的。

蒙古騎兵軍團所信奉的是藏傳佛教。作為其擁護者的是大檀越的大清皇帝。這是一種由滿洲、蒙古、西藏，甚至包含一部分漢族在內的臣民共同信奉的格局。在「西方衝擊」下，此一格局無法繼續維持。在以漢族為中心的國族主義興盛中，大清帝國的疆域被代換為西洋近代所標榜的「國族國家」空間。十九世紀到二十世紀初「中國近代化」趨勢出現的時期，其實也是準噶爾覆亡後時日未久的結構在國內外都被認定是傳統結構般的時期。若不從這樣一個歷史脈絡來看，那麼現在肯定仍然看不清外蒙、內蒙蒙古系族群的苦難，以及現在仍然持續的西藏問題。

我們不能否定，一九一一年在辛亥革命後誕生的中華民國，以及現在中華人民共和國的巨大疆域，都是緣自乾隆皇帝以後的政治格局而來。也就是說，我們不得不說近代中國是繼承自清朝後期的國家。當我們回顧中國數千年歷史之際，存在於彼處的「中國」

疆域，頂多是這兩世紀半左右被沿用的產物。若是要以這個「大中華」來說明「東亞」的歷史脈絡，是本末倒置的。此外，「海域亞洲」的討論本身不可欠缺，但即便如此，若以此來討論「東亞」一體性，是否有點偷換概念之嫌？若談到銜接「沿海」與「內陸」的角色，「大中華」論或許仍須作為一個中介。

歷史上所見的東亞

坦白說，要在這個過於巨大的「東亞」框架中，找出歷史上某種形態共通的要素或歷史圖像，或者是相應的「歷史世界」，真的是難上加難。

那麼，反過來說，歷史上慣稱「東亞」的這個區塊，究竟是自何時開始被斷定的呢？假使我們現在要以任誰都難提出異議的最小限度來定義「東亞」的範圍，具體而言應是日本列島、朝鮮半島、中國本土（China proper 或 Chinese Mainland，但這也不過只是十九世紀到二十世紀的認知罷了），以及其周邊。就算如此，若冷靜、客觀來看，所謂「整合的東亞」狀態，最早也頂多是十九世紀後半以後，更精確地說，還是到了二十

11 Daicing gurun，譯注：以穆麟德文字轉寫的「大清帝國」滿語讀法。

世紀後才出現的。並且，我們仍不能否認一個客觀事實：這個狀態還以歐美列強「砲艦外交」的軍事威脅所造成的「西方衝擊」為直接且強烈的動因。

這是極為單純的史實。只是，聽在包含我們日本人在內，在「東亞」生活的人們耳裡，或許絕不舒服。

說不定正是基於一種保守心理，近年「東亞」或「東亞史」相關的研究者中才出現了一種看法，指出對於「東亞」（但其範圍並未明確界定）來說，「西方衝擊」不具太大意義。這種意見主張「東亞」之中原本就存在著自內部湧現的力量與可能性，無論有沒有「西方衝擊」，都將走向近代化與工業化道路。

這是讓人聽起來比較舒坦的論述。這彷彿是說，現今的崛起或發展是理所當然的結果。若真如此，那麼「東亞」自然而然在「西方衝擊」前便確實地具有相當的整合性。然而真是如此嗎？

其實，以江戶後半期已達細緻生產社會的日本列島為主，清朝治下的中國、朝鮮王朝（李氏朝鮮）治下的朝鮮半島，無疑已擁有相當成熟的物質文明，也的確存在內在的能量與潛力。這也是日後「發展」的重要基礎條件之一。

「西方衝擊」形塑的樣貌

可是，就算如此，我們仍然不能低估來自「西方衝擊」即近代西歐文明的種種影響。當然，那是充滿悲劇與苦澀的交會、互動。然而，若無歐美列強的存在或壓力，幕末時期的日本可能就不會義無反顧地推動大規模的國家社會革新，造成列島舉國沸騰。這麼一來，幕末還會成為「幕末」嗎？更不用說逼不得已走上較日本更加苦難之現代化路程的朝鮮半島與中國大陸了。

李氏朝鮮這個王朝國家，從取代蒙古帝國附庸國的王氏高麗王朝而成立，從西元一三九二年起，到一九一〇年所謂「日韓合併」為止，竟是一個超過五百年的世界史上首屈一指的「超長期穩定政權」。不論好壞，以安定、固定的農村經濟為基礎的李氏朝鮮時代的社會，為什麼會被迫身陷於疾風怒濤的漩渦之中呢？無庸贅言，它與近代日本間發生了許多不幸的歷史。若僅以內在原因來說明朝鮮半島的長久激盪，是全無常識的。另一方面，從大清帝國瓦解到民國、人民共和國成立的歷程，由於實在很難在此簡要說明，謹容我割愛。

總而言之，就算只看作國家的機構和組織，「幕藩體制」的日本為何放棄這個體制而不得不創造明治國家呢？此外，朝鮮半島也正因為在清朝與李氏朝鮮的王朝政府支配狀況下，長期無法展開因應世界情勢的近代化，才被迫得在日後苦嘗悲慘的歷史過程，不是嗎？當然，無論是哪一種情況，照理說源自各個王朝或國家本身不得不「轉型」的自發、自律意志也是很大因素，而不只是因為「文明」的危機感而已。

回顧歷史，在「西方衝擊」前的十六到十八世紀，物產及人的流通在中介連結東海及南海的各個地區廣泛動了起來，是一項事實。至於其前史是「倭寇」等的走私貿易，甚至是在那之前的王朝間朝貢貿易等積累，又是另一項事實。

在此一過程中，東亞區域的確是隱隱約約地有某種籠統的「變化」徐徐地顯現。姑且不論其程度上的差異，但我們以一般認知來想像的「東亞」幾乎是起因於這個難以名狀的「變化」。不過，這個「變化」的速度依舊緩慢，即使在十九世紀初期也仍舊極為緩慢，這也是不爭的事實。

然而，做為鬆散區塊的「東亞」各地區，毫不遲疑地一舉投入到彼此連動的世界，是十九世紀中葉以後的事。自那時起，個別的地區和國家只關注自己便可充分生存的條件消失了。回顧歷史，有關「西方衝擊」所象徵之時代影響出現前後的發展，我們仍不能不承認確實有相當的落差。

想盡可能地縮小始於「西方衝擊」所帶來的時代變化來立論的心情，我非常能夠理解。但是，這不單只限於「東亞」框架內，在世界史上也是清清楚楚的事實。為了要表現「東亞」的自主性，而以「外來」為由低估外來因素，反之，將內在潛力以超過實際程度來大張旗鼓地敘述的態度，很難說是適當的。不唯獨歷史事件與現象，無意識的「美化」與有意圖的「非難」同樣叫人害怕。

當然，這種主張的心理背景，就是近年「東亞」各國的經濟發展。對此設法從某種歷史緣由來做說明、歸因的心情，恐怕是不可忽視的動機。此刻，將現代版及歷史版這兩個「東亞」同一視之，恐怕是一種「話語的魔術」。

以下說法應該比較適當：近年「東亞」各國的發展及崛起本身，原本就是一種經過了名為「西歐化」的漫長改革時代，各國在大致具備了相當程度的近代國家、社會形態及面貌的前提上，才於近年開始引人注目。坦白說，若以國家為別來針對國內生產總額（ＧＤＰ）等「經濟力」作總量性的掌握，那麼亞洲各國的人口比例便成一變動因素，在計算結果上也不過較歐洲各國稍多一些，不是嗎？在以亞洲為主軸的地球規模經濟體制運作之中，「東亞」各國中有相當部分仍是承包、代工、生產、流通、消費之一部分的這個現狀，看起來是很難否定的。

的確，有關近年「東亞」的情況，若以超宏觀的角度來看，對於「東亞史」也好，人類史也好，應該都是值得刮目相看的嶄新歷史現象。此事不必否定。今後還有更大波動、發展的機率也應該很高，但那完全只是可能性而已。並且，在現在這個時間點上，東亞還無法拂去一種「相對性崛起」的印象。若以個別國民生活的層次來考量，而非國家經濟總量來考慮的話，還有相當落後、辛苦的部分。

「東亞」過去將近一百年左右的悲慘時代及記憶，以及與之相較已經獲得十分改善的現況，面對這樣一種光影交雜的歷史過程，不得不叫人感覺到那些高談的闊論，實在是偏離現實了。

歷史上的「東亞史」概念是否能夠成立？或者說，是否真的存在著不妨稱作「東亞史」一般的歷史現實呢？

很遺憾地，至少就我而言，再怎麼樣都無法針對任何一個問題做出回答。至今為止的研究狀況，關於各個歷史現象和情勢，雖已有相應的積累，但若談到作為總體的歷史，其實是近乎未處理的狀態。

再直率地說，過去的歷史敘述就算使用了「東亞」、「東亞史」、「東亞世界」等用語，但幾乎所有的場合都是為了敘述上的方便而暫時使用的辭彙，與此相關的人們，都應該承認其實未針對這些辭彙多做深思。

換句話說，尤如前述，比十九世紀後半葉更早的時代，就算對距今年代久遠的前近代歷史使用「東亞史」一辭，實際上大多仍是一個極難證明，極為鬆散的概念。

論點雖然有些重複，但東亞史與北亞史、內陸亞洲史、中亞史、東南亞史等並行存在的各種概念，究竟是處於何種關係呢？其境界和領域皆尚未明確界定。或許有研究者會說較之更上的高階概念就是「東亞史」。然而，若要求做此主張的人士從空間和時間兩個方面來明確定義「東亞史」框架，他們想必會立刻語塞。

實際上迄今為止，「東亞史」一辭皆是一個約定俗成的印象用語。它不過是一個依使用者方便而隨意伸縮、不可思議的架構。即使把「史」拿掉只談「東亞」，那問題也是完全一樣的。

曖昧不清的「亞洲」概念

「亞洲」一辭本來就很荒唐。緣自「Asia」這個希臘語的辭彙（更早的起源據說是腓尼基），理所當然不是亞洲人使用的。那只是西方人抱持著擬將本身「文明」起源歸於古代希臘的熱情與浪漫，對位於東邊的地區擅自做的稱呼罷了。然後，到了近代，正如山室信一所言，「亞洲」本身是一種思想課題（《思想課題としてのアジア—基軸・連鎖・投企》岩波書店，二〇〇一年）。

「東亞」也是源自於此。「西亞」、「南亞」等分界線，是不可能有什麼內在基礎的；不過是一種權宜做法。一言以蔽之，是外部給的他稱。要在異邦人為了其自身方便而命名的用語中，尋求來自內部的必然性，根本就是有矛盾的，甚至有些滑稽。

雖說如此，關於此點或許還需要再做一些但書。之所以這麼說，是因為西歐這邊在十八、十九世紀，未必將廣布於印度東方的區域喚作是「亞洲」或「東亞」。或許我們不能否定一種可能性，就是正如日本明治維新前後的「興亞論」或福澤諭吉的「脫亞論」中所看到的，那是亞洲被迫強烈意識到歐洲時，主動令「亞洲」一辭普及，用來作為「非歐洲」的綜合名稱。固然，「亞洲」一辭也有消極性的地理名稱的濃厚色彩，但仍存在著正、負兩用的語感和用法。為了因應歐美列強，訴諸處於同一處境的鄰邦的心情和時代要求，無疑也是其背景。

只要稍加調查便能了解日本從日俄戰爭前後起，最早於中日甲午戰爭前的時期，便已開始使用「東亞」一辭。然而，嚴格說來究竟是何時，由誰創造或是主張「東亞」這個用語的呢？在此可以做的最低限度的確切說明，是在一九〇二年《日英同盟》條文中已經明白記載「東亞」。今年二〇〇二年，便是日英同盟一百週年。「東亞」一辭的歷史，充其量也就是如此而已。

有趣的是，日本國內的歷史教科書或通史、概說一類的書籍等，對於十分古老的歷史時代總以「東亞世界」稱之。就寫作者而言，或許是出於敘述上的方便（若非如此，而是打從心底這麼深信的話，問題就大了），但就結果而言，卻會對讀者造成目前這個世界彷彿自始就固定存在般的誤解或錯覺。這樣一種無意識的意識創造非常可怕，也容易帶來一些操弄訊息、製造輿論、控制心靈的問題。

若是從稻作傳播等與純然物質文明相關的脈絡來談「東亞世界」，那麼還算可以接受。因為，如果是針對與現代直接相關的地理、生態立論，還是可以理解的。然而，若是指著國家形塑尚未充分完成的時代，或是王朝間頻繁的政治、文化、經濟交流等現象，毫不猶豫地斷言是「東亞世界」云云，那就真叫人搖頭。

我們絕對應該避免以現代的狀況或概念、印象為依據，來解釋過去的歷史。誠然，事到如今我們應該避免為了政治意圖和正當化而塑造歷史故事，然而沒有惡意或邪念地，就把現代邏輯套用在歷史上並賦予價值，其實也很可怕。這樣處理下來，結果其實只是假借歷史之名來重讀現代而已。若以現代的觀感如「拼圖」一般地來處理歷史，我們不得不說這是一種「歷史的倒退」、「歷史的虛構化」。

然而，其實這樣一種現象，屢屢可在以「東亞史」為專長的歷史研究者身上見到，真是叫人困擾。最惹人注目的，就是中國史和「東亞史」動不動就被以幾乎同義詞來看待的這個現象。

這裡只舉出兩個實例。一個是有些人明明是在討論中國史（其實不過是中華王朝史）的時代區分，卻毫不懷疑地將之原樣套用在東亞史的時代區分上，而且當事人是以極為坦誠自然的態度這麼做，這說起來也是可愛得叫人難掩笑意。

「冊封體制」的幻想

另一個主張是以中國王朝為中心，將包含日本在內的周邊各國都包括到名為「冊封體制」的階序世界中。甚至有人稱之為「東亞世界國際秩序」。這在大學入學考試的參考書裡也記載得很仔細。然而，那明明不過是只在中國王朝宮廷中通用，假想的「天下觀」之下的產物。若要將這樣一個歷史時代的「原則論」說得好似實際情況一般的話，說愚蠢也真是愚蠢。

不知為何，諸如此類的認識，不可思議地在日本的中國史學家之間也很常見。這或許是平素閱覽漢文文獻，不知不覺受「中華思想」影響所致。要嗤之以鼻批評他們愚蠢雖然容易，但問題是這一類的錯覺與成見看來已經廣泛地影響到世間的「文化人士」、「知識分子」，甚至是一般民眾，而不只是歷史研究者。

這段批評當然也有自我戒慎之意。正因為每一位歷史研究者幾乎是無意識地（或天真地）做如此發言、敘述，才叫人害怕。因為，原本只有修辭而不存在實體的概念或事物，在反覆述說之下，卻反而在意識中逐漸實體化了。

只不過，這裡頭也存在著一些莫可奈何的情況，雖說這聽來像是我這個同行在幫忙找藉口。總的來說，就日本近代學術的歷史研究而言，「亞洲」的歷史充其量才不過一百年左右。也就是說，與日英同盟條文中「東亞」的歷史縱長是相同的。反之，歐洲內部有關歐洲本身的歷史研究所，光看近代歐洲歷史的部分，至少就有二百年辛苦累積起來的研究深度。兩者水準本不相同。

這正是筆者想清楚傳達的。有關「亞洲」的歷史研究，還處於「少年時代」。就日本而言，就算是自江戶時期以來擁有悠久漢學研究積累的中國史，也仍是如此。更甭論輪廓尚屬不明的「東亞史」了。

若眾人錯以為「東亞史」有一牢不可破的確切體系，那真叫人困擾。東亞史還未能無一遺漏地網羅所有龐大、多樣文獻（多語言的典籍、出土文獻、文書、碑刻等）及遺物（也就是英語所說的所有artifact，當然也包括遺跡、遺址在內），澈底累積基礎材料之境界，還遠得很。更何況，過去以來隱約又概略地被認為已經算是「了解」了的事物，其實尚處於用推土機大致把地整平的階段，幾乎所有領域，都還未用竹篩與銼刀，也就是歷史研究的精確立證或檢證來進行過濾分析。

既如所述，「東亞」及「東亞史」是一種背負著十九世紀後半的世界情勢，以當時世界情勢為基礎的知識框架概念。這種概念在近年東亞的興起、發展中復甦了。不過，若說到要賦予它最適當的歷史意義，則其框架本身既尚存疑問，研究層次上的準備也仍然不足。

這樣一說，或許有許多人會覺得夢想破滅了。但是，筆者不願輕言過度美好卻又虛幻的夢。而且，倉促提出的結論也將迅速消失。若其目的本在回應現實倒無所謂，但若要長時期地看歷史，從應作確實把握的歷史得出結論，這樣的做法是否妥當呢？太過著急的結論恐怕也只能導出極度草率的答案而已。

不只是「東亞史」，「亞洲」的歷史也很難在不夠澈底的探索下得出接近結論的解釋。然而，當我們深入無底的史料大海，一股勁地探尋歷史真實，某天這個沉浸過程或許會有「什麼」浮現出來也不一定。或許，這個最後被引導出來的「什麼」，其意義才不可撼動，且對人類有益。這應是一種跨越世代與國界，不倦不怠的長期努力。唯有如此，我們才能拍胸脯談「東亞史的可能性」，不是嗎？

我們既擁有多元又深厚的歷史傳統，又有源自該傳統，名為「史料」的遺產，這些才是「可能性」。目前，有關「亞洲」的歷史研究，只能說尚待我們繼續同基礎性原典奮鬥，日復一日地鑽研和努力了。大家或許感到焦急，還期許眾人務必持久關心，等待成果。

五、馬可波羅真有其人？

超級名人馬可波羅

有一位歷史人物名喚「馬可波羅」，無論在歐美或日本都非常有名。長久以來，小說、電視、電影等各式各樣的媒體，都廣泛地以此為題材。若問到中學生或高中生以上的社群，要找出不認識馬可波羅的人，恐怕還比較困難。此外，被稱作歷史研究者的這一群，也可以說無人懷疑馬可波羅的存在，但我對其存在卻並不這麼肯定。

十三、十四世紀，一種連貫了歐亞非東西兩側，鬆散又無妨稱作「世界史」的，被理解成整體圖像的「什麼」而在人類史上首度出現。現在我們稱這個時代為「蒙古時代」。馬可波羅也隨之作為一位適於象徵新時代的人物而被形象化。我們不如說他是最有名的人物。無論好壞，蒙古時代和馬可波羅似乎有著一種密不可分的關係。

然而，若從東、西方原典史料來研究蒙古時代的這個角度來看，圍繞在「馬可波羅」這號人物和相關事物上的疑問實在太多。深植於一般人士和歷史研究者之中的印象，以及史料、研究層次上的問題點，兩者間出入實在很大。筆者認為，所有歷史研究中，觀念與實際出入如此大者，恐怕史無前例。並且，遺憾的是有關這些出入，不得不說即使在蒙古時代史的研究專家中（找遍全世界，這些專家恐怕也沒多少位），幾乎也找不到能夠詳細又全面地掌握問題輪廓的人。

馬可波羅之所以引人入勝，在於他那跨越文明圈的人物形象；而馬可波羅的問題，其實也正是出於他跨越了文明圈而存在。

就歷史而言，若要談論馬可波羅，就會牽涉到歐洲史、地中海史、俄羅斯史、伊斯蘭中東史、中亞史、中國史、日本史、東南亞史等多個領域。再者，諸如物產、交易史和歐亞內陸交通、印度洋上交通等，也應放在更深層的關係上來一併考察。並且，這個問題既與中世紀歐洲文學和抄本學關係深厚，又與廣義的東洋學各領域也有所關聯。這個結論雖然說得過早，但所謂「黃金國度日本」（Cipangu）的形象，若無馬可波羅便將無法成立。

一般而言，歷史研究和文學研究，甚至是文獻研究、抄本研究，都是在個別文明圈的框架內進行。馬可波羅的研究也是如此。有關《馬可波羅遊記》，只要是與歐洲中世紀直接相關的部分，事實上歐洲中世紀歷史、文學和抄本學等各方面的研究者們，都已掌握了個別事物的正反兩面，他們持論非常嚴謹。英國、法國、德國、義大利不用說，歐美整體在馬可波羅上的研究積累與傳統，實在令人吃驚。說句題外話，日本的西歐中世紀史家們，在這方面也不得不說是莫可奈何地受到了歐美的影響。同樣地，有關馬可波羅的敘述，只要是涉及到所謂十字軍或地中海、黑海以及與中東和鄰近地區的相關事項，伊斯蘭中東史的研究者們也有能力使用波斯文和阿拉伯文原典抄本來做深入探討。歐美在這方面的研究成果堪稱豐碩。甚至，占有《馬可波羅遊記》過半篇幅的亞洲東方敘述部分，若是日本、中國等擅長漢文原典史料的中國史家們，亦能憑藉一定程度的根據，針對其正確或荒謬之處逐字逐句地展開激辯。不過，即便如此，歐美史家的討論仍不容輕視。

總而言之，這二百年間，在歐美領先的情況下，近代學術針對馬可波羅及其遊記展開了各種研究，積累甚為龐大。然而，這些研究若除去少數例外來看，必須說幾乎是歸屬在不同的文明圈或領域裡，各自研究處理的問題，可以說只是當中的「一部分」而已。有關無法直接處理的「其他部分」，皆不得不「交由他人」。研究者們即便在自己的專長領域裡感覺「有疑」，但由於在其他領域上皆是不折不扣的「門外漢」，因而不得不節制發言。我們必須指出，整體環境仍然缺乏一個理想的研究途徑，藉此整合各個「部分」，並在這個基礎上從根本原典來重新探討「整體」，以發現大大小小的問題點。馬可波羅的問題，不只由於陷在以史料為名的「文明圈夾縫」間，也陷在現實中以研究者所處的「東西夾縫」間，而至今日。

交織的疑點

古今東西，任誰談論到馬可波羅的相關議題，不論有意無意，都會有兩個共通的前提，或是囿於成見的觀念。

首先，第一點是馬可波羅這位在十三世紀後半旅行歐亞東西的人物，是一位真實的歷史人物。另一點便是名為《馬可波羅遊記》的書，[12]就是馬可波羅這號人物在回到威尼斯後不久寫下的著作。總而言之，無論稱作「祖本」（即原初文本）或「正本」，總之這部遊記自始便有一部著作的形態，而流傳至今的種種抄本，完全是日後繁衍出來的。

威尼斯的檔案館的確是藏有一位於一三二四年逝世，名為「馬可波羅」之人的遺產目錄。雖說如此，卻全無此人與曾在東方旅行的馬可波羅是同一位人物的證明。不止如此，在以波斯文及漢文文獻為兩大史料群，遍及二十多種語文的蒙古時代基礎原典裡，完全不見馬可波羅及其父親、叔父的身影。據說馬可波羅曾在忽必烈身邊擔任過地方長官職務，但在憑藉漢文史料徹查歷任者名稱後，卻不見疑似馬可波羅的人名。並且，馬可一族在返鄉時所搭乘的船隻，應該是從大元汗國派至伊朗蒙古政權即旭烈兀汗國（通稱伊兒汗國）的船隻。不過，在旭烈兀汗國史書《瓦薩夫史》（*Tārīkh-i Waṣṣāf*）有關該船的敘述裡，雖然詳細記載了正使以下的人員（這也可與同一時代的漢文史料相互對照），但卻仍不見馬可一族的身影。

回頭來看，歐美自古以來便熱衷自蒙古時代的相關史料找尋「馬可波羅」，甚至令人感覺到一種彼此爭功的氣氛，但誰都沒能成功。原本，若根據馬可波羅自己的敘述，他在一二九五年回到威尼斯，一二九八年便完成遊記，但在明言這段敘述的抄本中，卻毫不在意地寫有一二九八年時絕對不可能知道的訊息。這個抄本，是收藏於巴黎法國國立圖書館的知名抄本（典藏書號 Fr.1116）。如下所述，雖說《馬可波羅遊記》的抄本散見多處，但若除去最古、最佳、最長的這個抄本不論，那麼長期以來的馬可波羅研究恐怕行將瓦解。

總而言之，馬可波羅問題的根本，便出在這些為數眾多的抄本上。這些抄本多達一百四十三種（依計算方式不同，數量多少有些差異），除了記載的文字有中世紀法文、托斯卡尼方言或威尼斯方言的義大利文、拉丁文等不同外，其內容、分量和成書時期也各自不同，此一未達統整的狀況實在叫人束手無策。而且，愈到後世，便愈能看到做簡短摘要書寫的傾向。那是因為這些抄本原本就是為了恭請中世紀、近代歐洲王侯、貴族們的閱覽才寫成的，內容當然愈是簡單明瞭愈受歡迎。過去以來，學者專家們已經假定

12 法語為《世界的敘述》（*Le Devisement du monde*），義大利語為《百萬之書》（*Il Milione*）

出一套以前述中世紀法文來寫成，藏於法國國立圖書館的抄本為基準，並以此回溯的形式來設想祖本或正本的整體抄本群系統圖。不過，這套系統圖若不假設幾種現已不存的抄本便無法成立。坦白來說，這套系統圖仍是充滿不合理與空白的虛構之物。

若是坦率地照看實際情況，這些被稱作《馬可波羅遊記》的龐雜抄本，確是散見於歐洲各地。過去也有一些人試圖努力整合這些抄本各自的「優點」，以創造理想的「完全本」，然而即便其信念可嘉，仍令人質疑這工作是否值得信賴。就這個情況來說，見多識廣與精妙巧智不見得是美德。更何況，關於用以「完全本」為名的校訂本做基礎而成的各種譯本，雖有許多討論，但那些討論是否能視為「史實」呢？

附帶一提，目前流通市面的日文版本，除了最近的《全訳マルコ・ポーロ東方見聞録—『驚異の書』Fr.2810 写本》（岩波書店，二〇〇二年）之外，都只不過是譯本中的譯本。譯語中充斥的過度詮釋，實在叫人心驚。此外，有關來自法國國立圖書館所藏名為《驚異之書》的 Fr.2810 抄本中馬可波羅部分的翻譯（抄本本身是以美麗的插圖而聞名於世，又成書於一四一三年這個絕對年分），可以清楚了解到當時的編製者，亦即法國王室的內部政治、文化狀況，就這層意義而言，這個抄本的重要性極高，以其原文為基礎譯成的日文譯本，的確令人深感難能可貴。只不過，若要說這個抄本是能夠看清《馬可波羅遊記》「原點」的最重要文本，卻又未必如此。我們不如說它在十五世紀法國文學、繪畫、宮廷文化，甚至是抄本研究上的意義較高。

坦白說來，現在流傳於世的馬可波羅故事，經過了一再的過濾。我們該做的事很簡單，無非就是先將焦點集中在 Fr.1116 等幾種年代久遠的抄本，只以這些抄本與蒙古時代史多達二十多國語文的根本原典做逐字逐句的對照，仔細導出其中確切內容究有多少的結論。不過，這可不是一條尋常的道路。

超越時空的馬可波羅熱

要言之，就純正的歷史研究而言，我們其實並不了解馬可波羅的人物形象和其遊記的確實內容。真正的馬可波羅研究，現在才正要開始。

只不過，在此有一項姑且不論蒙古時代的歷史也絕不能忽略的事實，那就是為何馬可波羅如此受到稱揚，超越了地域與國界而受到普遍喜愛，而且不限於歐美人士呢？這是因為馬可波羅的故事，打從十五世紀中葉起，便隨著古騰堡（Gutenberg）的活版印刷而成為最早的暢銷書，自始便受到相當普遍的閱讀，這在世界史上可以說是罕有的，超越了時空的「歷史現象」。

詳細的說明留待其他機會，這裡僅指出其中一個原因乃「時代所致」。歐洲「馬可波羅熱」的高峰，發生在十六世紀、十九世紀以及現代。十六世紀中葉，同為威尼斯人的賴麥錫（Giovanni Battista Ramusio），熱衷於當時幾乎遭到遺忘的馬可波羅，四出蒐羅其遊記抄本並澈底詳查。然後，他將成果寫成了一部傑出著作，也就是迄今仍聞其名的賴麥錫版《馬可波羅遊記》。其實，馬可波羅自十六世紀中葉以來的形象，幾乎全是憑藉賴麥錫版而來。賴麥錫是馬可波羅的「粉絲」，同時也是「發現者」。他的作品非常傑出，對馬可一族滿是好意。賴麥錫的成就本身，從今日眼光來看仍非常完美，但我們仍需注意其著作全篇充斥的讚美口吻。當時正是「大航海時代」，看在賴麥錫眼中，馬可波羅正是一位體現出昔日威尼斯榮光的時代先驅者。

十九世紀馬可波羅熱之所以再度興起，也是可想而知。歐洲列強挾著強大的軍事與工業力量，來到了亞洲各地。不過，很久以前已有一位比自己更早來到亞洲東方的歐洲人。說明歐洲與亞洲自六百年前就彼此連接，現在只是追隨其腳步而來。如此一來，對於馬可波羅的敬意，便成為歐美各國共通的一種想法。在當時體裁初具的近代歷史學裡，馬可波羅研究成為了一個充滿魅力的主題。

這股潮流到了二十世紀，陸續出現了大量由歐美人士所撰寫的亞洲史研究著作，甚至堪稱是亞洲史研究的經典。先有抱持義大利人意識的義大利文學家路茲・法斯科洛・班納迪特在馬可波羅遊記是以義大利文寫成的信念下，出版了誠屬傑作的校訂版。

相對於此，法國一位自認歐洲最好的亞洲史家、文獻史家保羅．伯希和（Paul Eugène Pelliot），強烈地敵視班納迪特版，他與義大利的慕阿德（A.C.Moule）合作試圖編纂出一部理想的「完全本」。而且，這部「完全本」使勁地列舉出各抄本文字的異同，成為一部內容繁瑣的著作。若要說這是學術著作，那麼我們不得不說伯希和及其追隨者都是賣弄學問的老學究。那可以說是一部忘卻了何為事物本質而飄散出反諷氣味的「完全本」。總而言之，上述文獻皆是出現在歐洲在各個方面皆壓倒亞洲的時代。

隨著近年來中華人民共和國的開放政策和亞洲各國的成長，歐美的視線開始以和過往不同的意義，注視到包含中國在內的「東方」。由伍芳思（Frances Wood）所著，在數年前發行甚至也出版了日文版的《馬可波羅到過中國嗎？》（*Did Marco Polo go to China?*）一書，也可以說是受到這個潮流的影響。擔任大英圖書館中國部主任的伍芳思，曾於文化大革命時期留學北京，憑著當時有些苦痛的體驗和極為坦誠的心情，將幾個疑點寫成著作。「馬可波羅的遊記中，為何未出現萬里長城？」等，是為典型。作為結論，她所導出的答案遂成為書名。

這該說是招人憐笑或令人同情呢？總之她非常地努力。然而，她完全不了解蒙古時代史研究的危險之處，或是馬可波羅研究的真正課題。若能直接面對基礎抄本、基礎原典，則根本不會發出如此愚蠢又不著邊際的「疑問」。而且，令人感到有些可惜和遺憾的是，蒙古時代根本沒有萬里長城，因為無此需要。這是常識。

然而，伍女士的書在歐美賣得很好。不僅在歐美，該書在中國也毀譽參半，中國更在二〇〇〇年舉辦了馬可波羅國際會議。這真是有趣的現象。馬可波羅似乎充滿著促使人們動起來的魅力，這或許與歷史上客觀的馬可波羅形象無關。若要為伍女士做一些辯解，她在日後似乎進行了一些鑽研，結果，她澈底地為蒙古時代研究的豐碩成果所震撼。從日後的報告和論著來看，她似乎已將自己過去愚蠢的主張擱下不談，而將目光移至抄本研究的層次之上，這雖然令人佩服，但若是談到她是否萌生了進入蒙古時代多文種原典史料寶山中探索的心情，答案又會是如何呢？

這個話題姑且擱下不談，馬可波羅現在已超越時空成為亞洲與歐洲的「橋梁」，完全深入人心，彷彿仍活在世間。可以說它也明顯兼備了超越歷史與事實的另一個歷史，也就是人心與意識之歷史的「元歷史」（Métahistoire）的面向。

如此，這個世界上同時存在著兩位馬可波羅：一位是其存在本身仍是疑問的實際人物馬可波羅，以及世界史上擁有罕見全球人氣的歷史名人馬可波羅。只是，在談論十三、十四世紀時，希望能儘量避免令後者，也就是超越時空的馬可波羅登場。因為，將事後的歷史印象做為史實來處理是危險的，這將使歷史變得不是歷史，而是小說。

「馬可波羅」告訴我們的事——聚焦帝王忽必烈

回過頭來，多達一百四十餘種抄本的馬可波羅遊記所記載的訊息，未必全無意義或幫助。特別是那些被認為是成書於蒙古時代或其後時期的抄本，其篇章與內容多是根據其他記述詳盡的蒙古時代基礎史料（以漢文和波斯文兩大史料群為中心，多達二十多國語言）而成，並得到某種程度佐證的。

其中有些記載極具價值，精確性又高，適合作為史料來使用。至於要如何分辨優劣，雖確有難處，但同時也是趣味所在。這正考驗著歷史文獻研究者真正的實力和水平。

先從較具結論意涵的內容開始談起，姑且不論馬可波羅這位超越時空的知名「旅人」是否存在，但在幾種古老抄本所傳達的內容中，的確記下實際發生在蒙古時代的東方，特別是若不在皇帝忽必烈身邊便無從確知的訊息。而且，這些訊息與其說是特定的依據某人的體驗、見聞來編寫，不如說是揉合了幾種立場或身分差異微妙的一群人的訊息而集成。

其中最栩栩如生、最精采，在細微處又顯然無疑者，是有關忽必烈宮廷及其周邊的敘述。仔細想想，在馬可波羅遊記這一系列抄本所構成的整體訊息中，世界帝王忽必烈本身及其周遭話題，比其他任何部分都要來得重要且饒富興味，恐怕也是通篇最精采的地方。這點對中世紀末期到近代初期的歐洲各地王侯、貴族及其家族，也就是馬可波羅遊記早期的讀者們而言，以及活在數百年後今日的我們而言，或許都沒有太大改變。

因此，本章接下來將據這部分量最多，收藏於巴黎法國國立圖書館的古老抄本（若捨去這部典藏書號Fr.1116的抄本，絕大多數版本的《馬可波羅遊記》將無法成立）來做一段時光旅行，和這號名為馬可波羅的「某人」，或者一群「某人」，一起眺望蒙古入侵日本時的忽必烈宮廷及其側近。就從異鄉人角度，也就是「他者視線」來掌握面貌的這一點而言，的確是能夠和同一時代史料記載做一清楚區別。

移動的宮廷、政府、軍隊

忽必烈的宮廷有一個極大特徵：不同於日本朝廷及鎌倉幕府的固定一處不作移動，忽必烈的宮廷是移動的。

冬季首都「大都」和夏季首都「上都」這兩座首都，雖然相隔三百公里以上，但皇帝忽必烈和其臣民仍組成漫長隊伍做季節移動，歷時一年。並且，不只是宮廷，中央政府絕大多數成員和直屬中央軍團也跟隨著大可汗忽必烈移動。

在兩座首都和周邊地區間，散布著各式目的設施及建造物，如大大小小的離宮、狩獵地、野營地、娛樂設施等。一行人在這些地點、設施巡遊，度過一年。這個以兩京為座標成橢圓形狀的「季節移動圈」整體，稱得上是忽必烈的首都圈。圈內各處不只是移動目標或駐屯處而已，也是各個時間點上的中央政府之所在。

這位或這群名叫馬可波羅的「某人」，清楚地傳達了這一點。這些細節，若不是曾和忽必烈宮廷一同在這個首都圈內實際移動過，並曾進入以兩座帝都為主的地點或設施的人，實在很難理解。

尤其，該書又有如觀看卷軸一般，以令人驚異的精細度，從兩座城市的整體狀況，談到細微的生活景象，述說著當時大都或上都的種種情形，其詳細程度恐怕無法藉由「當下記憶，回到故國再行口述」的方式來辦到。

位於蒙古高原東南角的上都，是草原的都會。另一方面，剛剛建設於華北平原東北角（正確來說，是「蒙古來襲」時仍在建設中）的大都，則是不折不扣的世界帝都。理所當然，有關兩座城市的紀錄，在漢文和波斯文等文獻中都有大量的相關敘述，然而質量俱佳的敘述皆是來自馬可波羅。

附帶一提，大都自然是現在中華人民共和國首都北京的直接前身。近年來，北京迅速立起了高樓大廈，正要轉型成一座宏偉的現代城市。另一方面，東西南北的街道、街區、建物等均以故宮為中心，呈棋盤格狀開展。有不少旅行者對這一座城市之秩序井然感到驚嘆。

說到底，那是因為北京的前身是由忽必烈一手打造的大都。並且，現代人所感受到的井然印象，其實與這位或這群名為馬可波羅的「某人」，在七百多年以前絕口稱讚的大都相去不遠。

偉大的帝王及簒位者忽必烈

這位或這群名為馬可波羅的「某人」，對於忽必烈及其宮廷的評價實在很高，特別是對於忽必烈本人的敘述口吻，更屬毫無保留的褒美與稱讚。

根據其說法，忽必烈是即便集全世界國王或君主的權勢尚不能及的偉大帝王。的確如此，因為他是世界帝國蒙古的主人。當時，以忽必烈為頂點的蒙古版圖，已經覆蓋了歐亞大陸的三分之二。

更有意思的是，馬可波羅切實地理解到，忽必烈的即位屬於一種以實力排除眾多反對者的「政變」。忽必烈兄長即前一任皇帝蒙哥猝死後，忽必烈自一二六〇年起便與么弟阿里不哥展開長達五年的帝位爭奪戰，這場戰爭是在蒙哥舊政府官員們所推舉的「正統皇帝」阿里不哥，和先前與蒙哥不睦的「叛亂者」忽必烈的對立形勢中展開的。戰爭結果是忽必烈成為勝利者，「皇帝」阿里不哥向其投降。

簡單來說，忽必烈是一位簒位者。這位或這群名為馬可波羅的「某人」，將忽必烈稱作蒙古第六代皇帝。過去以來，世人皆憑一般常識將這段記載視為第五代之誤，但那其實是在澈底了解到事實的前提上所做的敘述也不一定。若將坐擁帝位五年的阿里不哥視為「第五代」，那麼忽必烈自然就是「第六代皇帝」了。

此外，這位或這群名為馬可波羅的「某人」，以忽必烈的權勢和財富來強調其實力、智慧與才能。的確，忽必烈受人注目的面向，除了作為國家建設者和營運者以外，還有作為經營者、計劃者及企業家的能力和手腕。這一點就古今東西歷史上的人物而言，能夠和忽必烈匹敵的，充其量也只有古代波斯帝國阿契美尼德王朝的創立者大流士而已。

忽必烈在蒙古語稱作「薛禪汗」。「薛禪」有「賢明、聰慧」之意。賢明的帝王忽必烈，看在假託以馬可波羅為名的歐洲異鄉人（們）眼中，是一位理想君主。這或許不難理解。因為，他的確是同一時代的歐洲君主、王侯所無法比擬的。只是，我們甚難辨明，在這些讚美忽必烈的敘述深處，究竟摻有多少對於當時歐洲現況的批判。

關於「日本」

作為本章總結，筆者想談談已算是一常見話題的「日本」（Cipangu）。在日本，很多時候馬可波羅和「日本」幾乎是成套出現。說句實在話，有關「日本」的寫法和拼音，也每因抄本而異。不過，類似的發音皆是抄寫「日本國」而來。常有意見指出那是「日本」的轉寫，但並不正確。

這位或這群名為馬可波羅的「某人」，除了以印象化的辭彙「黃金國度」來形容日本外，也詳細敘述那滿溢著各種物產的富庶島國。實際上，這個時期的日本，就與大陸之間的交易而言，既是資源出口國，也是工藝、工業產品的出口國。可以注意到，由大陸進口的物品，除了銅錢、陶瓷器、絹製品外，皆屬書畫、古董等「高級消費財」。

此外，這位或這群名為馬可波羅的「某人」談到「日本遠征」的段落，乃指所謂第二次的「蒙古來襲」，也就是「弘安之役」。這段敘述在遠征軍有不少兵員沉入海中的前半段部分尚足信之，但在殘餘部隊逆襲攻克日本之都的後半部分，便非常怪異。並且，該遊記在敘述日本遠征軍時極為冷淡，這也啟人疑竇；相對地，在敘述忽必烈身邊近衛軍或直屬軍團時，則照例滿溢著熱情的讚美口吻。

對於這位或這群名為馬可波羅的「某人」來說，姑且不論他（們）對日本這個國家的評價如何，但對於那些從朝鮮半島或中國南方出征日本的遠征軍，恐怕是不甚了解的。有關於此，該說馬可波羅的視線是極度地聚焦在帝王忽必烈及其周邊，也就是權力核心之上嗎？有關馬可波羅這些以忽必烈及其帝國為主題的「報告」，我們在閱讀時，或許不妨將之視為極度帶有上述眼光之人物的「體驗」。

第二章

文物與文學照亮大蒙古

文物と文学が照らし出す大モンゴル

一、元代並非「文化蒙昧時代」

關注元代的眼光正在改變

對於蒙古作為超廣域世界帝國的一部分來支配，面積超過現在中華地區全境的亞洲東方的時代，若以傳統中國方式來稱之，則為元代中國的時代，對此我們該如何看待？有關這個提問，有許多的立場、看法或是觀點，因人而異。直到稍早之前，元代的中國，換句話說就是蒙古統治下的中華地區，都被視作是文化蒙昧或受到壓抑的時代。藝術也好、文學也好，人們總說，所有中華傳統的文化和精華，其健全的成長和發展、成熟，皆在「異民族」、「征服者」蒙古的統治下受到壓抑和扭曲。或者，毋寧說將統治者蒙古視作文化程度低劣的「野蠻人」，或是極度凶暴的「惡政者」，乃一常識。

這可說是一種單純又簡單，「自以為是」、「深信不疑」的態度。相較於事實還多了幾分主觀和情緒的這個想法，近年來大致開始被迫進行修正。一個原因是，對於多達二十多國語文的原典史料，最近總算有了相當程度的掌握，過去總以負面形象被談論的蒙古以及其統治的實際狀態，在以詳細事實為根據的檢證下，有了更貼近真實的理解。

與此同時，有關蒙古統治下的社會或文化樣態，也開始從根本史料起步，針對「真正存在的史實」進行著踏實的追究和探討。過去那種沒有根據就不由分說地以「深信不疑」的態度來擅自斷定，以情緒或先入為主觀念來評論的態度，已經很大程度地銷聲匿跡。這些在歷史研究上本就應為的態度，可以說終於開始被視為理所當然了。

這一個重新檢視的工作，在政治、經濟、社會、文化、思想、宗教、學術、科技等領域展開，其浪潮甚至波及藝術、建築、工藝等。作為背景，一個不可忽視的重要因素，便是中華人民共和國自文化大革命結束後轉向改革開放，此外還伴隨著近年世界所謂的「無邊界化」，我們終於可以親往親見收藏在世界各地的相關原典史料或文物、藝術作品，甚至是遺跡，將之置於手上鑑賞，甚至在當地進行各種探討、分析。總之，就是能夠細緻地觀察「實物」與「真貨」，且大量地瀏覽、觀賞。這在所有事物來說大概皆是相同的，特別是有關元代中國的事物，由於無論質或量過去皆是「負面要素」先行，因此近年這些變化所帶來的影響是非常大。

總而言之，有關元代中國的看法和評價，可以說正迅速地起了變化。無論日本、中國還是歐美各學界，都是如此。不只如此，能夠注意到的還有，在歐美學者中，出現了一種將這個時代自由開闊且富於理性的社會風潮與文化狀態命名為「蒙古自由主義」，並有給予極高評價的意向。這種看法與過去完全相反。究竟何者正確或是皆屬正確？還是皆屬錯誤呢？其正確與否姑且不談，可以確定的是，這些和過去大大不同的認知，仍然混同著過去的看法，在多樣的振幅下擺盪。

因此，本書在此試圖依據這樣一個正在改變的狀況，針對在觀察元代中國及其文化或藝術的前提下，對作為重點的歷史背景或時代環境，甚至是其文化概況嘗試進行大致的描繪，作為重新檢視這個時代的小小憑藉。

蒙古帝國與大元汗國——歐亞大交流的時代

首先，就讓我們來回顧當時從十三世紀到十四世紀的歷史概況吧。

十三世紀初，在之後命名為蒙古高原的這片內陸草原的角落，一支名為蒙古的游牧民聯合體幾近突然地誕生了。這是一切的開端。

這個名為「大蒙古國」的新興國家，在成吉思汗的率領下，在歐亞東西側急速地擴張。首先是滿洲利亞（Manchuria，即過去被稱為「滿洲」的地區）控制中國北方的女真族王朝即金帝國被其打倒；接著，在中亞到中東一帶稱霸的突厥系伊斯蘭王朝即花剌子模沙王朝（Khwārazm Shāh）也被打倒。成吉思汗於一二二七年逝世，但其橫跨東西大版圖的帝國形狀，可以說從這個時候便已經開始萌芽了。

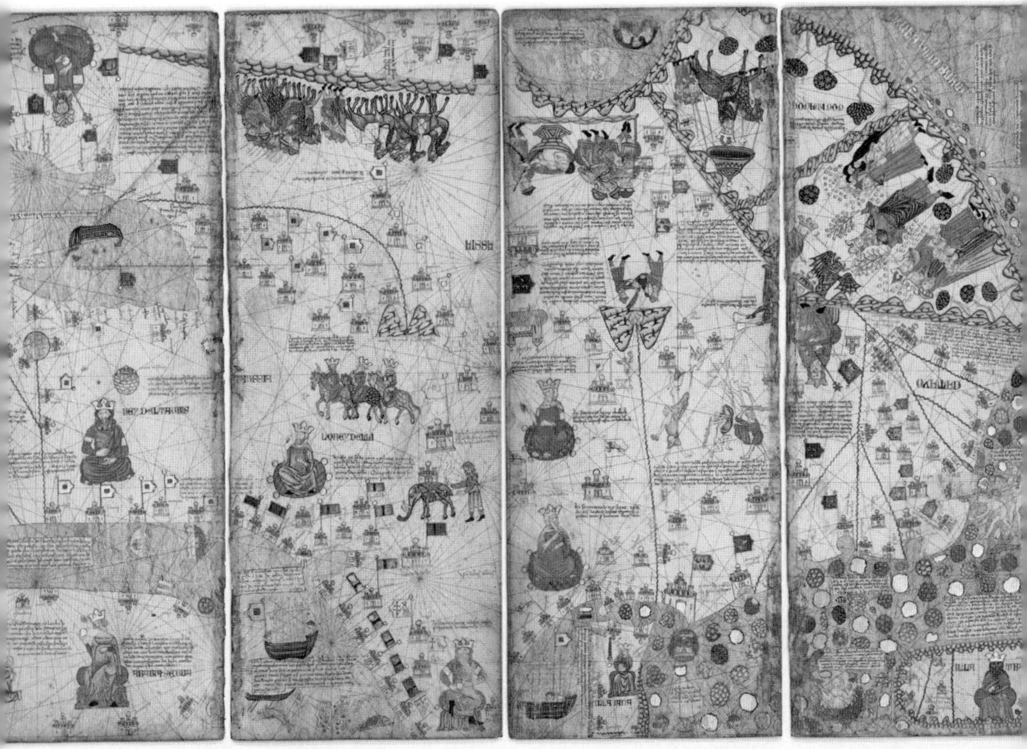

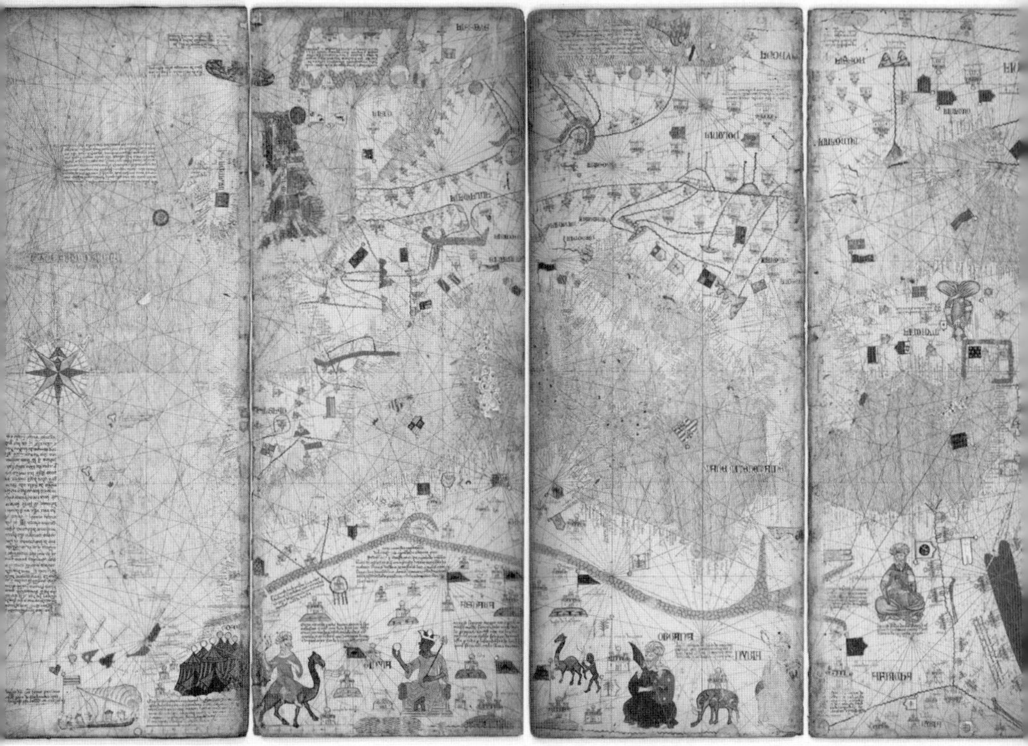

圖三　《加泰隆尼亞地圖集》中的世界地圖，繪製於一三七五年

之後相繼進行的對外征伐，由成吉思汗的兒子們繼承下來。到十三世紀中葉，蒙古已成為一個東起朝鮮半島、日本海，西及俄羅斯、烏克蘭、安那托利亞高原、伊朗、伊拉克的大帝國。在這個時間點上，蒙古已經達成了史上最大版圖，成為一個涵蓋各色人種的多種族混合國家，而且其發展並未就此止步。這個帝國，歷經了成吉思汗孫子輩的忽必烈，歷時五年的帝位繼承之戰（一二六〇年至一二六四年），成為代表全蒙古的大可汗，進入了歷史上前所未有的局面。

具體而言，就是忽必烈於一二七六年以幾乎毫無損傷的方式，接收了一直以來由南宋王朝控制了約一百六十年的江南（即長江以南之地），這個轉折其實給中華及世界帶來了極大變化。

首先，這個轉折在中華地區實現了南北的再統合。從姑且算是中華一統時代的唐朝覆亡（九〇七年）後開始算起，或是回溯到三世紀半前，唐朝發生了使其喪失實質統一狀態的安史之亂（七五五至七六三年）算起的話，南北統合的局面竟已睽違五百年之久。而且，不單只是南北統合，儘管有直接或間接之別，連雲南、大理、貴州（貴州地方在蒙古語中音讀「奇頭叩爾」即鬼國之意，到了明代美化為同音異字的「貴」），甚至是西藏也從這個時候開始進入「中國」圈內。這是自唐朝到蒙古這漫長歲月間，當中那些中華名稱為遼、五代、北宋、金、南宋、西夏等反覆並立、興亡、分裂、多極化及縮小的「中國」，與之完全不同的新局面，其面積之廣乃前所未有。也就是說，一條邁向嶄新和巨大中華的道路在此開啟了。

並且，最重要的莫過於忽必烈在蒙古全境中親自領有的亞洲東方，自過去以來以戈壁以北的外蒙草原為根據地的體制中，將內蒙草原及華北作為新的「國之根基」，推動接合草原世界與農耕世界的新型國家建設，一直以來推動了歐亞世界史的兩道洪流在此匯集，貫穿歷史的基本結構自此從根本上產生了巨大的改變。順帶一提，在明代、清代以及現在中華人民共和國中幾乎皆是首都的北京，其前身即此時作為忽必烈治下的世界帝都，是耗時二十餘年營造的大都。其實，天津的前身直沽，甚至是上海，也都是在這樣的過程中嶄露頭角。

要言之，現在我們所認知理解的「中國」這片大疆域，乃源自於明清兩代前，即忽必烈以後的元代。透過蒙古與忽必烈這兩個階段，中國發生了從「小中國」到「大中國」的巨大轉型。這個變化的意義之大，多次強調也不為過。因為「中國」的範圍從根底上發生了改變。

回頭來看，名實相符的「小中國」北宋，或是甚至只有其一半的南宋也自不待言，就連非漢族王朝，但也兼具許多中華要素的多種族國家如遼、金、西夏等，不論在氣度或是內涵上，皆必須注意到與蒙古時代是完全不同的。與此同時，若要談論這個重生為

「大中國」的「中國」，我們仍不能忘記，她雖然繼承了長久以來在這片大地開展的多樣歷史、地域、社會、文化，並將之吸納進來，但仍可說是處於初生的模糊狀態，大致仍在混沌之中。

另一方面，世界又是如何呢？忽必烈在取得淮河以南的中國南方，以及南宋這個國家及社會體制後，以此為起點，開始向海洋進發。出現在草原世界的游牧民國家，在成為一個混合了多種族的混血陸上世界帝國後，又吸收了中華世界，甚至摸索了通往海上帝國的道路。對日本進行的兩次征伐，東南亞各地派遣的海洋軍隊，也可歸於此一脈絡。在軍事進攻方面的海洋發展，未必是成功的。不過，忽必烈政權擁有史上前所未有之大艦隊，展開了以穆斯林商人為主軸的國際通商，並在自由經濟政策之下，陸續與東南亞及印度次大陸各國締結了友好關係。到一二八七年，這些工作便已完成。筆者無法理解，這一點為何在過去幾乎都被抹殺掉。如此，十三世紀末，從東海經印度洋到中東的海上通路整體，便在和平狀態下掌握於蒙古手中。人類史上首次圍繞著歐亞陸海循環的交通網遂就此形成了。

與這樣的動向並進，蒙古帝國或許因為巨大化的必然結果，本身也被迫要面臨轉型。既如前述，肇因於帝位繼承戰爭，蒙古以繼承大可汗之位的忽必烈及其血統直接統率的宗主國「大元汗國」為中心，分立為西北歐亞的欽察汗國（通稱金帳汗國，或克普恰克汗國），中東一帶的旭烈兀汗國（通稱伊兒汗國），中亞的察合臺汗國等規模夠格稱作帝國的蒙古國家，變身成為一個整體而言鬆散又多元複合的蒙古世界聯邦。此外，蒙古也因為自身的多極化，使得過去那般令人驚異的軍事擴張浪潮逐漸消退，反而以控制了擁有當時世界最多人口和最高經濟力之中華地區的大元汗國為推進力，整體轉換到以國際協調和經濟優先為主的和平路線。如此，到了十四世紀，人與物資的東西大交流使用了上述那個蒙古以政府資金來維持的歐亞循環路徑而有所進展，出現了一個史上空前的以蒙古為中心，歐亞及北非各地鬆散卻合而為一的局面。

至此為止，人類的歷史終於具有了一個不是部分歷史之間的拼貼湊合，而是一個形象完整的整體，即便它仍有些模糊。具體來說，世界史從這裡開始清楚地走上了一條名實相符的世界史道路。

蒙古帝國和大元汗國的雙重結構，然後是歐亞大交流的時代，這便是當時圍繞著元代中國的大時代情境。

圍繞著元代中國的兩種角度

那麼，中國史上一般以「元朝」為名的這個政權，如前所述乃指「大元汗國」，其正式名稱為 Dai-ön Yeke Mongqol Ulus，也就是在成吉思汗以來的固有國名「大蒙古國」上，再新加上「大元」一詞。

所謂「大元」，是取自中國經書之一《易經》中的「大哉乾元」。所謂「乾元」，意指「宇宙、萬物之源」。從中可以窺見忽必烈在蒙古帝國的架構之上，將親手實現再統合的「中國」置於新國家主軸位置的想法。其目標在於同時承繼以蒙古為頂點的游牧國家傳統，以及歷代中華王朝所累積下來的遺產，集兩者成萬物「大元」之國家。這既非純粹的蒙古國家，亦非原來的中華王朝。就這點來說，本書在此希望盡可能地避免使用「元朝」這個因襲古老中華王朝史觀，離真實既遠又易生誤解的通稱。

以上所述姑且擱下不談，大元汗國一方面是跨國性的超大「世界聯邦」宗主國之蒙古國家，另一方面又確實是睽違已久的統一中華政權的這個雙重性，毫無疑問是通觀元代中國時的重點。

例如，若從歷史研究的面向來思索元代中國的話，將會有兩個較大的角度。一個當然是自中國史脈絡來掌握的角度。因為這個角度固定在中國這個地點來追尋「時光」流動，所以能夠說是一個注視歷史「縱軸」的角度。如此一來，有關元代的事物，在中國史整體之中不管怎麼看都容易作「奇怪」、「變異」、「特殊」等理解，而且這裡被提起的話題，也容易傾向傳統與斷絕、持續與新奇的這些對照面上。

另一個是將之作為世界史上的重要時代，或是劃時代掌握的立場。既如所述，人類的歷史到了十三、十四世紀的蒙古時代，首次具有可作為一個整體來看待的實質。就歷史研究而言，是一個姑且固定了十三、十四世紀的時間幅度，環顧歐亞與北非全境的角度。近年，特別是日本所提倡的「蒙古時代」這個發想，便屬此類，可與「大航海時代」、「帝國主義時代」等世界史上的特定時代並列。或許可以稱之為超越了歷史的共時性，或是地域、文明框架來編織「橫軸」的研究。

這兩個角度，各自不同又彼此相關。人類在現實中的動態，以及他們所創造的歷史，本來就是沒有障礙的。這個時代更是如此，有各式人物、物資、思考、技術、文化以歐亞規模來移動、往來，是一個真正沒有邊界的時代。這一點非常重要。

一言以蔽之，中國史與世界史是疊印在一起的。如前所述，元代中國是中國史上轉型為「大中國」的開創性時代，是過去那些複雜而多樣的步伐或要素，相互繽紛交融、並存的「燕麥粥狀態」。另一方面，它又是名為蒙古時代的這個「世界史時代」的一部分，更是最重要的一部分，來自「中國」以外其他世界的人或物的流入與刺激當然是不斷且廣泛的。誠然，受到影響或刺激的不只是「中國」，反之「中國」也對其他世界造成了許多影響或刺激。所謂的文化接觸，本來就不是單向的，而是交互的現象。

換句話說，在涉及元代中國的事物之中，有不少是「中國」與「世界」的要素彼此糾合，當然也有些時候是只以「中國」架構便可解釋的。不過，若是太過深信只有「中國」這個架構，將造成偏頗及遺漏。有一些現象是乍見之下似乎可單以「中國」來解釋概括，但實際上並非如此，尤其是在談文化或藝術的時候。叫人吃驚的是，毋寧說當我們在眺望這個時代的「世界」時，中華、中亞及中東，然後是進入到文藝復興時代的歐洲，皆超乎意料地顯示了文化或藝術的「共鳴現象」。此一「共鳴現象」所及之處，大自「時代的偏好」，小至每一件藝術作品。在蒙古時代，歐亞世界的交流的確良好，「中國」也完全不在例外。

將元代中國定位在中國史及世界史之間，是否適合呢？有關看待元代中國之視線的趣味及難處，部分便來自於這個「之間」的定位。

「混一」的中華與世界

這裡想再談一點與圍繞元代中國的時代環境相關的話題，那就是來自元代中國本身的視線。

只要看看記載於元代的漢文著作與紀錄，便可留意到這個時代的一種獨特用語，那就是「混一」這個修辭。究其意，乃如字面所述是指「渾然一體」的狀態。那麼，「渾

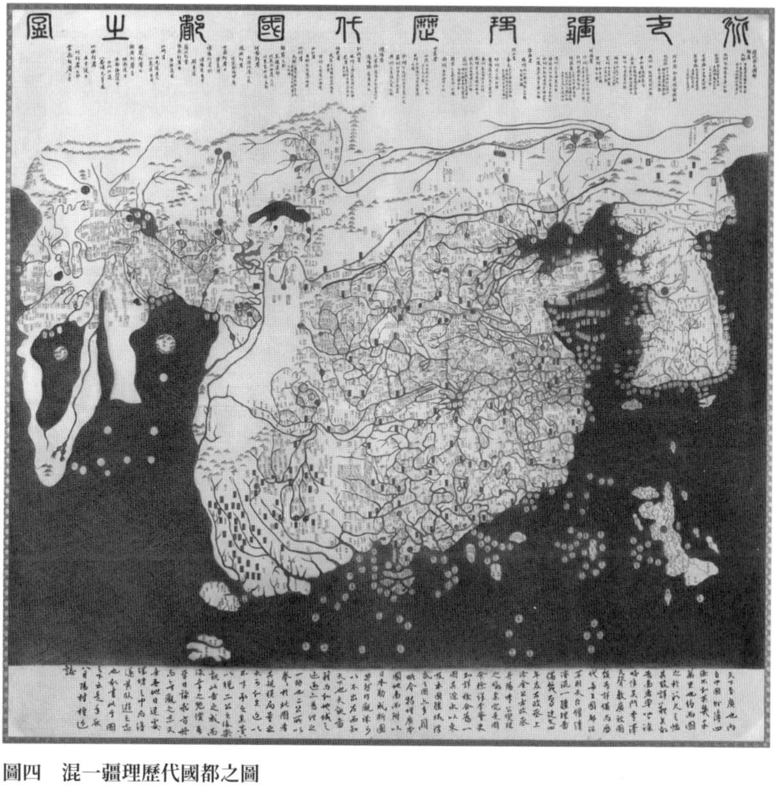

圖四　混一疆理歷代國都之圖

然一體」所指為何？那和出現於這個時代的「中國」究竟有關還是無關呢？

最一目了然的，便是地圖。歷史上有一幅在朝鮮王朝時代（即一三九二至一九一〇年）早期的一四〇二年，於朝鮮半島以元代所製的兩種「原圖」為基礎來製成的地圖。這幅地圖被視作是亞洲東方首次出現的「世界圖」，其名為《混一疆理歷代國都之圖》（圖四）。

當然，由於這幅地圖完全是中國、朝鮮本位觀點的地圖，其中中華地區及朝鮮半島被畫得較為誇大，本是無可奈何。地圖標題中之所以有「歷代國都」字樣，是因為它記載了歷代中華王朝至元代為止的所有國都。可是，仔細一看，有關中華地區所詳細記載的所有地名，皆與元代由路、府、州、縣所構成的行政區劃分名稱相同。也就是說，這是一幅在元代當時的「現勢地圖」中，添加過去王朝首都的地圖。

另一方面，這幅地圖遍覽整體便能了解，其所記載的地域範圍遠遠超過中華及朝鮮。被畫得稍小的日本列島不用說，北起蒙古高原、滿洲利亞，南至東南亞及印度洋，西經中亞到中東，並且似乎廣及歐洲邊緣。至於地圖西邊，突出於印度洋中，大小兩座形狀奇妙，看似半島的陸塊，東側較小的是阿拉伯半島，西邊較大者則是非洲。若與現在我們熟知的地圖相較，大地形狀雖然頗多謬誤，但至少無法否定，那東、南、西三方有海環繞的陸地形狀，所指的就是歐亞大陸及非洲。

此外，地圖上的「混一疆理」，意指「渾然一體的疆域」。究竟是什麼「渾然一體」？其意所指首先當然是睽違三世紀半而完成南北統一，再度合而為一的中華。不過，正如這幅地圖的遼闊程度所示，其意涵無疑亦是包括中華與非中華地區的「混一」。在此，所謂的「混一」與我們現在所使用的「世界」之語極為近似。造成此一狀態的，當然是蒙古。

要言之，《混一疆理歷代國都之圖》乃是一幅一方面顯示出蒙古時代擴大到歐亞規模的巨大空間，一方面又將往昔歷史過程的這個時間長流濃縮於一幅圖中來呈現之歷史文獻。而且，不可忽視地，這圖還有「這樣一個空間與時間感，在元代中國絕對非屬罕見」的特徵。之所以這麼說，是因為與此圖相關聯的圖案與敘述，在元代中後期出版的《事林廣記》或《聖朝混一方輿勝覽》等書籍中亦歷歷可見。總而言之，所謂的「混一」，堪稱是象徵著歐亞這個「世界」，名符其實地成為了無邊界開放空間的一個新時代語彙，並且，這個特徵在關注元代中國時，應為重要的關鍵辭彙之一。

附帶一提，除此之外便沒有這樣一幅顯示出蒙古時代偌大疆域的地圖了嗎？其實，若將目光轉向歐亞西邊的歐洲，便可發現一幅有名的「世界地圖」。那就是現藏於法國巴黎國家圖書館的《加泰隆尼亞地圖》（圖三）。這幅圖以八幅縱長的圖所構成，西自大西洋、不列顛島、愛爾蘭島起，經北非、中東、印度次大陸、印度洋、東南亞，東達中國。從當時被稱作「羅斯」（Rus'）的俄羅斯或黑海、裏海，甚至到了蒙古時代歐洲基督教世界亦有相當多的訊息傳播過來的廣大中央歐亞內陸世界，亦有描繪在其中。有關東方，過去由於單純的深信不疑，被認為是根據馬可波羅的遊記所繪，然而其實並非如此。其中藏有重大的關鍵。《加泰隆尼亞地圖》於一三七五年製成，即大元汗國喪失中國大陸的一三六八年之後的這一點，與《混一疆理歷代國都之圖》相似，然而在收錄於地圖中訊息的詳細程度及地形的正確程度的這些要點之上，當然是愈到東方便愈顯曖昧及粗略。

一邊是以中華地區及朝鮮半島為中心，詳繪出東方地理的《混一疆理歷代國都之圖》，另一邊是以歐洲及地中海地區為中心，仔細呈現西方地理的《加泰隆尼亞地圖》。儘管其形成的情況背景各異，但在將歐亞這片巨大土地收於視野的特徵上是共通的。作為東西方皆不得不意識到彼此的一個視角象徵，這正是蒙古時代的產物。

圖畫所述說的東西交流

接下來，本節將談論如實顯示，「歐亞新時代」造訪東西方兩世界的兩個話題。

談到伊斯蘭中東地區的繪畫，任誰都會想起知名的泥金裝飾手抄本，又稱細密畫

〔miniature（法），Illuminated manuscript（英）〕。然而，在七世紀伊斯蘭出現之後，繪畫的傳統便幾乎從中東消失，那是因為伊斯蘭排斥偶像崇拜所致。泥金裝飾手抄本所代表的繪畫，其復活實際上是始自蒙古時代。蒙古經中亞來到中東地區，消滅了伊斯蘭什葉派的伊斯瑪儀教派王國及據有巴格達的遜尼派阿拔斯王朝這兩大勢力，在使伊斯蘭中東歷史發生激變的同時，也給人心帶來了擺脫伊斯蘭桎梏的效果。在泥金裝飾手抄本中的花朵，以伊朗一帶蒙古政權旭烈兀汗國為中心而一舉盛開的背景中，我們不可忽略在蒙古宮廷文化存在的同時，還有伊斯蘭文化所帶來的自由精神氣息。

眾所周知，蒙古時代的泥金裝飾手抄本，能夠看到來自中國繪畫的強烈影響。始於山川草木或流動雲朵的畫法，遍及繪畫的主題與構圖各處，相關事例不勝枚舉，例如作為蒙古「正史」，堪稱空前「世界史」的波斯文歷史書《史集》中，可以大量地看到這些畫作。旭烈兀汗國的宰相拉施特・哀丁（Rashid-al-Din）以編纂長官身分，主力進行作為國家事業一環來編製的《史集》，就某些面向來看，該書意旨便為「由圖畫來看歷史」。《史集》的編纂人員中，有相當人數是「希泰」（Ḫitāy），即來自中華的學者。原本，作為重要的訊息提供者而明文記載的「Bolad Chingsang」，便是大元汗國派至伊朗的蒙古高官孛羅丞相（其名後半的Chingsang，即為漢語的「丞相」之意）。中華氛圍濃厚，或許該說是理所當然的。

其實，旭烈兀汗國的歷代君主，皆自任、甚至自豪為大可汗的「代官」，以作為自身權力正統性的來源，並與宗主國大元汗國間有頻繁的使節團往來，可以說全國或政權上下皆有交流。擁有中華及伊朗這兩個代表亞洲古老歷史及文化的「文明」，到了蒙古時代開始在種種領域展現出令人瞠目的「文化接觸」。一直以來世人總未顧及到其根底中存在著「蒙古世界聯邦」的一體性，但這乃是儼然存在的事實。伊斯蘭中東地區泥金裝飾手抄本中的中國繪畫意趣，或許該說不過是其中一端爾爾。

然而，再稍微深入思索「繪畫」本身，那麼其影響似乎就無法以從中華到伊朗的這個模式為足。元代中國的木版印刷出版品，即所謂元版的漢籍或書籍中便出現了「插畫」這個形式。這是在北宋、南宋時期的出版物，即所謂宋版中看不到的。在敦煌發現的佛教抄本中，雖然有「含圖」或「圖解」者，但完全是限於與佛教相關的事物。而自元代某個時期開始，在與佛教不相涉的一般出版品中，也至為理所當然地出現了「插畫」。除最近研究指出的《孝經》外，我們較熟悉的，例如有名的《三國演義》底本《全相本三國志平話》亦是如此。順帶一提，所謂的「全相本」，指的正是在所有書頁中皆含有「圖畫」的書籍之意。包括《全相本三國志平話》在內，與之同一時期雖現存有號稱「全相本」的五種版本，然而任何一種皆刊行於一三二〇年代。這一些含有「插畫」的書籍，於元代中後期開始普及化，到了明代以後已經是相當普遍了。

這一些元代漢文出版品中的「插畫」，受限於木版這個技術上的限制，缺乏精密度和華美，即便如此，其細微的「圖畫」或風格，酷似於同時期在中東出現的泥金裝飾手抄本。在伊斯蘭典籍抄本中（順帶一提，伊斯蘭中東一直盛行手寫本，也就是抄本的世界），作為「插畫」來使用泥金裝飾時，同樣多排印於各書頁的上段部分，這點和元版的「全相本」也很相似。

其實，和一般認知大大不同的是，大元汗國這個政權非常熱衷於出版事業。一直以來被稱為「宋版」的古刊本，今後想必會慢慢判定出其中其實有相當數量是「元刊本」的事實。另一方面，西邊的旭烈兀汗國方面，雖非刊本而是抄本，但同樣熱心於書籍文化，也留下了為數眾多的書籍。這成為伊斯蘭中東書籍、史料的一大時代轉折。若將西方的泥金裝飾手抄本、東方的插畫這同一時期的新現象視作偶然，那是有些輕忽了。我們不得不說這仍是唯獨蒙古時代才辦得到的東西交流及文化現象。

時代的品味

接下來，本書還要談談稱為青花的瓷器。這在現代漢語的發音為 Qing Hua，日本則稱作「染付」。正如英語稱作 Blue and White 般，這是一種在白瓷質地上，塗上鈷藍色彩的器物。

青花瓷器正是蒙古時代和元代中國的象徵。作紺青染色是屬於伊朗一帶的習慣和偏好，而不是中華的，作為上繪顏料的鈷也是同樣。不過，伊朗主要為陶器，瓷器則是中華的特產。到了蒙古時代，在主要由政府指定的官窯景德鎮中，這兩者相結合而成為青花瓷器這個東西融合的形式，伴隨著大元汗國的通商政策，經由印度洋上的通路大量運送至伊斯蘭中東地區，而不只限於大元汗國治下領域。那是蒙古時代「歐亞通商圈」最為暢銷的商品，深藍和白色相間的調和效果成為一種「時代的品味」而得到普及，其生產及出口甚至持續到明代以後。另一方面，伊斯蘭中東則一方面產出鄂圖曼王朝伊茲尼克（İznik）陶器等「仿製品」，不久也普及到歐洲，成為荷蘭的臺夫特藍陶（Delfts blauw）等，終於在現代世界中成為我們的日用品。此一器物的歷史演變大致如此。

先前，曾有消息報導唐末的揚州遺跡出土了可稱作蒙古時代先驅的質樸、古拙的青花瓷器，受世人矚目。在白瓷塗上深藍色的這個形式，如假包換就是一種青花瓷器。要言之，這個構想原本便存在了。唐代的揚州由於和蒙古時代的泉州一樣是首屈一指的國際貿易港，所以才有意見指出這應該是出口到伊斯蘭中東一帶的「貿易陶瓷」。恐怕正是如此。總而言之，在唐代末期的階段，雖然拙劣但論其基本要件則大致齊備，但到了北宋、南宋時期則不見天日而凋零，到了中華與中東在陸海兩方直接相連的蒙古時代才

「再度出現」並一舉產業化。

這是非常容易理解的。與此同時，又叫人不禁思考究竟什麼是席捲時代的「品味」或需要呢？此外還有文化、藝術本身和「時代」的關聯性，甚至隱約可見的，超越地域框架的「時代風潮」、「文化環境」等問題。

在觀看文化或藝術時，不應只是凝視個別文物或藝術作品本身，應該也能夠感受到超越其本身的什麼。關於元代中國，正因為這是一個複合、多元的文化狀態極度昂揚的時代，多角度眼光的分析和綜合更不可少。今後的新發現與新見解，值得我們大加期待。

二、與青花的邂逅

在托卡比皇宮博物館

這是偶然或是必然，連我自己都搞不清楚。

一九八六年，當我巡遊歐洲各地進行波斯文史料調查的時候，來到了土耳其共和國的伊斯坦堡。我最主要的目的是直接翻閱、調查有關十三世紀到十四世紀處於世界與時代中心的蒙古帝國基本史料，以波斯文寫下的世界史《史集》之中，藏於托卡比皇宮（Topkapı Sarayı）博物館圖書館的最古、最佳的古抄本。

很幸運地，調查進行得非常順利，對於《史集》以外的波斯文史書古抄本，也獲得了一些新的見識，我感到些許興奮。連續造訪了五天後的這一天，是托卡比皇宮博物館的休館日。平時有大群觀光客喧騰的館內，當日不見人影。館員不算，就訪客而言，在靜靜佇立中庭一隅的圖書館裡，只有我一個人坐在閱覽桌前。

午休時，閱覽課的艾哈邁德先生邀我一起用餐，還為我導覽了偌大的博物館。他或許是同情我吧，看到我每天都只是沉浸在此，從早到晚翻閱阿拉伯文的古抄本並不停撰寫筆記，都沒想過要去看看托卡比聞名於世的收藏品，說不定他是對此感到可惜吧。總而言之，那時我在艾哈邁德先生的帶領下，親眼目睹了為數相當壯觀的元、明代青花瓷。

實物的衝擊

正如「青花」在日語中稱作「染付」，英語稱作 blue and white 一般，這是一種在白瓷質地塗上鈷藍塗料的器物。所謂「青花」這個漢語，所指的是以深藍筆觸所繪的圖案、圖樣和花紋，其正確名稱是青花瓷器。

托卡比宮殿博物館，收藏了據說研究青花者必去，質與量皆豐的青花。曾是鄂圖曼王朝「故宮」的托卡比皇宮，在一九二三年土耳其共和國成立後，建物連同收藏品便成為了博物館，包括青花在內為數眾多的中國瓷器，也是鄂圖曼王朝六百年間的收藏品。

托卡比青花的精美，早已為世人所知。只是這次原本打算專注於《史集》等波斯文史料的古抄本調查，便狠下心來不去看。現在想想，那真是愚蠢又頑固，那時我真的以為若是心被青花奪去，便會荒廢「本業」。

雖說如此，那些青花的質量真是令人驚豔。能夠在短暫時間內如此大量地觀賞元、明代最高級器物的實物，其意義與過去在日本國內的展覽會或藝術叢書中少量地看是完全不同。青花不只是精美而已，排列起來更是壯觀。一個想當然耳的歷史知識撼動我心。宋代的白瓷與青瓷的確很高級，但其實很小，作為器物的尺寸規模完全不同。總而言之，各自作為支撐的精神和品味完全不同。青花氣勢之壯大，很遺憾地是無法透過藝術叢書來傳達的。總而言之，那時我已某種程度地預想在觀賞托卡比青花時自己的心必定會為之擄獲，所以一開始才會對自己訂下愚蠢的「禁欲」，但此刻我還是臣服在超出預期的強大衝擊下，什麼「狠下心來」之類，早就無所謂了。

很慶幸當時我能夠一個人靜靜地與這些收藏品面對面。我幾度反覆地貼近注視那一件又一件的藏品，種種影像浮上腦海，激烈地攪盪。

「實物」的確是雄辯的。雖然有些害羞，但自從我決意要成為純正的歷史學徒以來，便頑固地深信要談文獻史料便要看「原典」，若是遺跡、戰場和古跡，要盡可能地到「現場」去，果然連「器物」或「文物」，也必須要看「真貨」才行。我又再次確認了這個理所當然的觀念。

青花出現於蒙古時代。或者說，其生產至少是在蒙古時代的中國南方，以景德鎮為中心而正式展開，並在蒙古政權庇護下而一舉產業化的。其中有相當數量主要是經由海路，出口到東南亞、印度次大陸、伊斯蘭中東等地。這不僅是歐亞東西方因蒙古帝國而廣泛連結的歷史見證者，青花出口到西方的這個風潮到了明代也繼承了下來。托卡比皇宮裡的青花，就是這樣一個元、明連結歐亞東西海上貿易的結果，甚至應該是其中最為傑出的昂貴商品。

觀賞托卡比的青花，思索各種歷史問題後，我又不可思議地在所到之處和各種與青花相關的事物相遇。原本我打算在翌日於圖書館重新開始作業，查閱蒙古時代到帖木兒時代的畫集。當我翻閱著艾哈邁德先生自深處取來的大型繪畫集時，不禁發出連連讚嘆之聲。在被認為是蒙古時代產物的泥金裝飾手抄本中，竟繪有青花。

接著，那是發生在離開伊斯坦堡後，遠赴法國巴黎國家圖書館時發生的事。在館內的東洋抄本部中，藏有通稱為巴黎版本並附有精美泥金裝飾畫的《史集》，在我閱覽調查之下，數處都可見青花的登場，而且，竟然都是對蒙古政權來說具有重大意義的一些宴會場面。

連結伊朗與中國的蒙古

其後，在數度停留海外，調查以波斯文、漢文為主的蒙古時代相關的東西方文獻之餘，說順道也有些奇怪，總之是獲得了許多直接觀賞收藏於世界各地的青花實物，還有蒙古時代前後的伊朗陶器和彩色瓷磚等實物，以及實際看到相關繪畫及泥金裝飾手抄本的機會。結果，我腦海裡浮現了一個與青花有關的想法。其經緯我已在《大蒙古時代》（《大モンゴルの時代》，中央公論社・世界の歴史9）一書中談過。有關青花的問題或謎團，仍是五花八門。可是，其中最重要的疑問是，為何這會發生在蒙古時代？如此大量的青花瓷器又為何在西方受到了歡迎？並且在白色質地塗上藍色顏料的這個發想與品味，究竟是從何而來？

條件之一就是中華。中華有瓷器。宋代的白瓷、青瓷、青白瓷等都極其興盛。不過，幾乎沒有在瓷器質地塗上圖案的傳統、習慣、嗜好及需要。到了蒙古時代，青花瓷器卻能一舉產業化。當時，作為青花顏料的鈷藍是來自伊朗等中東伊斯蘭世界的進口物品。

第二個條件是伊朗。伊朗有製造陶器的悠長傳統，卻無製造瓷器的能力。因為沒有高嶺土這樣的土壤。但另一方面，繪上彩圖卻是伊朗自古以來便有的。以藍、青、綠等色系染料為主的彩圖品味，很明顯是早已存在的，我們也能夠確認到其時存在著與青花瓷器極為類似的青花陶器。並且在蒙古時代開始以前，伊斯蘭中東世界就已經對中國瓷器有很強烈的愛好，特別以青瓷或青白瓷為主龐大數量的中國瓷器，均由中華區域以海上通路方式輸出到西方。

串連起這兩項條件的，就是當時同時控制了中華區域和伊朗，名符其實成為一個世界帝國的蒙古。伊朗的鈷藍和彩繪技法與中國高超的瓷器生產技術，是蒙古讓這兩者合而為一。深藍與白的調和色彩，是蒙古自身的品味，青花就這樣成為了權力與財富的象徵而在歐亞普及。這是毫無疑問地融合了東西方的文化精華。

三、《元朝祕史》的世界——牧民的心靈歷史

歷史與文學之間？

歷史與文學之間的區別，是否本來就存在？很遺憾地，筆者並未深入了解。筆者同樣不明瞭，尤其與過去某些事物相關，記載於文字或口傳之事物，究竟是否能夠明確地界定為歷史（書）還是文學（作品）？我常以為這是端賴使用者的立場或方法，是屬於一種個人判斷的範疇。

雖說如此，《元朝祕史》每每是一容易作為「歷史與文學」問題設定的作品。實際上，回顧世界各國擁有九十年歷史的《元朝祕史》的研究腳步，主要的爭論點不妨說就是在於它「究竟是歷史還是文學？」之上。此外，作為一個淺顯事例，過去小說家井上靖和大岡昇平之間曾經展開一場可視作歷史小說爭論的交鋒。然而，當事人井上靖的代表作之一《蒼狼》，無論其素材或是發想，無可否認地皆賴於《元朝祕史》自身所帶有濃烈「歷史與文學之間」的曖昧部分。不只如此，從小說的題目來看，很明顯地便是取自《元朝祕史》開頭有名的「奉上天之命而生的蒼狼」這一句。

「蒼狼」的形象

附帶一提，說到蒙古及成吉思汗，便容易聯想到「蒼狼」。不用說，這是來自日本《元朝祕史》的開山祖那珂通世的不朽名譯《成吉思汗實録》（《成吉思汗実録》，大日本東正，一九〇七年出版），但對於大多數人而言，與其說是因為那珂通世的譯本，不如說更直接聯想到井上靖那自古典優美譯文中獲得靈感的小說。附帶一提，「蒼狼」蒙古語的原辭音讀為「孛兒帖赤那」，仔細咀嚼該語意涵，應譯作「灰白色的狼」，這個譯法雖然可以表明某種學術研究上的嚴密性，卻有損印象的美感。而且，其實在漢字音寫所標示的蒙古語原文旁邊皆附有漢語（稱作「旁譯」），譯作「蒼色（孛兒帖）」、「狼（赤那）」。「蒼狼」這個帶有浪漫情懷的譯法，並非那珂通世的「獨創」，《元朝祕史》原本就是如此寫法。

通篇帶有「文學氣息」的，不只是《元朝祕史》本身，在那珂通世譯本上亦可感受到。這一點恐怕就是觸發井上靖之處。若是如此，那麼在《祕史》原文、那珂譯文、井上小說皆可確認到的所謂「文學性」，就是這三者的連貫相疊，才使得小說《蒼狼》的讀者在不知不覺中將其整合來感受、體會的吧？

圍繞著《元朝祕史》的謎團

若將《元朝祕史》這部著作以有如辭典項目般的描述，那麼其內容恐怕如下：著者不明。故事始自蒙古祖先的神話，敘述名喚鐵木真的成吉思汗在經歷多番苦難之後，統合占據現在蒙古高原的突厥・蒙古系游牧民而建立了「大蒙古國」，全書一共十卷。其次，數度對外遠征，建構了世界帝國基礎的成吉思汗逝世，至第二代窩闊臺治世，擱筆於「鼠年」的續集有二卷。一般而言全書合計共有十二卷，唯內容相同卷號不同者有十五卷本。其內文既如所述，是除了以漢字音轉寫的蒙古語原文和直譯漢語的逐語譯本外，還有全數分為二百八十二節，按節以吏牘體漢語來記載其大意的「總譯」，總共由三個部分構成。

若只要談論最低限、最基本的內容，任誰也不會提出異議，只講述部分確實內容的話，便如上述。不過，若擬再稍稍踏出一步，就不容易了。例如，光是有關被認為是成書時間的「鼠年」，便有一二二八年、一二四〇年、一二五二年等的可能，甚至還有隔得更遠的一三二四年等說法。那不單只是年分的問題，由於還關係到《祕史》的內容理解或蒙古帝國史的展開進程，所以相當棘手。

此外，原題為「蒙古祕密之書」的這部書籍（《元朝祕史》這個書名，可說是一漢譯名稱，由於人們看到此書時已是明朝，所以才會稱作「元朝」），其蒙古語原文，究竟原本是用維吾爾文字的蒙古文來記載？抑或是以一二六九年在第五代蒙古皇帝忽必烈下令制訂的八思巴文字來記載的呢？亦無定論。而且，是什麼時候與為何是以現行漢字來標記？儘管如此其使用語言仍是蒙漢雙語，而且為何是以原文、旁譯、總譯這三個令人感到不可思議的部分來構成呢？諸如此類的問題很多，幾乎書中每一個字句都有大大小小各種疑問、謎團和問題點，堆積如山。世間所說的「元朝祕史學」研究領域，之所以在世界各國皆受到相當重視，的確是有其理由的。

蒙古人的心靈羈絆

然而，姑且不論上述疑問，不容置疑的「元朝祕史世界」，正連綿不斷地傳承著。那是流著豪邁游牧民們的血與汗，激動與興奮交互振盪的世界。同時還應該說，這不單是促成蒙古帝國出現的「第一世代」牧民們自身所談論的世界，還應說這是映照在第二、第三世代及其後蒙古人心裡的世界，才更適當。

在《祕史》的重要之處，頻繁記載著使用頭韻的優美詩句和行文。正因如此，才會被指為欠缺歷史性或是文學性過高云云。這點其實非常重要，要言之，這書原本是用來朗誦和吟詠的，並不限於今日我們所作的，為了目視文字來理解才「閱讀」的文本。

十三、十四世紀的蒙古時代，成為世界與時代「主人公」的蒙古人們，傾聽著有關草創國家的英主成吉思汗及其功臣功勳的故事，時而親自朗誦謳歌他們。透過這個行為，來了解、確認自身直接的父祖「成吉思汗」是如何肇建「大蒙古國」，而自己現有的榮耀與富貴又是如何被建立起來的。

這些以優美行文，或是交織著美妙聲調來記述的便是一切，至於是否為真正的歷史事實，則另當別論。不過，對於自成吉思汗創業以來已經歷了相當歲月的蒙古人來說，那便是真實了。至少，他們將之意識為真實。《元朝祕史》雖說是成書於同時代的文獻，但就精確意義來說並非全屬同一時期。可以說那是一些意識化的歷史圖像，被進行了美麗修飾而傳誦傳承下來。

這部史書是否自一開始便以書籍形式製成，其實無法確定，不過，我們不得不說《元朝祕史》的原型，或是作為其基礎的某種口說文本，至遲在十四世紀初便已有了書籍的形態。這是因為於伊朗、中東一帶立國的蒙古政權旭烈兀汗國所製成的《史集》，是完成於一三一〇年，這是一本由波斯文寫成的蒙古帝國史，也是世界史的書，當中隨處可見不少與《元朝祕史》相同的字句，而且書中也明言這是蒙古帝室共通的《金櫃祕冊》。《元朝祕史》中所傳誦的，其實是廣布於歐亞各地之蒙古人的共有物。這一點非常重要。這是從內部支撐蒙古這個跨國、超級世界帝國的「心靈羈絆」。或許這部史書從一開始便是在這個目的下形成的。其後在依樣繼承蒙古時代樣貌的明代初期，人們由於看到在中華一帶以漢字轉寫的版本，便稱之為歷史書或文學作品。甚至，亦可從學術的觀點，將之視作歷史學、民族學、人類學、蒙古語學、中國語學等學問的珍貴資料。不用說，若從比較宏大的角度來看，只能說那都是以後世的方便考量所作的無聊區別。我們只要以坦率的心情，感受照映在牧民們內心裡的世界即可。

第三章

—

超越時空的成吉思汗

時空を超えて生きつづけるチンギス・カン

「成吉思汗」蘊含的王權形象

亞洲內陸，或者說較之大了一圈或兩圈以上的中央歐亞，大致上是一個較為乾燥的世界。以草原和綠洲，山岳與沙漠交織而成的巨大空間，自古以來便是游牧民及綠洲民營生的世界，也因此孕育出其他地區所看不到的獨特文化、民族、價值觀、世界觀、宇宙觀。諸如以「薩滿教」為最大特徵的宗教世界，以及以口傳為主要媒介的神話、傳說、歌謠、祝詞、讚歌、俗諺、民間故事、英雄敘事詩等豐碩的傳承世界，都稱得上是在分布於歐亞內側的巨大跨域生活圈中長期形成的文化傳統。

若是綜觀人類史上各式國家或權力的型態，並以比較觀點從多元角度來思考「王權」這個以現代日語來定義、概括的概念，我們便能留意到，在歐亞中央地帶形成的「王權」，相較於日本或歐洲社會中的王權形態，有著極為顯著的不同面向。作為重構或全面理解人類史時不可欠缺的歷史經驗，我們必須在不受過去「文明論」式偏見及成見干擾的前提下，直接將中央歐亞「王權」這個過去未必已作充分且適切分析、把握的獨特概念及結構，當作一個詳加分析的對象。

有鑑於此，本章嘗試探索成吉思汗及其血脈所具有之權威、神聖性、超越性及權力理念的部分面向，以作為一個在中央歐亞、歐亞全境，甚至是世界歷史中皆屬突出的「王權」事例。「成吉思汗」這個被理解為超越時空的「王權」概念的原點、淵源、象徵的形象塑造過程，是其中的關鍵。「成吉思汗」蘊含的「王權」理念，於十三、十四世紀蒙古時代遠去後，依舊在內陸亞洲，乃至中央歐亞的居民心中存續不墜。那既是過去的歷史現象，也是推動現在與未來的「政治要素」。就這層意義而言，「成吉思汗」堪稱是一個超越時空的「王權」形象。

此外，坦白說來，世間對於「王權」這個日語辭彙（我們必須注意到，這不是一個漢語辭彙。若是漢語，便須將之作為在至高「皇帝」底下體系化的一個階序，也就是「王」來考慮。就結果而言，與以歐洲神聖羅馬皇帝，或者以羅馬教皇的存在為前提的「王權」論有相似之處。總而言之，漢語和日語的「王權」，兩者之間的辭意指涉實在有相當大的差別）所含有的意義及內容，至少在目前是尚未形成一個明確且充分的理解。這點必須再次強調。

附帶一提，若要針對「王權」做些許整理，我們或許能夠非常單純地說，這是一個直譯英語 right of king 或德語 königtum 等辭彙的「王的權利」或「王的權力」，實際上這個辭彙是否也涵蓋各種支配者、君主等「王」者保有權力的狀態，或是其地位、存在、制度，甚至是予以支撐的組織、機構，或者統治形態的概念？然而，若與歐洲中世、近世以本身文明史脈絡來定義的「王權」，以及近年日本史中引人注目的「王權」一辭所呈現的概念內容相較，可知彼此間即便辭彙相同，也是似是而非的。

至於「王」這個辭彙，是否包含了原義應超越其上的「羅馬皇帝」（imperator），以及由此衍生而來的 empereur 乃至於 emperor 等，或同樣是源於羅馬「凱撒」Caesar 的 kaiser 或「沙皇」（царь）等類的辭彙，甚至是中華文明中的「皇帝」、中央歐亞中的「可汗」（qaγan 或 qa'an）等一系列在現代日語中都可譯作「皇帝」或「帝」、「帝王」的概念，伊斯蘭的「哈里發」（khalīfa）及伊朗的「帕迪沙」（pād(i)shah）等問題，自然是值得討論的；依我管見，原義指涉地上唯一主宰者、權力者的「皇帝」或「帝」等一系列用語和概念本身，本來便值得探討，雖說「帝權」應被當作與「王權」不同的個別問題，但我也認為將「皇帝」、「帝」、「帝權」等放在「王」乃至於「王權」中來進行一般化或概括，或作為探討上的一個階段，回到人類史上君主制這個共通的基礎性問題中來討論，也有相當程度的意義。

此外，「王權」也好，「帝權」也好，我們能夠把涉及權力、權威的政治個體或是機構、形態，除了其核心的「王」者外，連王室、王族、宮廷，甚至是超越世代的子子孫孫及持續的王統、家系、血脈等「人」的要素也包括在內，歸納進「王權」一辭中嗎？總而言之，我們不得不說這是一個極為曖昧模糊的概念。

不過，若要汲取出人類文明中「王權」的多種形態，說不定將這輪廓不定但具延展性的概念整體總稱為「王權」，反而是較有助益的。至少，本章擬以這般意涵來使用「王權」一辭。

一、成吉思汗家族持續至十七世紀的權威

世界帝國「蒙古」的「印記」

西元十三世紀初，蒙古這支稱不上強而有力的部族集團，整合了盤據在後來被稱作蒙古高原上的突厥．蒙古系游牧民群體，組成一個新興國家。這個國家名為 Yeke Mongyol Ulus，意指大蒙古國。這小小一步，是改變時代與世界的第一步。

「蒙古」這支成分龐雜的游牧民新群體，也是一支極其精強，又富有實戰經驗的騎馬戰士群。他們在自稱「成吉思汗」的領導者，即鐵木真的帶領下，在一二一一年以後，以原有的高原地盤為起點，陸續對外展開征伐。蒙古這股旋風，席捲了歐亞東西南北，持續了將近半個世紀，接著又往海上飆去。如此，他們形成了人類史上最巨大的帝國，

若加上未直接領有的地區，可說是緩緩地將歐亞及北非整合在一起了。「蒙古時代」這個時代史概念，乃是立基於夠格稱作「世界」的這個空間，能夠超越區域史之上，作為一個整體來觀照。

於是，蒙古這個十三、十四世紀直接統領大半個歐亞的跨域世界帝國，給人類歷史帶來了劃時代的轉折。以成吉思汗為始祖的血脈，以帝室、王族之姿，在東起日本海，西至多瑙河口、安那托利亞高原及東地中海沿岸的各地分治，其統治時期長短雖因地域而各有不同，但整體而言仍在兩個世紀左右，作為歐亞共同的支配階級，曾長期支配著這個世界。蒙古的跨域型統治，以及由此產生的統治體系，蒙古語稱作「黃金一族」的帝王、君王、王侯們的權力與權威，以及隨之逐漸形成的對於成吉思汗血脈的尊崇之念等，在蒙古支配的歲月裡，在歐亞各地皆刻印了強烈的權力印象及記憶。

其中，尤其是在亞洲內陸或中央歐亞內部，從蒙古時代以後便擁有帝王或王者地位者，皆以某種形式，向蒙古帝國及其創始者成吉思汗尋求權力、權威、支配與統治的正統性或淵源。我們能夠說，這種「若不為之，自身『王權』便無法支撐」的政治傳統或意識、觀念，已經深深根植於各個地域社會之中。

不稱「汗」的帖木兒朝

帖木兒朝便是一個知名事例。就連帖木兒（Tīmūr或Taymūr）這位十四世紀後半，在蒙古世界帝國內部中亞的察合臺汗國逐漸失去凝聚力的過程中，以帕米爾以西的西突厥斯坦為中心擴張自己的勢力圈，實現了實質上不妨稱作「帖木兒帝國」版圖的君主，也從未自稱過是「可汗」或「汗」。

在蒙古支配時代中，正式來講只有「可汗」是全蒙古的帝王（忽必烈以後指的是大元汗國歷代皇帝），「汗」所指的單單只有西北歐亞的朮赤汗國、中亞的察合臺汗國，以及伊朗中東一帶的旭烈兀汗國的歷代君主而已。

帖木兒個人雖在語言生活方面皆已突厥化，但他原出身自屬於蒙古支配階級的巴魯剌思部（Barlas）這支有力的部族集團。在如後所述的蒙古族祖傳承中，有關帖木兒出身的巴魯剌思部，成吉思汗五代以前的高祖父敦必乃（或作屯必乃薛禪）被認為是雙方的共祖，而且實際上在成吉思汗稱霸過程中，也有哈剌察兒這位功臣出現，並且在成吉思汗新體制下扮演了重要角色。此外，就以巴魯剌思部的嫡系部族長家系，被指名為分派給成吉思汗次子察合臺的四個千人隊（波斯語稱hazara，蒙古語為mingyan）之首的情況而言，他們在十四世紀初已呈現半獨立形態的察合臺汗國中，堪稱是最有名的家系。

總而言之，帖木兒是貨真價實的蒙古貴族子孫，以直接的主君即察合臺汗國西半部為自己事實上的根據地，展開了北起哈薩克草原，西達安那托利亞，南至印度斯坦（Hindustān）平原的大規模軍事活動。帖木兒奉成吉思汗所定的「約孫（軍律）」，有重大國事便召開庫力臺（大集會）來協議、決定等，在各個層面皆承襲了蒙古帝國的體系，而不限於軍事與政治。帖木兒朝這個「王權」的基本架構，在硬體層面上可說是和蒙古帝國同屬一系。他之所以未自稱為「汗」，並不完全由於他沒有繼承成吉思汗家系的血脈所致。

那麼，帖木兒的做法又是如何呢？他是立相當於成吉思汗後裔的蒙古王子鎖咬兒哈的迷失（Suyurghatmish）這號人物為名義上的汗，而自身仍娶繼承成吉思汗王族中直接主君「察合臺家」血統的薩萊・穆爾克・哈努姆（Saray Mulk Khanum）公主為后，自稱是成吉思汗家的「庫列根」（突厥語作 kürägän，蒙古語為 güregen），即「女婿」，自稱是「埃米爾・庫列根」（Amīr kürägān）。阿拉伯語、波斯語中的「埃米爾」（Amīr）意指「長官」，特別有軍事領導者「將軍」之意，也就是說他自稱為「女婿將軍」。

帖木兒王朝自行以波斯文編纂的系譜《顯貴世系》（*Mu'izz al-Ansāb*），很清楚地以圖譜展示了這樣的關係。根據該圖，鎖咬兒哈的迷失繼承了成吉思汗的三男並成為第二代大可汗的窩闊臺血統，但僅為其旁支中的旁支。不過，其父答失蠻察

（Danishmendji）早就受到比帖木兒更早成為西突厥斯坦實權者的埃米爾・加茲罕（Amir Qazaghan）推戴為「察合臺汗國汗」，在鎖咬兒哈的迷失的時代已經等於是連著兩代皆為傀儡了（對實權者來說，將非屬察合臺汗國「正統」的窩闊臺系作為傀儡，不如說是正合其意）。

也就是說，帖木兒仿照加茲罕故智，在傀儡汗的名義下，在政治上完全止於「老二」地位，同時又採取作為成吉思汗家「女婿」的形式，攀附到成吉思汗一族的「血脈」中。也就是他一方面為實權者，在名義上又甘居成吉思汗家的輔佐角色。其時，蒙古帝國整體既已進入崩析階段，往昔的壓倒性政治力、軍事性影響力正急速地衰退。不過，蒙古帝國及成吉思汗家的權威則未如此，若沒有成吉思汗家族的「血脈」，仍然不具有成為「王者」的資格。

若是推舉成吉思汗家族，那麼在其權威下，便能夠較輕易地整合原來階序較帖木兒為高的諸位王侯，或是同等地位的部族長及地方勢力，而且在往周邊區域進攻作戰之際，也可以打出振興成吉思汗家族的大義名分。最後，蒙古帝國以來散居於中央歐亞各地的游牧民們，也皆在帖木兒麾下，支持其進軍、統治及支配。

初代帖木兒所採行的這種方式，基本上為其後的帖木兒朝君主們所繼承下來。傀儡汗的角色，在鎖咬兒哈的迷失歿後，則為其子馬哈茂德二世（Sultan Mahmud）所繼承。

帖木兒的後繼者們，一方面強調自身的成吉思汗血統，一方面又從母方獲得成吉思汗家的「血脈」（除察合臺系及窩闊臺系以外，也有朮赤系），從夫人獲得中國稱為「駙馬家」的名分。這樣一種形式，令人想起蒙古帝國時代，以擁有相當程度的固有領地、領民、軍事力、經濟力，與蒙古帝室完全一體化並享得榮華富貴而著稱的弘吉剌（Onggirad）、亦乞烈（Ikires）、汪古（Öngüd）等「駙馬王室」或「駙馬王國」（順帶一提，忽必烈登場以後的高麗國及其王室，亦屬此類）。

此外，作為帖木兒朝自行將本身「王權」根據攀附成吉思汗及其血脈，將自身與蒙古「王權」以雙重形象來處理的確鑿證據，以下擬舉前述的《顯貴世系》來說明。該文獻採取前半為成吉思汗家，後半為帖木兒家這兩部結構之系譜形式的意義所在，實在是一目瞭然。帖木兒朝這個「王權」，不僅在現實國家體系上，在「王」的權威、神聖性，甚至是支配、統治正當性的根據及理由上，皆能夠說是近於與蒙古帝國及成吉思汗家結合的一種「雙重王權」。

並且，我們尚留意到，有關這部獨一無二的系譜，除了目前收藏於法國國家圖書館的東洋抄本部，近似帖木兒帝國時代正本的出色抄本之外，還有成書於蒙兀兒帝國治下之印度的三種抄本。眾所周知，帖木兒朝最後的君主巴布爾（Bâbur）所建立的蒙兀兒王朝，可稱作第二帖木兒朝。這部系譜在彼地也持續被書寫、捍衛，以及系譜本身隨處可見，恐怕是反映了蒙兀兒帝國治下的政治因素和權力關係，而被追加、改訂、刪除等諸項事實，遂使之具有不容輕忽的意義。也就是說，即便在蒙兀兒王朝時代，對於蒙古帝國與成吉思汗血統的尊重與顧慮也未曾消失。

俄羅斯王室與蒙古的「血脈」提攜

以下，本節擬舉出俄羅斯來作為另一個與蒙古「王權」連動的事例。

眾所周知，蒙古在一二三七年以拔都為主將展開侵略以後，不僅將總稱為「欽察草原」，現為哈薩克草原及俄羅斯草原上的突厥系游牧民作為「蒙古」來組織化，亦將當時稱作「羅斯」的俄羅斯、烏克蘭地區置於間接支配下。蒙古在俄羅斯一帶的統治，長期以來都在「韃靼的桎梏」這樣刻板的形容下，被認為是持續壓迫俄羅斯社會的一種典型的「蒙古苛政」，但近年許多研究則明確指出，這種說法有許多成分是帝政俄羅斯及後繼的蘇聯為向民眾灌輸而捏造、渲染出來的。

就客觀的事實而論，在此之前處於各公國分立、抗爭狀態的羅斯之地，正是藉由編入蒙古世界帝國架構中，才獲得相當程度的安定，得以摸索踏上「文明化」的道路。這樣一種新的理解也開始被認為是不容否定的而受到接納。

由朮赤汗國所主導的，包含俄羅斯在內的西北歐亞統括性支配，雖然極為鬆散，但這個支配持續了將近一個半世紀，才由於前述的帖木兒入侵，特別是從位於窩瓦河下游的政治中心城市別兒哥薩萊（Berke Sarai）遭到破壞起，向心力逐漸削弱，使得過去在朮赤汗國整體右翼作為核心政治權力的青帳汗國之地，出現了喀山、阿斯特拉罕、克里米亞等「汗國」的分立。相反地，莫斯科則透過代理蒙古方面的徵稅業務而自羅斯各國中崛起，而根據過去俄羅斯方面的敘述，常常容易讓人以為，俄羅斯是到了伊凡三世時才從蒙古的支配中解放出來。

一四六二年成為莫斯科大公的伊凡三世，在合併了諾夫哥羅德或特維爾等周邊各公國的同時，又與拜占庭帝國最後皇帝君士坦丁十一世的姪女索菲婭再婚，成為被稱作拜占庭帝國的羅馬帝國後繼者，採取了擁護希臘正教的立場。雖說他的確是一位強勢君主，卻仍無法不承認蒙古的「宗主權」。

至今為止，我們動輒便以「俄羅斯對蒙古」這樣一種對立格局來看待那時的雙方關係。然而現實的狀況是，蒙古與羅斯可說是在各自分立、均衡中，整體又形成一個緩和鬆散的體系，時勢的推移相當緩慢。莫斯科的崛起其實也不過就是緩慢的轉變。這樣一種狀態，又持續了一個半世紀，直到十六世紀中期。

在此想特別一提的，是被認為一舉扭轉這局面，建立了所謂俄羅斯帝國的伊凡四世。

一五三三年成為大公的他，在一五五二年及一五五六年合併喀山及阿斯特拉罕兩汗國，確立了對蒙古的優勢地位，但其實他本身與蒙古有很深的關聯。

他的母親是過去朮赤汗國權勢者馬麥（Mamai）的直系後人。而且，第二任妻子瑪麗亞・帖木留歌芙娜（Maria Temryukovna）也是朮赤家王族的血脈。可以看到，蒙古與俄羅斯王室之間存在著令人聯想起帖木兒朝的「血脈」提攜。更該特別加以注意的，是下面這個知名事件。

一五七四年，伊凡四世突然走下沙皇寶座，將帝位讓與西美昂・貝克布拉托維奇（Simeon Bekbulatovich）這號人物。伊凡四世雖然在翌年復位，但圍繞著他的這個奇妙行動，卻有各種解釋。

這裡出現的西美昂・貝克布拉托維奇，指的是朮赤家的嫡裔薩因・布拉特（Sain-Bulat）。他在一五七三年改信基督教，改名為西美昂。當時的俄羅斯，依然存在著對成吉思汗家權威及「血脈」的尊崇。伊凡四世便是以西美昂作為名義上的沙皇，在其權威下施展實權者的身手。

這正是帖木兒的做法。西美昂在翌年退位後，本身還保持了極大的影響力及權威。一五八四年伊凡四世歿世後，因擔憂西美昂復辟的勢力而強迫他隱退，甚至使他失明。也就是說，他確是擁有復辟的權威。

成吉思汗家在俄羅斯一帶的權威仍舊存續著。伺候莫斯科的大貴族們有相當多的人，皆是繼承了蒙古王室的「血脈」者，而且以克里米亞為根據地的克里米亞汗國，也持續保持了與俄羅斯帝國對抗的能力。俄羅斯要從正面君臨黑海，還需等到女皇葉卡德琳娜於法國大革命將至的一七八三年合併克里米亞以後。

大元帝國的「後繼者」大清帝國

蒙古帝國在初代成吉思汗之孫——忽必烈，與胞弟阿里不哥長達五年的帝位繼承爭奪戰後，憑藉實力成為第五代大可汗（此外，從阿里不哥曾一度繼任第五代大可汗，其後遭叛亂者忽必烈篡位的這段史實來看，亦可將忽必烈視作第六代。不過，在當時蒙古帝國以波斯文、漢文所編纂的官方文獻中，當然以忽必烈為第五代）。此後，以忽必烈血脈的大元汗國作為宗主國，與其他各個擁有帝國規模的同族汗國鬆散地結合成為「世界聯邦」的狀態。也就是說，以忽必烈時代為界，蒙古帝國可分為前後兩個階段。

大元汗國在唐朝覆亡三百七十年後，或是唐朝統一政權實質衰敗五個世紀後，再度整合了中華地區，甚至向海上發展，成為「海陸大帝國」，形成了在海洋及陸地循環歐亞的大交流圈。眾所周知，忽必烈家族的帝系在一三六八年失去了中華地區，接著在與明朝長達二十年的對峙後，因一三八八年忽必烈家族帝系妥懽貼睦爾（Togon-temür，即元順帝）的逝去而終結。其後，若以大局來看，我們可以指出蒙古帝國以來，以游牧民為主體的各股勢力雖在以蒙古高原為中心，東起遼寧平原，西至哈薩克草原的內陸亞洲世界中分分合合，然而在各股勢力之中，擁有成吉思汗家血統者仍為「王者」。並且，大中小勢力縱使彼此分立、對抗，整體而言仍然維持了自身屬於「大蒙古汗國」的意識。

特別值得一書的是，以蒙古高原為中心的勢力完全將自身視為「大元汗國」，有盟主地位的人物則以「大元可汗」為稱號。譬如，十五世紀中葉時，瓦剌的首領也先殺害成吉思汗家「嫡系」血統的韃靼部的脫脫不花，為時極短地建立起統括大半內陸亞洲世界的跨域型政權時，他在漢文史料的記載中也自稱「大元天聖大可汗」，即是「大元可汗」。

儘管如此，也先不久便遭殺害，這正說明了「王者」非得是繼承成吉思汗家族「血脈」不可的這個觀念的確牢牢存在。回顧歷史，蒙古帝國時代原為「森林之民」的瓦剌部族，原來便是少數具勢力的複合集團；不過，那也仍然僅止於幾支部族長家個別地與蒙古帝室通婚而具「駙馬」身分的這個形式。要言之，就算是也先這樣的實權者，仍然無法取代成吉思汗家的「王權」。

這裡頭仍有與上述帖木兒朝共通的部分。也先政權與帖木兒朝原本便是處於同一時期，兩者關係究竟為何？對於當時同樣擁戴（不同的）成吉思汗家「血脈」的也先，但其後卻將之捨棄，甚至或許是因為如此才造成也先本身的敗死，導致編織「瓦剌帝國」的美夢化為泡影的連串過程，帖木兒朝對此又是怎麼看的呢？這的確耐人尋味。不過，兩者之間當然還有以天山一帶為主要根據地的蒙兀兒斯坦王國，擁戴著察合臺系的成吉思汗後裔，其與帖木兒朝歷代均關係匪淺。

不只是也先，以蒙古高原一帶為據點的勢力，以及相對於此據有天山一帶的蒙兀兒斯坦，和坐擁中亞河中地區一帶的帖木兒朝之間的關係，由於恰好處於東邊漢文、蒙古文史料與西邊波斯文、突厥文史料的夾縫間，使得兩者間相涉的具體情況，或是歷史的整體圖像，仍是極難描繪。當然，片段的事實另當別論。蒙古高原的成吉思汗後裔及天山、西突厥斯坦個別的成吉思汗家族「血脈」間，究竟是否存在上下階序之分，實難有確切答案。甚至，有關與哈薩克草原以西之朮赤汗國系成吉思汗後裔之間的定位，也是不得不遺憾地說仍有不夠清晰明朗之處。

綜觀上述，我們能夠說在蒙古時代過去後，自十五世紀到十七世紀初為止，在東起滿洲，西到俄羅斯的廣大區域中，成吉思汗家的權威幾乎是持續存在的。同時也可以注意到，號稱要再度振興成吉思汗家榮光的實權者，乃是將之作為自身權力、正統性的根據，或是作為傀儡使其繼續發揮作用。然而，在蒙古高原及其周邊，所謂「大元可汗」

在也先沒落後完成了「中興」，成吉思汗家的「王權」也再度復甦。其後，他們作為在內外蒙古展開的絕大多數游牧集團的「王統」，而各自走向實體化的道路。

在此一形勢之下，十七世紀前半葉發生了更大的變化。在滿洲地區，以努爾哈赤為盟主的女真族聯盟「滿洲國」（Manju gurun，漢文史料或稱後金汗國）崛起，在第二代的皇太極時，他們與自蒙古帝國以來便盤據於興安嶺南部一帶的古老勢力科爾沁部結成政治結盟，抓住了由女真族政權邁向滿蒙聯合政權的大好機會。科爾沁部以成吉思汗之弟拙赤合撒兒（Jo'chi Qasar）為知名祖先，先前所建立的忽必烈政權的東方三王室則是其實質上的前身。與科爾沁合作的皇太極，也就這麼吸收了內蒙古的各股蒙古勢力。

此時，皇太極還從被視為大元可汗以來的正統王室，即察哈爾部有名的林丹汗之子額哲的手上，獲得了大元汗國所傳下來的傳國之璽，以作為臣屬的表示。這是發生在一六三六年的事。這起史上有名的事件，被理解成一個遍及大元帝國曾保有的亞洲內陸與中國全境的支配者名分，由新興滿洲國繼承的象徵。根據將此一歷史轉捩點大書特書的清朝文獻紀錄，可知該玉璽上刻有「制誥之寶」字樣。

雖說如此，若嚴密檢查史料，則蒙古時代大元汗國所擁有的傳國之璽上所刻的，應該是「受命于天，既壽永昌」八字。有關於此，陶宗儀《南村輟耕錄》第二十六卷中的「傳國之璽」項下有詳細記載。根據該記載，至元三十一年（即一二九四年）忽必烈辭世，在後繼者尚未定的不安時期中，以秦朝以後的籀文來銘刻的傳國之璽，彷彿像是在安排其孫，成宗鐵穆耳即位般，自地底出現，並被獻給鐵穆耳。關於獻給皇太極的「制誥之寶」，在大元汗國皇帝所使用的幾種玉璽中有相符之物，而且以此落款的書畫，經清朝王室收藏而傳至今日，若要加以偽造，應該是能夠做出極度逼真之物。

然而，傳國之璽本身的真偽當然不是考察該事件的重點。該事件的重點是：作為發展「成吉思汗嫡系之臣屬」這一極具象徵意義的政治事件的道具，傳國之璽這個自古以來便有的慣用手法也被使用了。大元汗國的「王權」和政治傳統，被轉讓給了皇太極。至少，當時的人們是這麼認知的。皇太極為此感到喜悅，在根據地瀋陽舉辦的蒙古王侯大會議，也就是庫力臺中，他得到了蒙古語稱作「博格達．薛禪．可汗」（神聖賢明的可汗，漢譯為「神武英明皇帝」）的尊號，將自己創建的新帝國命名為「大清國」。也就是說，宣告大清帝國成為大元帝國的「後繼者」。

其後，大清國在明朝近於自滅的覆亡下順勢入關，最後肩負了中國統治者的命運。另一方面，作為政權不可欠缺的骨幹，又擁抱了內蒙古，甚至外蒙古的王侯們，並透過他們來保有內陸世界的可汗地位；到了乾隆皇帝的治世，又趁著長久以來進行生死之爭的蒙古系宿敵「準噶爾王國」內亂而將其征服，以其領土為新疆，實現了包含西藏在內的巨大版圖。

因此，構成現下中華人民共和國疆域前提的巨大幅員，是一七五七年以降才形成的。這乃立基於大清國君主既是中華世界皇帝，又是內陸世界可汗的兩面性。同時，我們不得不說大清國的權力本身，是以與科爾沁部「同盟」為契機，而與蒙古諸王侯陸續合併所形成的聯合政權。

簡單來說，從乾隆皇帝以至現在的「大中華」架構，其實與蒙古都有著密不可分的關係。而且，大多數終清一代與清朝王室、政權休戚與共的蒙古王侯，都是號稱有成吉思汗家族血統的一群權勢者。清朝王室、貴族與蒙古王侯、貴族間的通婚，也是可想而知的。

清朝這個政治權力，與帖木兒朝及俄羅斯的事例有類似之處，也就是說，他們皆是依附了成吉思汗家族「血脈」的「王權」。然後，原本便已走向神聖化的成吉思汗，隨著年月增長又陸續追加了權威根據，到了這個時代早就成為一位真正的「神」了。

二、神聖形象是如何形成的？

被謎團包覆的前半生

雖說成吉思汗的形象愈到後世愈被神聖化、偶像化，但相反地一談到他在歷史上的真實身影，卻總是叫人摸不清。雖說他的年代距今頂多不過八百年，以日本史來說，只相當於鎌倉時代初期，然而，他大部分生涯幾乎都被謎團所包覆，飄散著遠古英雄般的氛圍。

有關他的人生與事蹟，如後所述，有相當質量的「同一時代」的紀錄、敘述傳世。除了蒙古帝國本身所創造出來的含有某種「正史」意味的紀錄和歷史書籍外，把其他零星記載都一併來看，還有多種語言的相關史料，但仍難以呈現確定的圖像。

特別是關於在一二〇三年，他以奇襲擊敗事實上的主子，即克烈部（Kereid）的王汗（Ong Qan），而搖身成為蒙古高原東半邊霸者的過程，也很難判斷究竟何為確切事實，何為創作，何為傳說。

成吉思汗開始以一個接近真實形象的身影被認知，是鐵木真在一二〇六年統合高原，改稱成吉思汗的時候。換句話說，是在他政治上成為一位名符其實的掌權者的時候。我們也可以說，是各界對於他作為新興「大蒙古國」的領導者，皆難以否定而必須承認後的事。從那時起，他便展開了日復一日的對外征伐。然而，在一二二七年進攻西夏國時，就在西夏國都興慶破城的前三天，他竟突然辭世。

不過，在蒙古時代成吉思汗子孫當權下的任何一部史書裡，有關成吉思汗的死亡描述都顯得有些唐突。例如，在以波斯文編撰，就真正意義而言堪稱人類史上第一部世界史，也是蒙古帝國「正史」的《史集》中，對於他的死有比較詳細的敘述，當中的成吉思汗獨自離開了兒子們所率領的主力軍，不知為何除了侄兒移相哥以外，就沒有像樣的王族在身邊，在偏南方的六盤山進行夏營駐紮。

而且他隻身帶著孤軍闖入險峻的山岳地帶，展現出要討伐當時仍無直接接觸和交涉的南宋國態勢，[13]卻意外地在此時撒手歸天。這段敘述的不自然與不可解，確實是引人側目。

成吉思汗滿是謎團的死亡，就算在蒙古時代，也早已出現了各種傳說、推測和臆斷；甚至，在蒙古時代已經遠去的後世，例如內蒙古的鄂爾多斯地方，或許因為那裡曾是西夏建國之地，就有以蒙古文寫下的堪稱是通史性著作的《蒙古源流》[14]或《蒙古黃金史》[15]等不同版本的傳承。然而，關於成吉思汗的死，這些著作卻一致記載著令人驚訝的內容。

簡而言之，在進攻西夏之後，殺了西夏王的成吉思汗，獲得了其王妃古爾伯勒津郭斡哈（蒙古語「蜥蜴公主」之意），她是一位有名的美女。然而，在與她共度的夜裡，成吉思汗的性器卻遭割斷（或說弄傷）而一命嗚呼。這是諸多說法間大致共通的內容。

有關凶器的刀具種類，王妃在殺害成吉思汗後投河而亡的原委，該河日後以蒙古語稱「哈屯河」（即「王妃之河」之意）的典故，以及該河就是黃河等，皆出現了多種不同版本。由「蜥蜴公主」之名發想的奇譚與逸話，衍生出多種多樣的故事線索與細部情節，也是人們對於這位充滿悲劇性的王妃，傳說中始終恪守貞節的美女古爾伯勒津郭斡哈貫徹了同情與哀憐；另一邊則是因醜聞而死，沒有征服王者風範的成吉思汗（但也有某些看法指出這才是最具征服者風範的死法）。這種種說法與想像，使得游牧民心靈躍動的世界，存在著未必只有一條直線的開展性。

13 此外，有關這部分的原委，令人想到在成吉思汗歿後三到四年後，窩闊臺治世初始便進行的征伐金王朝之戰，尤其是托雷率領右翼軍突破現在陝西、湖北、河南交界的山岳地帶，繞到占據開封的金王朝南方，在事實上制其要害的大迂迴作戰。原本便有紀錄指出這個作戰行動乃成吉思汗的「遺命」，在某種程度叫人無法指責《史集》中的記載荒唐無稽。

14 原名 Erdeni-yin tobči，意指「珍寶之書」。

15 原名 Altan tobči，意指「黃金之書」。

雖說上述傳說出自西夏舊領鄂爾多斯，但為人熟知的，是當地設有奉祀成吉思汗的名廟。[16]

有關蒙古建國英雄成吉思汗令人不解的死亡，以及由此而生的種種追想，鄂爾多斯首先作為此歷史事件發端之地而聞名，另一方面就事實而言，這個地方也保留了成吉思汗逝世後，在死訊一度遭到隱匿的情況下，奉其遺骨往北行的護衛團殺殉途中所見人民和動物的紀錄與傳說等，順帶一提，這段故事在《史集》等可信度較高的蒙古時代各史書中亦有明確記載；因此在這個離成吉思汗辭世之地較近，且是遺骸北上路徑的鄂爾多斯一帶，最容易產生各式各樣的傳說和民間故事，爾後它們又隨著時間傳播到蒙古其他地方。對於蒙古人來說，成吉思汗的死就是這麼樣一個跨越了時代的共同關心所在。

本章的這段論述，有賴於許多先前研究的成果。尤其是原山煌《蒙古的神話．傳說》（東方書店，一九九五年）一書中，便收錄了只有對蒙古文化及傳承知之甚詳者才會有的分析及敘述。本章參考該書之處甚多。在表達謝意的同時，亦企盼該書能進一步普及。

回頭來看，簡單說來，我們現在能夠對於成吉思汗這位歷史人物，作相當程度確實掌握的，是其後半生作為一位王者的歲月，也就是二十多年左右的事蹟。眾所周知，對於迫不得已必須過著嚴苛生活的游牧民而言，他們的「老化」通常較一般人來得早。更何況，就過去那個與現代社會不同，必須面對原始大自然的環境來講，一般而言年過四十便自然而然地會帶有十足「老人」的相貌、風采與社會地位。

在蒙古時代的各種史料中，有關成吉思汗生年的說法有很大差異，這使我們很難精確地推知其歲數，但無論如何在他一二〇六年即位時，再怎麼年輕也該有四十歲左右了。也就是說，當成吉思汗所創建、率領的蒙古汗國，堪稱順利地急速壯大發展的背後，他本人卻處在日趨老化的每一天。事實上，一個雖然輪廓模糊不清，但世人仍有相當掌握的成吉思汗形象，可以說就是一匹年老的「蒼狼」。

我們現在關注成吉思汗時常有的強烈共通印象，是他善用多元人種的智囊策士，極其巧妙地組織、統率至為淳樸的蒙古戰士，引導他們對周邊區域展開征伐，這正是一位老練的、對戰術運用自如的領導者身影。對於其麾下的游牧民而言，與成吉思汗在一起，享受了功成富貴和國家榮光，這才是蒙古時代的史書和文獻所反覆提及的，後世蒙古牧民仰慕與尊崇他的首要理由。這正是評價成吉思汗的一個重點。

16 現在以漢語稱作「成吉思汗陵」並建有固定設施，其位於最深處的天幕宮殿「斡爾朵」是起初便有的設施，它本來在蒙古語中稱 naimancayan ger，有八個白色天幕之意，漢語譯作「八白室」，其內置有成吉思汗的神聖遺物，四名皇后以及蒙哥以下歷代皇帝的祖先托雷，長久以來是一「聖地」。有關其起源，眾說紛紜。

蒙古時代史籍中的成吉思汗

既如前述，蒙古政權曾在蒙古時代親自編纂了數種有關成吉思汗生平的官方史籍，若要加以列舉，首推以漢字拼音寫作「脫卜赤顏」的蒙文史書。

我們已經知道，雖然這些史書的編纂時期有些難作精確判定，但眾所周知的是，有「文字書寫」及「歷史」之意的脫卜赤顏，是在忽必烈以後的大元汗國歷代皇帝治下陸續成書的。這些史籍是以將蒙古或出身畏兀兒、身分準於蒙古的少數大臣、有力人士、要人指定為執筆或編纂者，對蒙古或準蒙古人以外人員不公開的方式來編寫的。

很遺憾，這一系列的「脫卜赤顏」並未流傳至今日，唯其中被認為講述建國者成吉思汗及第二代窩闊臺這兩代事蹟的最早的「脫卜赤顏」，仍流傳於世，那便是有名的《元朝祕史》。

《元朝祕史》的蒙文書名讀作《忙中豁侖・紐察・脫卜赤顏》（*Mongγol-un niγuca tobčiyan*），意為《蒙古祕史》。漢字書名之所以作《元朝祕史》，自是有其理由。

現在我們所看到的《元朝祕史》史籍，是以大元汗國時的「正本」或「傳本」為底，在明初洪武年間（一三六八年至一三九八年）的某一個時期，用漢字拼音轉寫蒙古語本文，在其右側加上逐字翻譯的漢文（這稱作旁譯。即所謂蒙古語直譯為白話式漢文），又在重要之處分段加上大意之意譯（這稱作總譯。以蒙古時代吏牘的文體、用語來書寫）的獨特形式來編譯的「漢字版」。正因成書於明朝，才題為「元朝」，正如後述的《元史》編纂中所能看到的，其中亦包含了視蒙古政權及大元汗國為已成過去的「中華王朝」的用意。就這個意義來說，我們可以充分肯定，該文獻正確而言不應名為《元朝祕史》，而應採其題名原意作《蒙古祕史》才更為適切。

然而，眾所周知，如今我們尚無法輕易確定，這部通稱為《元朝祕史》的《蒙古祕史》，也就是蒙古語的原書，究竟是何時形成的。僅是現行《元朝祕史》在其末尾（第二八二節）中，標明「寫畢」的「鼠年」，便有一二二八年戊子、一二四〇年庚子、一二五二年壬子、一二六四年甲子、一二七六年丙子，甚至十分晚期的一三二四年甲子等各種說法，對此世界各國的相關研究都提出了熱烈的討論。如前所述，現存的《元朝祕史》乃以續篇形式添加了成吉思汗後繼者窩闊臺可汗時代的事蹟，若是直接了當地推想，自然而然會傾向將其成書年分判定為相當於窩闊臺逝世前一年的庚子之年，也就是一二四〇年。實際上，這一度被視為通說，但其後又陸續有多樣化的異論展開。

本書並沒有餘裕在此逐一詳述。各種討論和主張，不只單單將成書或編纂年代及方式視作問題，亦涉及該如何看待《祕史》及其正本、原典，甚至是和蒙古帝國的歷史敘述、歷史編纂究竟是何種關係等問題，實際牽涉到對《祕史》內容的理解或蒙古帝國史的展開，具有複雜、多面向的廣度。不過，只有下面這段說法是難以否定的。

有關蒙古時代或其後編成的成吉思汗事蹟錄或傳說，除了《祕史》之外，現存的尚有前面已經提過的，應稱為波斯文「蒙古正史」的《史集》中的《成吉思汗紀》（*Dāstān-i Chinkk īz kh ān*），以及誕生不久的明朝為了替仍有威脅的大元汗國提出「臨終宣言」，只以短短三百三十一天倉促撰成，以粗製濫造聞名的《元史》中，開頭所見的《太祖本紀》（所謂「太祖」為成吉思汗的中華式廟號）；雖同以漢文編寫，但內容與《太祖本紀》不同的《聖武親征錄》（所謂「聖武」即成吉思汗，緣自其中華謚號，以及其後再度追加稱號「法天啟運聖武皇帝」）等四種。其間雖有故事的展開或情節、細節的敘述方式或內容等相異處，唯仍有根本的共同整體面貌。很明顯地，我們可以設想其中存在著某種同一或近似的訊息來源，或是原創性的「什麼」。

其實，《祕史》是否自始便以書籍形式成書，亦無定論。如後所述，或許我們可以說，《祕史》一開始應是以口語講述的本族記憶，爾後才逐漸形成文獻的。不過，我們必須要說，此一《祕史》的原形，或是成為其基礎的某種敘事，至遲在十四世紀初便已具有書籍形式。

之所以這麼說，是因為在成書於一三〇〇年至一三一一年左右的旭烈兀汗國《史集》裡，四處皆可見到和《祕史》相同的敘事，而且和《聖武親征錄》在大意上重複之處甚多，與《元史．太祖本紀》共通的部分亦不少。《史集》便明確提及，這樣一段成吉思汗或先祖們的事蹟偉業，如世人所知是根據《金冊》（*Altan Debter*）這部蒙古帝室共通的「祕史」而來。如此一來，成為《祕史》底本的，首先應該是《史集》所說的《金冊》，或是與之相近的書籍文獻，或在那之前被記憶及講述的「什麼」。

若是如此，回過頭來，我們又該如何看待現行這部成書於明初的《元朝祕史》呢？過去有各種灼見，根據其所載內容或篇章，針對成書年代進行種種精妙推算和論定。例如，由於該文獻載有若非大元汗國時代則必定不會出現的地名，或是末尾底頁的「鼠年」是大庫力臺在克魯倫河的闊迭額．阿剌勒（Kode'e-aral）一地召開的那年，所以最有可能是庫力臺舉行的「鼠年」者，便是一二二八年戊子、一二五二年壬子、一三二四年甲子的其中一年等說法。然而，這些說法說到底只是在討論現行《元朝祕史》版本的成書年代而已，未必等於討論《祕史》的蒙文原文或其原型。

在設想先是有某種口語傳承的故事，在逐漸演變、發展，終於成為《金冊》這樣的文獻，最終《祕史》的正本終於成書，然後又出現了現行漢字版本《元朝祕史》的這一連串過程中，會有種種追加、增補、更動，也是理所當然的。在此情況下，過度精密、巧妙的討論，反而會叫人誤失了事物的本質，不是嗎？

至於《元史．太祖本紀》，當然是根據大元汗國編纂的《太祖實錄》而來。除了它完全是以漢字記載外，據說又翻譯成畏兀兒文字，獻給當時的大可汗忽必烈閱覽，等於是在漢字原書之外也編製了蒙文版。以《太祖實錄》之名來進行成吉思汗事蹟的纂修，根據《元史》記載，是始於忽必烈治世的至元二十三年（即一二八六年）十二月，有關完成年分雖未見明確紀錄，但最遲應是在繼承忽必烈的孫子成宗（鐵穆耳）大德七年（即一三〇三年）時，是與太宗（窩闊臺）、定宗（貴由）、睿宗（托雷）、憲宗（蒙哥）等實錄一同呈獻給君主的。

另一方面，撰者不明的《聖武親征錄》成書的謎團也不少。不過，在以成吉思汗及窩闊臺事蹟為內容的特點上，則與《祕史》有通同之處。根據《元史》卷一三七的察罕傳，有一譯自蒙文「脫卜赤顏」的文獻，書名為《聖武開天紀》。這部文獻究竟是否便是我們現在知道的《聖武親征錄》？或姑且不論其程度高低，兩者有無某種關係？此外，在前述《太祖實錄》編纂過程中，使用了「脫卜赤顏」或是《聖武親征錄》的可能性也十分高。

如此，《祕史》、《集史》、《太祖實錄》、《聖武親征錄》在關於成吉思汗及其祖先的敘述上，就處於關係極近的位置上。以忽必烈的《世祖實錄》為例，根據王惲的「世祖實錄纂修表」（《元文類》卷十六）所載，全二百七十卷細目為「世祖皇帝實錄二百一十卷、事目五十四卷、聖訓六卷」的三段式結構。本編、事目、聖訓的三段式結構，其實與波斯文《史集》中「成吉思汗紀」等歷代皇帝、君主的「本紀」（波斯文讀作 dāstān）完全相同。這裡能夠看到蒙古帝國整體共通的編纂旨趣，並不僅止於《金冊》或「脫卜赤顏」。

並且，最重要的是上列四種蒙古時代的史籍，任何一種皆有將始祖成吉思汗神聖化的強烈意圖。將成吉思汗神聖化、英雄化的筆觸，在蒙古時代的東西史籍中，便已很清楚地定調了。此外，這樣一種神聖化行為，恐怕在文本化成為《金冊》等文獻前，也就是口頭傳承的階段，便已經充分展開了。這些故事的安排使得過去在成吉思汗領導下統合為一個蒙古，現在則作為世界帝國一分子而享受著富貴榮華的族人，能夠遙想蒙古族族祖「蒼狼」，以及那位感受到聖光而生下成吉思汗祖先的阿蘭豁阿等，能在祖先幾度口語傳承下，得以追尋本身氏族集團的源頭或祖先。在現今可見的蒙古時代及其後的任何一部史籍中，在成吉思汗這一代的記載之前，必定會先做一段始祖傳說及族祖傳承，以及與成吉思汗家族有關而不斷繁衍的子孫系譜，這應可說是一個必然的結構。

映照在蒙古人心中的世界

然而，在前述四部文獻之中，似乎仍以《祕史》與當時蒙古人的觀念最能一脈相承，裡頭滿溢著無可取代的魅力與躍動感。

在當中所描繪的是游牧民們豪邁地流著血與汗，激動與興奮交互動盪的世界。故事的主題則是，作為蒙古帝國創建者的神聖的成吉思汗，克服重重苦難成長為游牧民王者的英雄生涯。這些富於多樣性的故事，就客觀的歷史事實而言，的確很難叫人信服，而且很多時候極難尋得根據。不過，也只有以鐵木真即成吉思汗為主角，許多描繪富於個性、豪邁活躍之游牧民群像的「英雄物語」才會充滿無限魅力，無論質或量都堪稱構成了《祕史》的主要部分。反之，就史實而言，可信度增加的後半段，也就是邁向王者的歲月，則傾向平淡的歷史敘述，明顯欠缺敘述成吉思汗艱苦奮戰時期的多姿多彩。較具游牧民色彩的世界，還是集中在他成為王者以前的前半段。

這些豐富多彩的故事，除了形塑出蒙古帝國「第一代」游牧民們本身所傳述的世界外，或許還要說這個世界自此便長久地映照在第二、第三世代，以及後世蒙古人的心中，才更恰當。在《祕史》裡頭，我們隨處可見使用了頭韻、腳韻、行中韻以及對語等修辭方式的優美詩句及行文。正因如此，才有人說它缺乏歷史性或文學性過高。然而，這才是重要的，簡言之它們本來就是用來朗誦、吟詠的。這些故事本來就是如此傳承下來的。就算是在文本化之後，這部文獻也不見得是侷限在我們今日為了理解某些事物，而要逐字逐句地「閱讀」而存在的。

十三、十四世紀的蒙古時代，成為世界與時代「主人公」的蒙古人，側耳傾聽草創國家的英主成吉思汗及其功臣們的英勇事蹟，時而身體力行地以嘹亮聲音歌誦。透過這樣的傳承，他們了解、確認彼此的直系父祖們如何參與「大蒙古國」的創建，如何支持其擴張與發展，以及此刻所能享有的榮耀、榮華又是如何被建立起來的。

以優美文句，或許還時常以美麗旋律來傳述的這些事蹟，是否皆為「歷史事實」的這個問題，並不是這裡的重點。可是，對於距成吉思汗的建國已經相當歲月的新蒙古世代而言，那便是真實了。至少，他們將之認作真實。

蒙文的《祕史》，雖說是成形於蒙古時代的同一時代文獻，但嚴格來說並非全屬同一時代，而該說是層層記憶中意識化的歷史圖像在美麗裝飾下展開的結果，不妨稱之為意識中的歷史，或是記憶中的歷史。

匯集在《祕史》裡的各段故事，其實是散布在歐亞各地蒙古人的共同資產。這對於了解蒙古時代及其後「成吉思汗王權」的關鍵，非常重要。那些資產，是從內側支撐蒙古這個跨域型世界大帝國的「心靈牽絆」。然後，這些超越世代在心靈深處形成，或是在頭腦裡記憶的事物，進而超越時代，成為推動同一時代的個人與集團，甚至是推動歷史的重要因素。

跨越時空在每一個人心中存續的成吉思汗形象，正是歐亞規模「王權」的象徵。曾經，匈奴帝國解體或消滅後，對於匈奴王室血脈的尊崇仍在亞洲東方存在，在代國、北魏、東魏、西魏、北齊、北周，甚至是隋、唐為止的一系列鮮卑拓跋系王朝，也就是我們所說的「拓跋國家」中一脈相傳。雖然已有如上先例，但「成吉思汗王權」的殘影和形象，存在得更長更久。就時間縱深而言，能與之匹敵的，恐怕只有哈布斯堡王室和鄂圖曼帝國，但其「王權」形象的空間廣度或是規模則相當不同。在「時間縱深」上超越蒙古的事例，或許只有日本的天皇家族了。不過，歷史上的天皇家族，恐怕有相當時期是該被稱作「心靈王權」的。

「民族英雄」是否復甦？

一九九二年，外蒙古走出長達七十年的社會主義體制，踏上了走向民主化的歷史性第一步，連同國號也由蒙古人民共和國改為蒙古國。該年夏季的建國慶典，國家元首彭薩勒瑪·奧其爾巴特（Punsalmaagiin Ochirbat）身穿民族服裝的白色「德勒」（deel），向取代了共產黨象徵之紅藍旗幟，由白馬鬃毛及尾毛製成，稱作「纛」的九面旗幟叩頭，並向「騰格里」（Tengri，天或天神）祈禱。這正是一二〇六年成吉思汗即位儀式的情景。前來觀看的大群民眾，皆向奧其爾巴特投以絕大歡聲。

接著，二〇〇二年被認為是成吉思汗誕生八百四十年，[17]蒙古國仍於這個夏天舉國歡慶「民族英雄」成吉思汗的誕生。另一方面，中華人民共和國內的蒙古自治區也分別舉行了兩場典禮：在游牧民色彩仍濃厚的烏珠穆沁草原中，蒙古游牧民舉行誕辰慶典，另一處則有由政府主辦的「中華民族英雄」成吉思汗的紀念物品展示會。這些活動各自的意義極為明顯。總而言之，對於當代的（內外）蒙古民眾來說，雖然慶祝的形式或規模因政治情況而異，但成吉思汗的確是仍然「存在」。

將目光轉向原蘇聯圈，有些國家如哈薩克共和國也正從往昔的蒙古帝國中，尋求本身作為一個「民族」的認同，以及作為「國家」的傳說。此外，離莫斯科市不遠，以喀山市為首都的韃靼斯坦共和國，也自認是發祥於蒙古帝國，此一立場似乎是將未來的獨立置於視野中，力圖在俄羅斯聯邦中確立其自主性。這樣的動向在俄羅斯其他聯邦共和國內亦可得見。

有關當代及今後的歐亞形勢，成吉思汗形象所帶來的影響，所扮演的角色絕對不容小覷。這不是所謂「中世」的復甦。民族、國家等近代世界概念、機構是無法在與實際

17 這是根據成吉思汗生年諸多説法中，根據《元史．太祖本紀》中所著的享年六十六歲回推，即一一六二年為其出生之年的說法。

營生的人群的意識、觀念，甚至感情意念，在相互不發生關係的狀態下形成的。有關成吉思汗的某些想像，都與上述概念或機構的形塑有著密切關聯。作為一個「王權」，乃至於其權力理念都具有超越性、神聖性象徵的成吉思汗，至今仍跨越時代與空間而存續於世。

第四章

—

人類史上的「帝國」

人類史における「帝国」

一、美國是「帝國」嗎？

如今，一個新的「世界帝國」正在出現，甚至有不少看法認為它已經形成了。這個「帝國」就是美國。

回顧歷史，夠格被稱為人類史上最大「帝國」者，是十三、十四世紀的蒙古帝國。不過，這種說法完全是根據蒙古直接統治的，橫跨歐亞東西方的陸地版圖或勢力圈而來。即便從蒙古透過海上，影響力間接及於北非的鬆散「國際秩序」或「世界秩序」來看，「蒙古帝國時代」的範圍顯然仍限於歐、亞、非三大洲。而且，就全球規模的國際秩序，或連貫海陸的跨域型結構性權力而言，所謂的大英帝國（British Empire）則是十五世紀末以後，西歐向海上發展過程中所形成的「西班牙帝國」及荷蘭、法國等一系列海外殖民地帝國中最突出的。即便如此，作為帝國中心的英國，也未曾在歐洲統治或建立霸權，而且正如「聯合王國」這個正式國名所示，它根本不是一個一元、整合的國家。更何況，從對於世界整體的影響力和存在感來看，它與第一次世界大戰後的美國根本無法比擬。就這點而言，我們不得不說大英帝國充其量只是一勢力均衡的相對性「帝國」。

假使我們說當前的美國是「帝國」，那麼它便是人類歷史上首度出現的，不折不扣的「世界帝國」。雖然也有一些意見指出：美國很久以前便是「帝國」，但諸如近年龐大貿易赤字的累積或泡沫型金融榮景的結束等，在經濟結構上所顯露的嚴峻事態，正意味著「美國帝國」現正走到衰退與崩壞的決堤口。事實上，要說「帝國」是在形成或衰退，其中的解釋空間很大。環繞著美國與世界局勢，就在美國透過阿富汗戰爭介入歐亞中央地帶，又對伊拉克進行軍事壓制及介入中東中央地帶這兩項顯著新發展後，出現了極大變化。

在今後可以推想的幾個動向和未來的發展前景裡，「美國帝國」的走向或「新世界秩序」的面貌，大概都將更清晰。最後，我們甚至還能充分想像，有關美國「帝國性」的討論，恐怕將涉及各國的利害、立場、現實和盤算，成為一個更廣泛的、匯集世界關心所在的話題。

回頭來說，在這數年間，無論是日本或世界，對於美國的「帝國印象」正急速形成並定型。我們也不能否定，這個印象多半伴隨著一些感情好惡、情緒乃至於政治盤算或疑慮的成分。在其形成的深層原因中，不用說也牽涉到蘇聯解體後政治、軍事層面中所帶有的「一強多弱」、「一極世界」的色彩，以及經濟、文化層面中全球化現象和資訊通訊革命這兩大同步進展的情勢變化。

實際上，一極化和多極化恐怕是一線之隔；而且這種印象也容易淪為一種結果，那就是用十九世紀後半到二十世紀前半期之間顯著的，和殖民主義一體化的帝國主義，換言之就是用殖民地帝國與一系列相關印象、脈絡來理解今日的美國。然而，這究竟是否妥當？無論如何，觀察以美國為中心而轉動的世界現勢，將之稱為「帝國性局面」和「帝國性秩序」，作為一個直觀性的看法，的確有一些值得肯認之處。

重點在於：我們如何理解「帝國」。倘若，我們將當今世界這個姑且以所謂國族國家或主權國家為單位而形成的國際秩序，以及美國這個位居中心的巨大政治體，總稱為「帝國」的話，那麼展現於我們眼前的，便是有史以來首次具備了前所未有規模及權力的「帝國」狀態。

這段開場白有些冗長，接下來本章的討論重點將放在透過人類史的歷史脈絡來重新掌握、思考「帝國」，尤其是其形態，而不只從近現代的眼光來看。思考之際，這個提問和嘗試將必然牽涉到一個問題，也就是我們如何看待、認識「當代美國與世界」這個無從比較的關係。我們應該以「帝國」為關鍵辭，立基於龐大的歷史研究積累，綜觀史上多數事例後，再提出解釋模型。此一敘事方式當然有其困難、危險之處，但另一方面，或許也是一個為了進行從人類史上種種過往來觀照現在的，至為理所當然的作業。

二、分類「帝國」

本章的立場與目標

首先，筆者在此要陳述本章的立場與目標。

第一點是「帝國」一辭的多樣化用法。

綜觀過去的實例可知，「帝國」所指大至蒙古帝國、大英帝國等轉動時代和世界，有著能治理遼闊版圖、多元民族的超大跨域型權力；其次，有著獨特文明圈單位的巨大國家、區域型霸權國或國際性大國，自然也名列其中；此外，有一些稍具規模的國家或強國，也姑且被稱為「帝國」。總之，凡是或多或少跨出地域、民族、社會的國家，或規模較一般國家稍大者，都能稱「帝國」。我們只能說，在規模、輪廓、內涵上，有著多樣不定的、既曖昧又變化自如的名稱用法。

因此，若談到能否對這樣一個堪稱荒唐的雜亂現象，進行將某國歸為「帝國」而某國不是的區分，顯然是極為困難的。然而，縱使是仔細探求「帝國」語義、語源，或基本定義先姑且不論，也很難保證不會如同追尋眼目所不能及的蹤影般，創造出一個根本不存在的精確性來。既然「曖昧」可說是綜觀歷史上「帝國」時浮現的一個本質，那我們不妨先認清以下幾點。要討論綜合被稱為「帝國」的國體時，一味套用整合式判斷和定義的做法，基本上是不適當的。因此，本章將避免陷入抽象化教條中，主要依現實主義觀點來考察，如實掌握這些整體輪廓除卻「曖昧」便無可形容的共同體，將規模相對超出一般國家者皆稱作「帝國」。這一個寬鬆的立場，便是本章的出發點。

第二，某個國體究竟是否自稱「帝國」，是否為「帝制」國家，甚至該國君主是否以「皇帝」或「帝」等辭彙所涵括的名分來自稱等，確定不是這裡要討論的問題。這裡討論的重點，不應受限於名稱。換句話說，就是不該拘泥於名分或表面上的「帝國」，而應當思考現實、事實的「帝國」。附帶一提，這也可以「帝國性」一辭來置換討論。「帝國」裡頭存在著什麼？各自有哪些特徵？首先，本章擬將這些至為理所當然，能夠成為各項討論根本或前提的基礎性事物歸納出來，進行爬梳整理。

第三，本段討論會舉出一些不能忽視的重點，如：談論「帝國式」、「帝國主義式」等概念時，「帝國」一辭所包含的意義和內容；或者是更廣泛的文學、思想等日常生活中時常使用的「帝國」辭彙的印象、價值觀。若只將之視為譬喻性形容，那麼我們當然就無法再談下去了。然而，我們絕不能輕視這些其實是位於「帝國」用語、概念延伸之處的「象徵的帝國」，或是「印象的帝國」。

之所以這麼說，是因為「帝國」這個用語、概念，不僅與我們內在的印象、價值觀或觀念有關，而且有著更密不可分的關係。「帝國」一辭在過去某段時期曾是值得讚美、激賞的正面印象的產物，在某些時期則是受人憎惡、排斥的負面用語。再者，「帝國」有時也被用作一個正負兩面價值並存、混合使用的辭彙；現在則因人或主張、議論的目的而異，實際上還混雜著各種語感。

這裡應該注意的還有一點，過去以來被視為「帝國」的各個國體裡，不自稱「帝國」者其實居於多數，前面提及的蒙古帝國或大英帝國也是如此。換句話說，大部分的帝國是「非正式帝國」。將這些國家以一共通用語「帝國」來概括稱呼的，絕大多數是近現代的歷史學家，亦即包括筆者在內的人們。就這一點而言，可以說歷史上各個時代曾經存在的自稱、他稱的「帝國」，以及後世作為說明概念的「帝國」，是混淆在一起的。只是知識界對上述現象似乎未必有充分體認。

總而言之，現今以「帝國」之名來概括的事物，不妨說其中一種，是某種以近代前與近現代的「兩個歷史時代」下，皆受肯認的共通事項為基礎的通史性現象；另外一種，則以通史性現象為當然前提，又在印象與思想彼方馳騁的概念，是兩者間具有默契連動性的產物。換句話說，歷史上被稱作「帝國」的多樣性國體，與我們心中存在的「帝國印象」，是處於呈同心圓擴散的漣漪之中。這些概念混合為一，形塑了「帝國」這個辭彙。

若是如此，我們便很難以歷史用語、政治概念及一般常識來做截然區分。雖然難以區分，但歷史上夠格稱作「帝國」的國體及其人民，又是確實存在的，這點才是關鍵所在。

第四，在探究「帝國」或「帝國性」之際，本來便有各種立場和觀點，但正如前述，本章盼能從歷史的觀點來考察、處理「帝國」這個主題。

正如人類營生活動大體處於超越世代而相連的生命繼承和連續中一般，由人類群體構成的社會或國家，當然也不會無意間單獨出現或浮出檯面。雖有程度之別，但這些社會或國家各自擁有其形成的前史與歷程，展開的過程與曲折，甚至是對同時代他者和後世的波及與影響。也就是說，它們皆處於歷史脈絡中。既有「帝國」成為「帝國」的歷史，也有成為「帝國」後依然變動的歷史，即便是崩壞、滅亡後，也還有關於「帝國」的記憶這另一種歷史。

某個「帝國」在有意無意間背負過去曾經存在的「帝國」，或同時並存的另一「帝國」的經驗、記憶、影響，甚至加以吸收、融合。此外，也時而發生時勢推演下某一「帝國」又再度誕生出下一個「帝國」的現象。一言以蔽之，我們可以在歷史當中解讀到「帝國」作為「帝國」的成長、發展、變貌的過程。換句話說，串連被稱作「帝國」的各種國體，便能推知「帝國」的歷史脈絡。我們應該在跨越時代的視角下環視「帝國」。在「帝國」史脈絡下思考「帝國」，便是本章的要旨所在及目標。

若是跳脫時代、地域、文明圈框架來綜覽歷史，我們可以發現，「帝國」保持固定形態停頓或發展的事例，其實不多。例如，中華史上從秦到清的歷代王朝，經常被理解為一個以「中華帝國」為名持續了兩千年以上，彷彿是一個「成套帝國」（empire package）般的整體印象；但若是以各個政權、國家為單位直接詳加檢視，就能認識到有的國家是北亞型，有的是中亞型，甚至是遠超過北亞、中亞範圍的巨大帝國，而不只侷限在「中華」而已。這些王朝在各有規模、結構、內容、形態的同時，彼此之間差異頗大、紛紜不一。

並且，就算是擁有同一王統的國家與政權，也時常有在該國家於不同時期的成長、擴張或縮小，甚至重整的結果下，而幾乎不得不將之視為另一國家的情況。雖然，除了以刻板中華主義王朝史觀為論史前提的傳統型史家外，許多不得不採取立足於現有國界、國家體制的國家民族政策立場或研究途徑的中國歷史研究者們，他們的影響力仍有其根深柢固之處，但是正視事實仍是非常重要的。

作為一種比較或類型化的方法，我們時常須以宛如靜止畫一般令時間停止的眼光，來看待可以說是一種生物的「帝國」。本章期盼能夠儘量避免因模型化而產生的「偏離歷史」之虛構。

源自日本的譯語「帝國」

在思考何為「帝國」之際，有兩項想當然耳的前提。一是「帝國」辭彙本身，另一則是與和「帝國」關係密切的「皇帝」等一系列用語相關的事項。在此擬簡單說明和確認兩者的語源與定義。

首先要談談「帝國」一辭。日語「帝國」所指涉的意義，最早可追溯到拉丁語的imperium。之所以這麼說，當然是因為本有「命令、統治、支配」之意的imperium一辭，發展成一個指稱帝政羅馬下跨域型支配及型態的語彙（不過它完全是「命令權」、「統治權」或「支配權」等權限或權能之意，而非「帝國」或「帝域」等平面式範圍、疆域，或堅固的國家式群體），從這裡又進一步生出了屬於古法語的empire，而被使用於現在的法語及英語中。此外，有施展imperium此一權能者之意的imperator（原義為命令者，陰性為imperatrix），又以同樣方式延伸到羅曼語或凱爾特語等語言中，例如成為古法語的emperere、現代法語的empereur，以及英語的emperor。

除了這些常識性知識外，這裡想特別提出討論的是「帝國」這個由兩個漢字所組成的辭彙。先說結論，「帝國」乃是一個極難從原有漢字來推想的和製漢語。

就漢字的字義而言，「帝」原指地上唯一的支配者。另一方面，「國」的原義是西周、春秋時代等古代中華地區的城市國家。「帝」與「國」兩字，就漢字邏輯而言，本來互不相干；就文字排列組合而言，也該說是一種語義矛盾或是邏輯不通的組合。實際上「帝國」一辭，在以經書為主的中華典籍或近代以前的古文獻中，都看不到。

有關「帝國」一辭在江戶後期日本的出現，吉村忠典的大作〈論「帝國」概念〉[18]值得多加參考。以下敘述大致根據該文，詳細論證則在此省略。簡單來說「帝國」一辭最早是以「蘭癖大名」[19]著稱的丹波福知山藩主朽木昌綱，在寬政元年（一七八九年）的《泰西輿地圖說》中使用，接著山村才助又於享和二年（一八〇二年）的《訂正增譯采覽異言》及翌年的編譯書籍《大西要錄》中使用。這兩位都是和大槻玄沢有關的人物。如此，「帝國」便作為荷蘭語 keijzerrijk 的譯語而逐漸普及，並與英語 empire 等相對應，Keijzerrijk 即相當於德語的 kaiserreich。

荷蘭語的 keijzer，也就是德語的 Kaiser，不消說是與俄語的 цаар 等波羅的、斯拉夫系用語相同，源自從拉丁語 caesar 而來的古日耳曼語，意指超越王者即 könig 一辭的至高存在。因為如此，該詞才會譯作「帝」而非「王」。問題出在荷語的 rijk，也就是德語的 Reich。德語的 Reich 源自所謂神聖羅馬帝國，[20]意指位階高於 Staat 及 Land 等分國或領邦的統合體。

若是可行，在轉譯時實應套用一個包含著與「帝」字相對應之語感的譯語。不過，當時並未找到一個適當的漢字。最後，只套用了「國」字，（或許）因而創造出適用至今日的辭彙「帝國」。當然這並非誤譯。然而，精確來說，就漢字原義來說，仍不得不說這是一個飄散奇妙日語氣息的譯語。

朽木昌綱及山村才助在世界地理、地圖的研究上享有盛名，根據吉村忠典的論文，山村才助甚至在前述《大西要錄》中提示了世界「帝國」、「王國」的一覽表。這裡所說的「帝國」，顯然意指「帝之國」；而「王國」則是「王之國」。我們不得不猜想，山村才助是在充分了解荷語 rijk 意之所指的前提上，將之譯為「國」的。

另一方面，「國」這個漢字的用法，早就超越其原義，在中國大陸或日本等地用作「日本國」、「大元國」、「大清國」等語。當時的日本將荷語 rijk，意即德語 **Reich** 譯作「國」，應是極為自然的。雖說如此，若要更忠於 rijk 的原義，那麼也可以借用例如「圀」這個中國古代著名女皇帝武則天所創的「則天文字」。由於其字義為

18 吉村忠典的〈論「帝國」概念〉（「帝国」という概念について），刊於《史学雑誌》一〇八編三號，一九九九年出版；後收錄於吉村忠典的《古羅馬帝國》（古代ローマ帝国の研究）書中，岩波書店，二〇〇三年出版。

19 譯注：指江戶時代崇尚「蘭學」、「西學」的諸侯。

20 德語 Heiliges Römisches Reich，拉丁語 Sacrum Romanum Imperium。順帶一提，在其帝國版圖，實際僅限於德意志地區，自十五世紀末起又加上了「德意志民族的」一辭。

覆蓋「八方」，因此有「天下」或「涵蓋各領域的政治體」之意，則天文字便是在這個用意下創造出來的。可是，或許因為如此一來未免太過造作，或許又因為當時並未出現這樣的構想，而未獲採用。現在仔細想想，譯作「帝域」或「帝圈」也是可行的。就筆者個人想法，譯作「帝域」應該是最妥當的，但這也不過是一種事後諸葛般的想法罷了。

此外，關於朽木昌綱等人將 keijzerrijk 譯作「帝國」的背景，江戶時期來到日本的荷蘭人士將天皇和德川將軍皆喚作 keijzer 即「皇帝」，他們將天皇視作精神上的 keijzer，而將軍則是世俗上的 keijzer，至於大名中權勢較高者則視作相當於德語 könig 的 koning，想必是將天皇及將軍視為君臨其上的存在，也就是諸王之王了。總而言之，他們將江戶時代的日本看作是一個近似於直到一八〇六年都仍然存在的，名為「德意志民族的神聖羅馬帝國」，這個使歐洲人容易聯想到的，作為一鬆散領邦聯合體的德意志國家結構。以此一知識為前提，將 keijzer 譯作「帝」，應該是極為自然的。

然而，我們不得不說，「帝國」之語作為 keijzerrijk、kaiserreich、empire 等譯語在幕末以後的日本扎根後，在明治時期和製譯語的傳播、普及浪潮中，精通、熟知中、韓等地漢字文化的學者和知識分子們，也沒有對「帝國」這個譯法提出異議，而是依樣遵從，這一現象實在很有意思。原來，英語 empire 正如 British Empire 所意指的，即便沒有皇帝也無妨，在現實中指英國海外領土的情況也不少。法語 empire 也正如吉村忠典所指出的，是一個即便皇帝不存在亦可行的概念，也有海外殖民地之意（包含英、法在內，葡萄牙、西班牙、荷蘭等近世以降的西歐型海上帝國，本來就是因為擁有海外領土才成為「帝國」的）。另一方面，keijzerrijk、kaiserreich 等語，顯然意指「帝」之「國」，其實仍存在著微妙的差異。可是，在日本則是 empire 皆統一譯作「帝國」，又與既已成形的觀念一同輸出到東亞漢字使用圈裡，並獲得採納，其相關語彙的 imperialism 也幾乎是自然而然地固定為「帝國主義」之譯，這也是當然之發展。

日本在明治二十二年（一八八九年）以降，仿效德意志帝國 das Deutsche Reich（一八七一至一九一八年）制定了帝國憲法，以「大日本帝國」為正式國號，也就是在相當於「皇帝」的天皇旨意下，自我宣告為「帝國」。當時，歐洲列強儘管有自稱、通稱之別，但在日本都以「帝國」稱之，「帝國」是一個純具正面印象的辭彙。在此潮流下，朝鮮王朝也自稱「大韓帝國」。當時，「帝國」是一個稍具氣派形象的國號。

不久，imperialism 的思想擴散開來，在出現了非難之聲的同時，不僅「帝國主義」，「帝國」也開始轉為帶有負面語感。在東亞漢字圈中，imperialism 等同「帝國主義」一辭，與日本這個存在著天皇即為「皇帝」，顯然無異於「帝國」的國家相疊合，甚至產生了因漢字所帶來的印象聯想而造成的奇妙混淆。據實來說，我們甚難否認，當代在包括日本在內之東亞國家的民眾階層裡，似乎仍然存在著「『帝國』是有『皇帝』的國家，因此日本帝國是帝國主義」等這一單純的誤解。這或許該說是東亞漢字文化圈，在透過源自日本的漢字譯語來理解、接受歐美文化的那個滔滔時代狀況下，才會存在的獨特文化現象吧？

話說回來，在這樣的脈絡下，要討論西洋近代語的語源 imperium 和我們常用的「帝國」是否同義，其實不太有意義。總而言之，即便「帝國」這個和製漢語背負著與許多西洋國家在語言上存在的微妙差異或問題點，而且作為一個辭彙其來歷既屬不明，加上還含有過度傾向於「國家」的語感，但從結果來說，意指同一類型的歷史現象及政治形態時，還算是一個辭能達意的方便用語可長期使用。除此之外，別無其他。

意指「皇帝」的辭彙

「皇帝」這個用語、概念，一直以來被世人以各種意義來使用，其濫用程度不下於「帝國」。不過，「皇帝」一辭雖然也作為起源於 imperator 或 caesar 等西方辭彙的譯語、同義語來使用，但就用語、概念的形成而言，它是如假包換的漢語，無疑是一個擁有悠長歷史的「原文」。就這一點來說，它與「帝國」一辭可說完全相反。

眾所周知，西元前二二一年，秦王政在結束群雄割據，各擁其「王」的戰國時代，實現了作為日後「中國」印象基礎之統一國家後，自稱「皇帝」，以之作為取代固有「王」號的尊號，即「始皇帝」。「皇帝」稱號的由來，可以解釋作一個合併了三皇五帝傳說的空前辭彙，以自我比擬為煌煌光輝的上帝，展現自身為較地上萬物優越的絕對者、權威者。秦雖以短命告終，但其後的漢代亦在楚漢相爭後，相對於在各地存立的異姓、同姓「王」們，以高出一個位階的「王中之王」之意，而使用「皇帝」這個稱號。結果是，正式的君主稱號「皇帝」也兼備了「天子」，即受宇宙主宰者之天命，作為父母來治理地上人民，同時祭祀自身父祖「天」，這樣一個融合了上天思想與祖先祭祀之儒家式君主觀的稱號。爾後，兼具這兩種面向的「皇帝」，在中國地區便長期被用作最高掌權者的稱號。此外，先「皇帝」稱號而存在的「帝」，實際上也作為「皇帝」的簡稱而延續其生命，在今日仍然普遍存在。

環顧歐亞東西「皇帝」稱號的肇始，有以下幾個共通點令人印象深刻。首先，歐洲的「皇帝」稱號，可回溯到開啟帝政羅馬端緒的凱撒之名，以及其後繼者第一代奧古斯都，和正式構成奧古斯都稱號一部分的 imperator caesar；另一邊的中華「皇帝」則始自世人公認為帝政中國創始者的始皇帝及其自稱。其次，這個辭彙被理解成具有超出既有王國，君主的超越性權威及支配權之語。再次，羅馬帝國和秦漢帝國[21]既然是幾乎同一時期存在的「古代帝國」，那麼兩者之間雖有程度上的差異，但其君主稱號或「帝國」觀念也都一直為後世所承襲，在各自的「文化世界」裡成為政治、文化、理念、精神上的某種根據及背景，或是形成一種規範或框架，被想像為傳統意識或價值體系的重要起點及淵源等。

一直以來，在討論「皇帝」之際，時常將這兩個位於歐亞東西兩側的形態，置於問題的中心來做敘述。也就是說，姑且不論偶然或必然，將在東西兩側「首先發端於『古代帝國』的始祖，或是同樣地位的特定個人及姓名、稱號，這個形式基本受到後世繼承而成為超越時代的『帝國』君主稱號」的這種表面明顯相類似的形態，置於與「皇帝」相關的討論主軸上；或是再加上拜占庭帝國的「皇帝」稱號巴西琉斯（basileus，原意為「王」的古希臘語），或俄羅斯帝國的事例來加以考察。

順帶談一個題外話。坊間經常能夠看到以古代羅馬帝國及「秦漢帝國」這兩個帝國為對象的，帶有歷史比較旨趣的企畫及討論，還有出版。這兩者間或許有某種共通之處，但將歐洲及中華兩者單純作二元論式對稱格局的文明論討論及以此為目標的志向，自十八、十九世紀占據了歐洲（特別是西歐）某些人的腦袋以來，現在也持續作為歐美形態的知識分子們的一種思考方式，這種情況看似無甚改變。不過，若是到了必須跨越時代與地域，由人類史的觀點來思考之際，這種思考方式究竟是否還具有意義呢？

在此要特別討論的兩組用語和概念，是其他世界史上每被譯作「皇帝」的顯著實例，以及雖不譯作「皇帝」但在實質上性質反而類似的掌權者。前者是中央歐亞主要在突厥・蒙古系等群體間可見的所謂「可汗」（qaran、qa'an、hāq ān）等語，或與伊朗語圈中的「沙」（shāh）相關的一系列用語；至於後者，較顯著的則是伊斯蘭世界中的特別用語，如「哈里發」（khalīfa）和「蘇丹」（sultān）。然而，世人在討論「皇帝」或「帝權」之際，往往將這些辭彙、概念擱在一旁。

雖然前面已經提過了，但我們應當不能否認，關於人類史的故事，在知識、認知或視野上，一直以來都太過偏向歐洲和中國地區的形態了。相反地，有關位於兩者間遼闊的中央歐亞和伊斯蘭中東區域，不得不說，儘管這裡孕育出重新建構人類史之不可或缺的、固有且獨特的文明形態或多樣文化、價值體系，卻未必得到適當的認識與評價，並且相關的研究積累雖然數量極大，卻未受到充分運用，造成長期以來的理解與敘事明顯

21 此外，近年受到頻繁使用的「秦漢帝國」辭彙及概念，以自秦至漢繼承下來的制度連續性為主，雖有相當根據，但秦與漢之間也確實存在差異、斷絕部分，在使用上須更加謹慎。作為「帝國」的秦與漢，甚至是西漢與東漢，在本章皆擬做分別處理。

失衡。

這種現象不僅出現在「皇帝」及「帝權」，在各種既有的「帝國」論中亦可見得。但是，若從歷史脈絡來詳細討論「帝國」，那麼中央歐亞和中東豈止不容忽視，我們還必須說當中其實包涵了牽涉到事物本質的重大關鍵。以下，本章將一面留意於此，一面進行討論。

中央歐亞的「可汗」稱號，是作為最高掌權者之意，相對於一般君主的「汗」（qan）來使用的。在柔然、突厥及維吾爾等地將君主稱作「可汗」，史家確認北魏也有同樣稱法。與之相關，名列以北魏為首的拓跋聯合國家系譜中的唐朝盛世皇帝，則被中央歐亞的君長們尊稱為「天可汗」（tängri qaran，即騰格爾・可汗）。這段有名的逸聞，正意味著在唐朝間接支配內陸亞洲瞬間成為大帝國狀態，將近三十年間，唐朝皇帝是享有超越「中華」及「草原」兩個世界的至高可汗地位的。

在這個唯一的絕對者位於眾多「汗」之上的結構裡，蒙古世界帝國的可汗稱號舉世聞名。初代的成吉思汗只以單純的「汗」自稱便逝去，但在第二代窩闊臺達成史上最大的陸上帝國階段時，便已採用「可汗」稱號，第四代蒙哥以後也一直使用。此外，包括北魏在內，蒙古帝國以及其先驅契丹帝國（遼）、女真金帝國等，在領有中國地區全境或部分的時候，由於有漢字、漢文留下的紀錄，所以開始以漢語「皇帝」來稱呼最高掌權者。目前已可確認，至少在北魏及蒙古帝國，「可汗」或「皇帝」等自當時起便作為對應、相等的稱號和概念來使用了。

此外，在某段時期支配了橫跨歐亞東西這個史上首屈一指大疆域的突厥自不消說，對抗北魏的柔然，或是在安史之亂中救唐朝之危，順勢使之成為保護國的畏兀兒，由其實際狀態及對於可汗稱號的使用這兩方面來看，稱它們是「帝國」亦無妨。只不過，它們都是後世解釋概念下的「帝國」，而非自稱。

另一方面，阿契美尼德王朝或薩珊王朝等所謂古代伊朗帝國，對於事實上應稱作「皇帝」的最高掌權者，眾所周知有稱作「沙」（shāh，古代伊朗語作 xšāyaoiya）或「夏罕沙」（shāhānshāh xšāyaoiya xšāyaoiyānam）的傳統。所謂的「夏罕沙」，由於意指「沙中的沙」，因此在譯語的會意上必是以沙為「王」，以有「王中之王」之意的「夏罕沙」作為相當於「皇帝」的辭彙。薩珊王朝覆亡後，來到伊斯蘭時代，兩個辭彙的使用雖一度中斷，但到了什葉派的白益王朝（The Buyid dynasty）時「夏罕沙」的稱號又復活了。爾後，雖然伊朗一帶到了薩非王朝時，「沙」之稱號便不再使用的意見似成定論，但其實並非如此，例如成立較蒙古帝國為早的花剌子模沙王朝（它亦具備了可視作「帝國」的實質）也是照樣使用 shāh。

此外，在蒙古時代，支配伊朗一帶的旭烈兀汗國第七代君主合贊，一方面以蒙古王號自稱為「汗」，另一方面又因改宗伊斯蘭教的立場而自稱「帕迪沙‧伊斯蘭」（Pādshāh-I Islām），即「伊斯蘭的帝王」。順帶一提，「帕迪沙」在蒙古時代及其後的波斯文文獻中頻繁可見，意指位於「沙赫」之上的掌權者，依不同情況而有大王、帝王或皇帝之意。總而言之，在伊斯蘭中東地區，自稱沙赫、夏罕沙、帕迪沙是重視伊朗傳統的表態。這個傳統在一九七九年被推翻的伊朗巴列維政權中也能夠看到。

相對之下，比較難從「皇帝」觀點來處理的是伊斯蘭的「哈里發」及「蘇丹」。所謂的哈里發，意指「代理人」，本為神即阿拉的使者，穆罕默德代理人之意，被稱為khalīfa rasūl Allāh。這稱號在事實上略去穆罕默德成為「阿拉代理人」，是阿巴斯王朝全盛時期即哈倫‧拉希德（Harun al-Rashid，七八六至八〇九年在位）時的事。也就是說，哈里發的權力，作為由神直接賜予而神聖化，與此同時，又加深了「諸王之中最偉大者」，也就是處於世俗權力頂點之統治者的性質。

「哈里發」王權神授的這個想法，除了有先行於伊斯蘭的古代伊朗帝國傳統復活的面向外，另一方面又如佐藤次高所言，是以具備了伊斯蘭獨特性的「新政治原理」為基礎的產物。而且，論及其實際的支配狀態，則居於眾多 malik 即王者們之上的人物，若只由權力形態來看，那麼與其將之稱為「王權」，不如稱作「帝權」比較適合。只不過，我們所認知為「皇帝」者，如上為起源於西方語言的 imperator 或 caesar、漢語的「皇帝」、中央歐亞中的「可汗」、古代伊朗的「沙赫」或「夏罕沙」等，皆為「世俗權力」的最高掌權者。

當然，像拜占庭帝國的巴西琉斯這樣以政教合一為立國原則時，還有與希臘正教一體化色彩濃厚的俄羅斯帝國沙皇（tsar）、或是被稱作騰格爾（tängri）的這個以上天思想為頂點，與形形色色的薩滿教有關聯的中央歐亞可汗，以及既與上述上天思想、祖先祭祀相關，又主掌農事、社稷信仰的「皇帝」，這些角色彼此之間雖有程度差異，一般而言都帶有宗教性質，應該說它們是聖俗兼備或完全是世俗伴隨著神聖。相對於此，我們必須說雖是政教合一，卻是以教權伴同政治性權限的哈里發權力，是一個性質特殊的「帝權」，或就結果而言近似於「皇帝」的權力。

另一方面，「蘇丹」一辭原有權威、權力、政權之意，但更是指哈里發權力在歷史上逐漸消弭或縮小的過程中，在各地成為實際支配者的人物，尤其指以武力得到權力的君主。一〇五五年，一般稱作「塞爾柱王朝」的這個由突厥族形成的大國家，其實是由史上知名的托格茲（Tughril Beg）率領著眾多且幾近分散的權力體群集，進入了巴格達，獲哈里發正式承認而成為首位蘇丹，自此，庇護阿巴斯王朝哈里發的政治體制便成立了。這在理念和現實層面上皆是一個劃時代的轉變。其後，在伊斯蘭世界各地，各種中小型世俗政權領導者和地方掌權者，幾乎一律自稱蘇丹。事實上，蘇丹的形態頗富多樣性，而且沒有特定的定義，要言之不過是泛指信奉伊斯蘭之支配者的寬泛用語。

一二五八年，阿巴斯王朝的哈里發雖然因蒙古在巴格達兵不血刃地進城而一度消失，但自稱與末代哈里發穆斯臺綏木有親屬關係的人物於一二六一年在埃及出現，受到與蒙古對抗的馬木路克王朝軍事政權的歡迎，名目上以「哈里發・蘇丹制」的形式而復活。此一形式一直持續到鄂圖曼王朝接收埃及（一五一七年）為止，鄂圖曼王朝的蘇丹作為一位兼具事實上哈里發地位的人物，君臨伊斯蘭世界內外。

鄂圖曼王朝的確具備堪稱「帝國」的實質，王朝的歷任蘇丹也擁有不妨稱為「皇帝」的權威及權力。不過，除了這些屹立於世的「鄂圖曼皇帝」外，在東到東南亞或東土耳斯斯坦，北及哈薩克、俄羅斯一帶等地，西達非洲各地的擴張過後的伊斯蘭世界中，還遍布著各式自稱蘇丹的地方掌權者，其中亦有不少遙奉鄂圖曼王朝的「皇帝」為伊斯蘭保護者。不過，這是否稱得上形成了某種「國際秩序」，則是大可討論的議題。無論如何，鄂圖曼王朝是事實上的「帝國」，就位居統治各地的地方統治者之上的，統合巨大疆域之政治體這一點而言，也具備了夠格稱作「帝國」的基本結構。

另外，在現實狀態下的「皇帝」，或是與之相近的權力者方面，我們留意到以十三世紀初以來以印度平原為中心，統轄著印度次大陸相當部分的德里・蘇丹各政權。其中，像圖格魯克王朝及卡爾吉王朝這樣，幾乎領有全部印度次大陸，但長久以來卻很少將之稱作「帝國」的事例，實在是很奇妙。接下伊斯蘭・突厥系軍事權力所構成的印度次大陸支配這個脈絡下的最後一棒者，是第二次帖木兒王朝即蒙兀兒帝國。在蒙兀兒「皇帝」（shāh）這個中央權力底下，廣布著印度固有的多元宗教，以及來自多元文化的各地王侯及掌權者。在這富多樣性的眾王國之上，本為外來者的蒙兀兒政府作為中央權力的身分凌駕其上；英國則在日後取而代之，主導了「印度帝國」這個短暫的形態。

順帶一提，古代印度的「王權」也稱得上是一種凌駕在多樣性地方權力之上的「帝權」。這種雙重結構，或許在所謂「多樣性中的統一」的文化、社會、歷史特徵皆甚顯著的印度次大陸中，是無法避免的形態。不過，根據應地利明這位人文地理學者簡潔又明快的論述，過去有關古代印度「王權」或「帝權」的主張，皆屬一種「王是地上的神」，是居於地上與天空之間的「德瓦拉加」（devaraja）的思想，但這種中國式的王權思想解釋乃是謬誤，實際上「王權」或「帝權」完全是被定位在神聖的「法」即達摩（dharma）之下，擁有德瓦拉加世俗權力的人物不具變更婆羅門（brāhmaṇa）手中聖法的權限。這是在思考信奉伊斯蘭的突厥系軍事權力凌駕於印度固有宗教或在地權力之上時，發生了何種折衝、融合問題的線索。

最後再閒聊一個不同的話題，清末中國起初將美國的「總統」President 譯作「皇帝」。這大概是取其為統轄各州政治體的領袖，是一位統治廣大疆域權力者之性質而有的。此外也譯作「民主」。其意為「民之主」，也就是master of people，乃與「君主」相對的一個新造辭彙。至於「民主」成為democracy的譯語，而President被譯作「總統」，則是後來的事了。

幾種名為「帝國」的型態

基於上述討論，本節擬從幾種觀點來整理一些被稱作「帝國」的模式，並將之加以類型化。

首先，有關「帝國」的型態，若以跨越時空的方式，在不介意彼此整合性或重複性的前提下，直觀地將各自基本要件羅列出來，便能得出如下結果。

各個形態皆是定義穩定，具一定容納範圍的，與其他形態也互不排斥。而且，毋寧說實際上各個「帝國」裡，也有很多是同時符合多種形態的。這裡的設定並不因此受到妨害，此外，除列舉幾個可作為典型的「帝國」案例外，亦附上一些個人的說明評價。

①在擁有唯一超越性、絕對性權威的君主、領導者、王統的支配下，跨越了作為底層單位的氏族、部族、集團、共同體和社會等界限，涵蓋異種族臣民的政治性整合體——

這是將一般想像的「帝國」作最簡單歸納的結果。乍見之下這雖能套用在所有被稱作「帝國」的整合體上，但實際將出乎意料地只會留下僅能以相當單純的結構來設想的某些特定「帝國」。除了古代埃及王國或巴比倫王國等保有古代權力或面貌的專制性權力、國家以外，實例其實不多。在一般印象中，所謂的中華帝國看似為此一典型，但符合的其實只有武帝以後的西漢而已。此外，帝政俄羅斯或許符合。

②在同一君主、王權、象徵底下，眾多地域權力、政治體合一或是聯合的政治狀態——

例如時常被視為最早的「帝國」的亞述國家或一系列古代伊朗帝國，以及孔雀帝國以後的古印度王朝，或古代中華的西周等。此外西遼的契丹帝國、女真金帝國、西夏等也算在內，甚至包括塞爾柱王朝、花剌子模沙王朝、帖木兒帝國等突厥．伊斯蘭系統的各個國家。再延伸下去，除了以共主聯合的形式而成立的西班牙之外，還有共主聯合型的波蘭立陶宛聯邦，以及在複合君主制下橫跨大西洋展開領土擴張時期的英國亦屬此類。另外，哈布斯堡或許也符合此項定義。

③超越單一國家、王國、政治體，鬆散連結地域與地域的多元複合型跨域聯合體——

如斯基泰、匈奴和拓跋國家，嚈噠、突厥等游牧民國家系統及其擴大型的眾多國家，大致可歸入此項。阿茲特克或印加或許亦屬此類。

④**在某種理念、思想、價值觀、宗教等共識下，跨越了人種、民族、地域，有時甚至超越文明圈框架，呈跨域展開的政治體，或是類政治體——**

伍麥亞王朝及阿巴斯王朝前半期等伊斯蘭帝國，中世紀的羅馬教皇權力系統等。

⑤**聚合了大大小小眾多位於底層的國家、王國、政權、政治體、在地權力或各式地域、社會、民族等的 Super State。此一類型的帝國具備單一中央機構，有時則是替代性地具有由眾多權力體構成的統合能力——**

如羅馬帝國和蒙古帝國，以及大型化的後期清朝（即大清國）及鄂圖曼帝國等。第二次帖木兒帝國即蒙兀兒帝國或許亦屬此類。尤其跨越了文明圈的巨大「帝國」，多半亦屬於此一類型。可以說近代以前的巨大「帝國」，都必須藉此才得以成立。

另外，這裡值得討論的是，所謂神聖羅馬帝國究竟是否符合此項？就「居於種種底層政治單位之上」的這一點而言雖然妥當，儘管它自稱「帝國」，但若從相應的統合能力，或是中央機構來看，卻是極為缺乏的。這種情況該如何看待？該說它是自稱的、形式上的「帝國」，或是弛緩狀態穩定化的「帝國」呢？還是應該視為即便現實的統合能力微薄，但能隱隱地意識到其作為「帝國」的架構及觀念，隨之而有的獨特精神性也成為內在基礎的「心靈帝國」或「意識上的帝國」呢？甚至，近年來針對例如帝國銀行等擁有相當於「帝國」規模的組織或系統，從肯定角度來評價其作為「帝國」的見解也很引人矚目。無論如何，依在下能力，尚無法做出確切判定。

有關於此，我個人非常期待德意志史或歐洲史的專家，或是國家制度史、國家論，甚至是其他從事「帝國」主題的研究者的進一步討論和探究。我們該如何看待神聖羅馬帝國，將是所有「帝國論」的一個重點。這不僅是為了理解近代歐洲，對於探討一直影響至今的德意志及歐洲形象，亦是一個必要的課題。

⑥中央權力與其他國家、政治體、區域權力、民族集團、社會勢力之間，存在某種支配與被支配，或是統制與從屬，中心與周邊等關係狀態——

這是可以套用在許多「帝國」上的一般性事項。不過，在觀察實例後，我們將會發現，單純以上對下的統屬關係，或是以中心開始支配能力逐漸減弱的同心圓結構來論斷的案例，實在是少之又少。在眾多帝國裡頭，即便是垂直關係，一般亦屬多層狀態。我們可以留意到，這個狀態裡頭哪些算是支配一方，哪些是被支配一方，其實是極難截然劃分的。另一方面，在水平關係上也有地域區塊的連結或支配力，在中心以外有所分散的多核心結構等情況，它呈現了一種在權力、支配樣態上程度不一的斑斕樣貌。加以就一般情況而言，被視作周邊和邊境之處才有帝國力量的集中投入，反而使這些地區的「帝國性」顯著化。單調的統屬論和周邊論，完全只是一種理念上的說明手段，與現實的差距依帝國的差異而有所不同。

⑦克服了中小型地域、國家、社會的侷限，在跨空間下推動和主導時而鬆散，時而緊密的交流、交易、流通、往來等關係或提攜的政治、經濟、文化機構。作為其核心的政治體本身，即便規模較小或屬據點支配型亦無妨——

近代葡萄牙或荷蘭等「海上帝國」即為其典型。回溯過去，古代希臘雅典鼎盛時期的海上支配，或是勢力遍及東南亞多島海域的三佛齊等，皆屬此類。南印度的各政權或許也能算在內。甚至是散布在地中海、黑海上，各自擁有交易據點、彼此相爭的威尼斯及熱那亞兩者，或許也是一種「海上帝國」。若是如此，與這兩者競爭，終於在十四、十五世紀一度於地中海稱霸的阿拉貢，[22]當然亦屬此類。另外，也有意見認為古代中國的殷商為「帝國」。若是如此，殷商也應屬這個類型了。

⑧除了本國以外，主要於海外擁有殖民地、屬領、自治領等附屬地，遠隔領土、飛地，

整體結構鬆散又相連的跨域型國家體系。以本國為中心而形成的人的環流結構，遍及行政、軍事、經濟、文化等各層面而為重要支柱——

在本國時為「國族國家」，卻又在全球擁有海外領土的近代大英帝國及法蘭西帝國等為其典型。以遠洋帆船橫渡外洋建構許多海外殖民地的西班牙帝國為其先驅。

⑨對於近鄰或周邊，遠隔國家或地區，施展強制性、一廂情願及威迫支配力的霸權國家——

一般來說，這是在整個歷史中「帝國」的形成及擴張時期皆可見者。這指的是作為一種「生物」的「帝國」在某段時期的狀態，我們其實幾乎看不到以這一時期的形態而固定下來的「帝國」，而應當將之視為「帝國」循環中的一個環節。令人意外地，我們很難將之視作與某「帝國」權力相始終的特徵。不過，過去的蘇聯或現在、今後、將來的美國，或許算是一種例外。

⑩具備強大軍事和經濟等權力，進而在這些權力的保證下，主導國際性關係、制度、機

22 正確來說應為阿拉貢．加泰隆尼亞聯合王國。該國與卡斯提爾共主聯合，而成為西班牙即西班牙帝國。

構的形式，並建構世界規模國際秩序的超大國家，或者是依此建構而形成的秩序本身——

古代羅馬帝國、後半期的蒙古帝國、近現代的大英帝國，甚至是近年來的美國，或許都是最典型的事例。

以上，本節針對具備「帝國」可能性及適切性者，著眼於其外觀，特別針對其形態或樣貌，進行了粗略的區別及整理。在各「帝國」條目下，關於為何如此分類以及其實際狀態等，雖然有做最小限度的敘述及提示根據的必要性，但由於這將耗費龐大篇幅，恕容筆者留待他日再論。至於從①到⑩的共通點，就是它們都是由多種人群、地域或生活圈所組成的混合體。有關此點，山室信一所說的「異法域結合」概念，或許是一簡單扼要的形容。

另外，一提到「帝國」，我們往往容易聯想到專制國家、權力等印象。但是，除了①的模式外，實際上這種情況並不多見。例如，在以蒙古帝國為頂點，以游牧民出身者為政權核心的一系列帝國中，專制國家、專制君主、專制權力的色彩、要素都與一般的理解不同，而不顯得那麼強。以馬克斯·韋伯為代表的專制國家論，其實是一種依據西歐中心思想，偏離歷史現實而「變形」（déformer）的觀念產物，不是嗎？

依「帝國」規模為別的分類

接下來這一節擬著眼於總稱為「帝國」之政治體的大小、規模。雖說是「帝國」，但其中大、中、小的規模差異是非常鮮明的。支配領域、勢力範圍、影響範圍和幅員的大小，也會對「帝國」的內涵與性格有明顯影響。

有些時候，即使在成為「帝國」後，或者不如說正因為是成為了「帝國」，才會成為一種自動裝置，出乎本身預期地持續擴大、膨脹。在大規模化後，「帝國」的機構及組織有時會反覆重組，最終其內涵及外貌終將成為與起初的「帝國」看似相同，但其實不然的另一種實體。包含這種情況在內，真正巨大化的「帝國」將隨著時代向陸海空擴張，成長為文明圈規模、歐亞規模、全球規模，總而言之，就是將籠罩那個時代的「世界」，並帶有人類文明普世性的濃厚色彩。

有關於此，本節亦將比照上一節，整理數個類型如下。

ⓐ 世界帝國（World Empire）

以十五世紀後半葉為界，此時由於具備可逆風航行的三角帆結構帆船的問世，使遠洋航海變得可行，因而與在此前後的時代狀況大不相同。過去，人類史展開的主要舞臺是陸地相接的歐亞、非洲和其周邊島嶼，南北美洲大陸及周邊為次，而大洋洲的比重極為微小。

總而言之，世界史可以分為歐亞非世界史時代和地球世界史時代這兩個階段。既如前述，若要以與之對應的形式來思考「世界帝國」，那麼稱得上「世界帝國」者，在十五世紀前後分別就是蒙古帝國和大英帝國；然後，現在或許可以再加上美國。對於這兩者或是三者，應無異論。

ⓑ「文化世界」與「文明圈」單位的大帝國（Great Empire）

與前面所提及的「世界帝國」相關，歷史上有幾個似乎與之吻合的大型帝國。重點尤其在於：如何看待古代以顯著「文化世界」為單位的大帝國；以及蒙古時代後受人矚目，以「文明圈」為單位的跨域型帝國。前者有以古代伊朗為中心的阿契美尼德帝國、亞歷山大帝國、羅馬帝國、秦帝國、兩漢帝國，以及所謂隋唐帝國等；後者則是創始於帖木兒時期的帖木兒帝國、鄂圖曼帝國，中期以後的大清帝國，然後是俄羅斯帝國及蘇維埃聯邦等。上述各政治體一直以來時常被稱作「世界帝國」。

這部分視「世界」一辭負有多大意義和內涵而定。比方說，一個可能的解釋是，若將某一歷史時代下的人群居住範圍稱為「世界」，那麼「世界」便與人類的步伐同時擴大其地平面座標，而且是由多個「世界」的並存狀態轉型到一個統合的「世界」狀態。反過來說，我們不妨這麼設想：縱使不同時代的規模各自不同，但皆存在著符合其時代狀況的世界帝國。過去時常見到「世界帝國」一辭被頻繁使用，便是依據這個觀點。可是，若是精確地比照此一定義，那麼原先被稱作「帝國」者，將有相當數量會成為「世界帝國」。

接下來的例子或許看似唐突，然而為了清楚說明姑且舉之。中國古代的殷，被認為是跨出了其直接統治的現今河南省周邊的狹小範圍，而形成了一個幾乎遍及華北全境的鬆散文化圈。這個成果主要是透過考古及文物研究得來，就結果來說是啟發了我們該如何劃定相當於其範圍的政治影響圈和經濟交流圈。有關「殷帝國」的這個想法雖是依據於此，但若將這一個看似以殷為中心的範圍，視作一個日後中國文明世界的基礎，也就是一個自我完成達相當程度的「世界」，那麼就邏輯上而言，它確可被稱為「殷世界帝國」。現在之所以不存在這樣一個稱法，是因為若要將它稱作「世界帝國」，規模又太過狹小所致。

回頭來看，就算是前述以阿契美尼德帝國為主的大型帝國，也僅止於一個「文化世界」或「文明圈」。亞歷山大帝國、伍麥亞王朝時代的伊斯蘭帝國、唐帝國初期的極短暫時間，或是橫跨東西方草原地帶的突厥，雖然多少超越了一個「文化世界」或「文明圈」，然而也尚未及覆蓋多個「文化世界」或「文明圈」。而且，如後所述，我們不能忽視一個史實，就是包含羅馬帝國在內的各帝國而言，在它們存立的同一時期，亦存在著足以與之抗衡或匹敵的其他帝國。在這個地平面上，絕對不存在一個可以擊潰所有其他對手而屹立的巨大帝國。

由上述可知，當我們環顧人類史的巨流時，便不得不思考：這樣一個以「文化世界」、「文明圈」為單位的大帝國，雖然每每帶有準於「世界帝國」的世界性，但應該與前項ⓐ所舉的兩三個名符其實的「世界帝國」做出清楚區分，才比較符合歷史事實。另外，「文化世界型帝國」、「文明圈帝國」等稱呼是十分適用的。

ⓒ中小規模的帝國（Lesser Empire）

此一分類下有為數眾多的各種帝國。例如：名喚拜占庭帝國的羅馬帝國，或事實上為德意志國家的神聖羅馬帝國，在地中海地區或歐洲雖屬大型國家，但在人類史層次上則不得不說只是中小規模的帝國。特別是中華帝國裡頭包含北魏、北宋、南宋在內等，這些處於分裂時期、非統一時期的主要國家，也大致屬於此類。中央歐亞的貴霜、柔然，統一的畏兀兒，契丹即遼、金、西夏、花剌子模沙王朝等，中東除了伍麥亞王朝，或全盛時期的阿巴斯王朝以外的大型國家，如東南亞的三佛齊，以印度北部為中心的孔雀帝國後的歷代印度政權，皆不妨列入此類。

ⓓ 帝國與王國之間

歷史上，存在過不少很難論定是帝國還是王國的政治體。例如，在七世紀的松贊干布之後維持了一段強盛時期，對周邊地區進行擴張的吐蕃，究竟該認定為帝國還是王國？對此，專家學者的見解各有分歧。此外，被認為是六八一年成立的第一保加利亞國，然後是成立於一一八七年，在十三世紀迎來盛世的第二保加利亞國，也時而被稱作帝國。

一般來說，從王國發跡的政權，其規模可能發展成帝國；相反地，名實相符可稱「帝國」者，也有在衰微或分裂後，實際縮小為王國之虞。前者應能不時地在大多數帝國中得見；另一方面，作為後者的典型，中國史上動輒被認為有近三百年悠久歷史的唐朝即是。前面談過，繼承了拓跋國家的架構，取代了隋而掌握權力的唐，在政權成立後三十年左右的時間裡，發展為間接掌握內陸亞洲政治勢力的跨域「大帝國」狀態，但轉眼間就退回到「文化世界」單位的帝國狀態去了。而且，在八世紀的安史之亂後，在規模上又很快地淪為僅剩名目上權威，現實上充其量只統治關中及洛陽一帶的王國的程度，勉勉強強地延續了王朝史後半段的生命。阿巴斯王朝也可說經歷了類似的過程。

在此應該特別注意的，是歐洲內部引人關注的聯合王國，乃及其主聯合形式的跨域權力。伊比利半島的阿拉貢・加泰隆尼亞聯合王國，同時領有薩丁尼亞及西西里亞等地，形成了一個被稱作地中海帝國的勢力圈。這個阿拉貢聯合王國和卡斯提亞聯合而誕生了西班牙王國，並擁有海外領土，結果形塑了在歐洲仍維持「聯合王國」，但若以全球來看則呈飛石狀、形態極為鬆散，姑且可稱作「海上帝國」的兩張面孔。這個模式基本上也能套用於荷蘭或英國。另一方面，也有一種看法指出：波蘭・立陶宛聯合王國雖未向海外發展，但仍可視為「帝國」，或是準於此的國家政治體。總而言之，若將這些複合君主制的一系列國家視作歐洲的「近代帝國」，通盤掌握歐洲在世界史上從中世紀後期到近現代，對於大規模發展所做的富有企圖心的嘗試，則將有許多令人肯認之處。

此外，百年戰爭時期的安茹王朝，除了本有的領土英國外，也有一種因其在法蘭西王國中擁有廣大亞奎丹領地等特徵，而將之喚作「安茹帝國」的看法。然而，若是如此，則「帝國」與王國之間的差異，便只能聽憑歷史研究者的感性了。規模雖在一般王國及國家之上，但要稱為「帝國」則差強人意，這一類規模介於兩者中間的政治體，在人類史上為數並不少。只是連結了兩個以上的地區的王國、國家，擁有本國以外的屬地、殖民地等，究竟是否就能被稱為「帝國」？這乃是「帝國」這個用語在概念所具有之曖昧性、恣意性，以及融通性的一個焦點所在。

ⓔ 區域型與橫貫型

「帝國」的規模及範圍，與該國的權力、國家體系到底是屬於區域型還是橫貫型有很大的關係。雖說這也是極為簡略的歸類，但近代前的「帝國」幾乎都可被歸類為區域型。例如，羅馬帝國與地中海及其周邊的地域性關係密切，已無庸贅述。同樣地，以秦始皇的帝國為主的中華帝國，和中華地區以及北方內陸在空間上的密切度及相關性，亦是極為明顯。

回頭來看，不僅是疆域的多元性，就帝國體系的普遍性及根源性而言，性質更加明顯的阿契美尼德帝國，也部分由於對斯基泰及希臘兩場戰役的失敗，最終無法實現跨越中東、東地中海地區的橫貫型巨大疆域。不過，在歐亞的陸地世界裡，就一系列游牧國家而言，確是透過廣布在中、高緯度的草原地帶，而展現出近於橫貫型的開展。雖說如此，正如六世紀後半的突厥就是一個典型的例子，其與中緯度以南，以農業為主要營生方式的地區間的關聯，便僅止於間接性，並且，縱使目前它是史上被證實的東西方世界的最早接合國，然而卻在轉瞬間便落幕了。

人類史上橫貫型跨域大帝國的真正出現，可說是始自蒙古帝國。這當中有幾項可能因素是：其一，蒙古帝國乃陸地國家中，擁有最具活動能力的游牧民集團，並以此為核心組成軍事國家而發跡，並以水平連貫內陸草原的形態有效地發揮了騎兵的戰力，得以較容易地完成大規模的軍事擴張。加以不容忽視的是，早在蒙古帝國以前的三個世紀左右，便已有多元複合型的國家、社會在亞洲東西方，以跨越游牧、畜牧、農耕等營生方式，以及跨越地域界限而持續成形，其時累積的經驗，管治體系和模式，被綜合運用在蒙古的擴張與支配上。甚至，若是觀察蒙古出現前的時代，可發現有突厥系各族由東向西大西進，或反之由西向東的則有所謂十字軍向東地中海地區東侵，條頓騎士團往波羅的海前進等動向，有著以歐亞為範圍跨越舊有區域框架來大舉移動的活絡化。這個因素也造成了影響，使蒙古能夠迅速地建立人類史上最大的陸地版圖的國家。而且，蒙古的發展並不僅止於此，甚至還舉國往海上發展，在已經開始活絡化的印度洋航路所造就的東西交通，或南海、東海一帶海域的貿易基礎上，推動了更富有機性的往來組織。結果，在十三世紀末到十四世紀初，便明顯地得以形成一個堪稱打通陸海之歐亞非交流圈的大局面。

陸與海的組織化、區域之連貫，文明圈之視野和交流的形成，不只在人類史上，甚至在帝國史上也具特別意義。近代西歐各國透過海洋獲得海外領土而使國家大舉發展的人類史階段裡，其實存在著若不考量蒙古時代以來的脈絡便無法充分理解之處。另一方面，即便觀察蒙古以後的陸地帝國，諸如由俄羅斯帝國到蘇聯這個巨大疆域的形成及其統治，由帖木兒帝國到蒙兀兒帝國的動向及形態，以及鄂圖曼帝國包含了海洋面向的發展，或許仍該稱它們是因為經歷了蒙古時代才得以形成的橫貫型帝國。

連貫「帝國」的要點

儘管上述國家的形態和規模紛呈不定，但我們或許仍能指出歸屬於幾個集團或階段中的「帝國」政治體。那麼，它們之間是否具有某些共通點呢？換言之，我們要將怎樣的國家看作「帝國」呢？

若是一定要尋求它們的時代共通點，或許「帝國」所指的無非就是在各自的時代狀況下，超越了作為基礎單位的多個共同體、部族、社會、地域、權力、政權、國家而居於其上的統合性權力，以及以本身成為核心而形成的關係、勢力圈及秩序。若是如此，大自整合多數國家、權力、地域的巨大帝國，小至非洲撒哈拉游牧民族或區域間聯合體即尼日帝國等，皆不妨稱之為「帝國」。總而言之，「帝國」屬於一種具有雙重結構或多重結構，以及多元性之低階單位的跨域結合。並且，無論實質為何，它們皆具備某種中央機能。

附帶一提，有關「帝國」中央機能或中央機構的問題，可以再延伸出不少相關主題，例如各自形態或強弱、區域性及時代性，甚至人類史的普世性等。比方說，由所謂的皇權問題談起，則「帝國」或「帝權」的象徵也好，作為政治力、經濟力、文化力匯集地的帝都、首都也好，當然也是焦點之一。再者，中央與地方，或是中央與邊緣的相關性等，也是重要的討論焦點。甚至，例如「帝國」內外的人的交流體系等，連結中央與地方，本國與屬地，帝域與外邦間的人的問題亦將浮上檯面。在這一問題上，官僚、軍人們的角色（過去研究動輒異常重視官僚制問題，但那應該不是充分而正常的取徑方式），特別是菁英階層的形塑及其作用，成為一個關鍵。

此外，帝國與軍事也是不可或缺的主題。有關面向內外的武力、警力的軍事分析方面是古典又永遠嶄新的命題，實際上也是歷史學研究中最不足的領域。

有關「帝國」的形成、擴大、維持，派兵是重要的。具體而言，就取決於是否有能力做長距離且持續性的大規模兵力派遣及投入。若是無法辦到，那麼這個帝國或該說是一個「帝國性」不足的帝國。此外，就算有能力，我們也可以藉由派兵的規模、強弱、實態，來衡量這個「帝國」的狀況或階段。尤其是在遠征的情況下，硬體方面的整備、維持，具體來說就是戰士群、兵器、戰馬、艦隊、交通路線、儲備、兵站、補給等實際上的狀況，都是要檢討的課題。此外，軟體方面的準備，或說訊息、知識、科學技術、天文、測量等智囊集團或多語言的訊息處理、翻譯、交涉人員等問題，亦不容忽視。

另一方面，在國防、警察，以及帝國內權力維持的情況，不只是單純的一般性武力，特別是常備兵或多人種部隊的數量或規模，在首都或要地的分駐狀況等都是重點。再者，若是以部族聯合體為基礎的帝國，那麼除了各部族軍隊的固有駐地和地盤外，新領域的展開和配置，或是自各部族軍隊中抽派出來的帝國禁衛軍的實際狀況等，也帶有重要意義。此外，在本國與屬地，特別是以海外領土構成帝國根基的情況下，帝國軍與屬地的當地武力以及派駐部隊的關係，特別是其具體運用，便成為「帝國」經營、維持之必要。甚至，異邦人部隊的組成乃至於重用與否等情況，作為保持「帝國」權力，支撐向「帝國」中樞盡忠的手段，在歷史上其實也是超越時空普遍可見的。

不僅是上述的軍事面向，凡是牽涉到「帝國」行政、稅務、財政、法務、司法等各項事務，無論是制度、機構、運用，都會自然地顯現出該「帝國」的特徵及性格。尤其是「帝國」內部各人種的定位或靈活運用，作為「帝國」臣民者的階層化問題等，若以「帝國」為中心的跨時代分析視角來看，是內含各種可能性的。這些皆是歷史學研究所不可缺少，又與政治學、法制史學、經濟學、經營學、社會學、人類學等社會科學諸多領域相互作用的綜合性主題，必須從人類史的角度出發，尋求更鉅細靡遺的研究途徑，在此舉出的只是這個課題的一部分而已。

時序性的展開與不同地域的樣貌

如同前面已經提及的，帝國的發展步伐也存在著「過程」。一般認為，最早的帝國是西元前八世紀的亞述。不過，這個時期的亞述是近乎廣泛統合現在中東各地區的某種「世界帝國」，若是要談更單純的帝國，則不能否認在西元前十四世紀左右已達頂峰的西臺，以及早於大發展時期的西元前十一世紀左右的亞述，亦可歸於此類。同樣地，若前面提到的殷也可被認定是「帝國」的話，那麼西周也無妨稱作「帝國」，這樣一來，上古的中華地區也能說是在與西臺相近的時期開始到西元前八世紀，便持續存在著「帝國」狀態了。總而言之，我們或許可說中東和中華地區都率先歷經了數百年的「帝國」時期。

帝國史上的第一個時期，應該是西元前六世紀中葉阿契美尼德帝國的誕生。在亞述大帝國瓦解後，它除了推翻成立於伊朗高原，亦近乎「帝國」規模的米底亞外，又形成了一個遍及阿姆河、埃及以及安那托利亞的大版圖。尤其是大流士一世以帝國體系的綜合整備及經濟政策為主軸的帝國經營，幾乎囊括了統治多種族、多地域、多文化及多語言之大疆域國家的所有要點，成為日後人類史中國家、「帝國」的基本形態，對後世所造成的影響難以估計。

「帝國」史可說是因阿契美尼德帝國而一舉進入了不同的階段。世間雖然高唱亞歷山大帝國的文明史意義，但從「帝國」體系來看，它基本上還是承襲阿契美尼德帝國的。有關征服斯基泰的企圖，以及在艦隊運用上所表現出來的，面向北方或海上的視野，也都始於大流士一世。我們不如說阿契美尼德帝國終究無法實現的希臘支配，最後是由曾為馬其頓國王的亞歷山大來實現。從「帝國」史的觀點來談，我們不能忽視阿契美尼德帝國的體系和方式，就結果來看是透過亞歷山大傳承給羅馬帝國的，是一種面向西方的希臘精神（Hellenism）。順帶一提，我們不得不說，歐美史學家將羅馬帝國作為「帝國」歷史的起點，是大有問題的。另一方面，中國史領域雖然也每每強調秦所形塑之帝國體系的劃時代性，但若逐一檢討，便能發現那早在阿契美尼德帝國時便已實施。被視作古代帝國典型的羅馬和秦漢，都有著大流士在東西兩側之繼承人的濃厚性格特質。

「帝國」史的第二個時期，應該是伊斯蘭出現於中東，吸收伊朗帝國的傳統而急速形成的跨域「伊斯蘭帝國」；另一方面東方又有一系列拓跋國家在發展，直至隋唐帝國成立的六世紀末到七世紀初。擁戴哈里發的伊斯蘭自不消說，結合了游牧帝國的匈奴與以農耕社會為基礎的漢帝國而出現的隋唐，都是以前不曾存在過的「帝國」形態。我們不能忽視伊斯蘭帝國及隋唐帝國所流傳於後世的歷史和體系的記憶。

「帝國」史的第三個時期，就是前面已經談過的，蒙古世界帝國的出現。

接著「帝國」史的第四個時期，應該是隨著西歐向海洋發展而形成的，以「西班牙帝國」為首的海上帝國時期；同一時期在歐洲有哈布斯堡帝國，在東方則有在蒙古體系影響下成立的俄羅斯帝國、鄂圖曼帝國、蒙兀兒帝國、明清帝國並列的十六世紀。這些帝國及架構並存的形態，整體而言一直延續到第一次世界大戰。

另一方面，在歐洲又以英、法為中心，在人類史上首次出現了透過工業化及軍事化，向征服其他地區的軍事大國發展的局面。並且，經過十八世紀末到十九世紀初的法國大革命及拿破崙帝國的浮沉，開啟了歐洲列強角逐及割據世界的局面。甚至在一八六〇至一八七〇年間，美國、日本、德國、奧地利、法國、義大利等地發生了一連串國家重組和架構變動，在新型態「帝國」相繼出現的同時，也讓我們隱約看到了現在世界上各主要國家共有的基本格局。接著，到了第一次世界大戰，發生了各個新舊帝國的大幅更迭，美國及蘇聯皆浮出檯面。

因此「帝國」史的第五個時期，或許就是所謂「漫長的十九世紀」的整體了。

至於第六個時期，假如以蘇聯的崩解來指出前後時代所存在的極大差異，那就約莫相當於某段時期人們所說的「短暫的二十世紀」了。不過，在世人體驗了二〇〇一年九一一事件及其後變化的這個當代時間點上，恐怕將直至二十世紀末為止的時期視作第六個時期也無妨。若是這個說法成立，那麼現在便要進入第七個時期了。

以上，本節以主要的世界史主題為中心，粗略地追溯了「帝國」的展開時序。此外，與這些以時代為別的趨勢不同，我們亦可在事實上確認到以地區為別的，獨特的「帝國」面貌或模式。這些背負了濃烈區域色彩的「帝國」，在近代以前才更顯突出。起初，因區域性因素突出而誕生了各式各樣的「帝國」，這些帝國在各自區域內模式化的時代持續一段時期後，有了跨域型「帝國」出現而時代性隨之轉強，最終發展為近現代的「帝國」，這堪稱是「帝國」史的大致發展路徑。

那麼，以區域為別的「帝國」模式又有哪些呢？就常識來說可以想到的有：

①地中海區域型
②歐洲區域型（這或許又可分為西歐型和東歐型）
③中東區域型（這又可分為中東東側型和中東西側型）
④撒哈拉及其以南的區域型
⑤印度次大陸型（這應該也可分為北半部的內陸型和南半部的德干型、沿海型）
⑥東南亞區域型（可大致分為半島地帶的大陸型和島嶼地帶的海洋型）
⑦中華區域型
⑧南北美洲型等

當然，也可分類為大陸型、內陸型、沿海型、海洋型、陸海型等。

其中，①②⑦較為人熟知，③⑤⑥也已有相當的討論。不過，在此想提出來討論的，是應當稱作中央歐亞型的「帝國」模式。

過去以來，世人皆以亞洲內陸、中亞、北亞等區域各自處理，而且動輒便因「文明的偏見」而將之視為邊遠、野蠻之地，除了極少數相關領域的研究者外，幾乎未能充分了解其意義，未能予以應有的定位。然而，彼處卻存在著人類史上遭到忘卻的國家圖像及「帝國」模式。再者，在包含了華北、亞洲內陸、伊朗、中東東部、西北歐亞、印度北部在內的跨域超大空間裡，其實孕育了共通性極高的國家、社會、文化及觀念。這個空間對中華、中東、印度次大陸、俄羅斯等各區域國家發展的影響也很深遠和重大，有助於「帝國」模式的分析，且提供了不可或缺的視角。接著，本節擬舉出中央歐亞型國家可見的共通特點如下：

①以游牧軍事力為中心。騎兵、騎射、集團性、機動力為其關鍵辭。

②擁有十人隊（十戶）、百人隊（百戶）、千人隊（千戶）、萬人隊（萬戶）等十進法體系的軍事、行政及社會組織。

③本質上是聚合了部隊單位軍事力的聯合體、聯合王權。

④在作為游牧部族聯合體之核心的君主周邊，組織了將成為各部族下一代首領的少

年階層所組成的近衛軍，他們與由多元人種所組成的策士階層一同構成中央權力。此一中央宮廷、中央政府裡存在著獨特的游牧性質的官制。

⑤以上述階層作為國家主幹，在擴大及發展過程中再吸納各地既存的政治勢力、王室及國家加入。這些新成員依序作為「帝國」的一部分，其既有形態大致上可獲接納，然後收攏在鬆散的架構中。

⑥這些新成員依加入的順序被定位，形成了一種同心圓狀的開展及統屬關係。

⑦這些不同地區、地帶的領導者們，與「帝國」君主締結游牧國家式的君臣關係，接受「帝國」宮廷的階序和待遇，成為「帝國」支配階層的一員，其繼承人更在「帝國」中央政治、宮廷中成長，成為擔當「帝國」下一代的「國際人」。

⑧經歷了以上過程，「帝國」整體成為多元人種、地域、語言、文化的混合狀態，成為一個多重、多元的複合式國家、社會。

⑨在淡化種族主義觀念的同時，展開能力主義、血統主義、門閥主義、裙帶主義所混合的社會常識與人事運用模式。

⑩「帝國」整體適用的劃一的、一元式法制顯得薄弱，各地區單位的固有習慣、法規多受到尊重和保存；在宗教方面也看不到強制政策下的單一信仰。

⑪宗教勢力和團體被看作是政治和社會勢力，和緩的自治受到承認，同時在政權所

指派的代表之領導下進行教團化。

⑫我們可以留意到，國家權力視軍事事務為最重要，就體制來說則是商業性極高，形成一種由多元人種所組成，經濟、財務部門較行政部門優先的中央政府機關，在國家主導下策劃和展開經濟政策。國家權力非常關心交通運輸事務，也是一項特徵。

⑬整體而言，國家容易跨域化，權力分立而有許多核心，較易作多元化的展開。

這樣一種中央歐亞型國家，突厥語稱作伊兒（il）或艾兒（el），蒙古語稱為兀魯思。這些辭彙指的都是部眾、人群、國民等人類集團，對土地和領域的意識極為薄弱；以人類集團為國的這種觀念，和定居、農耕型的國家，及源自近代西歐的近現代國家的理念有很大不同。

回顧歷史，斯基泰是世界史上第一個事例，有著匈奴、鮮卑、柔然、高車、貴霜、嚈噠、阿瓦爾、可薩、突厥、畏兀兒（維吾爾）、契丹等浩浩蕩蕩的歷史傳統。此外，除了這些純粹的游牧國家外，如米底亞、阿契美尼德、帕提亞、薩珊等在伊朗高原上興衰的國家，或是代國、北魏、東魏、西魏、北齊、北周、隋、唐等一系列拓跋國家的長流，甚至是保加利亞及馬扎爾等，也關係密切地屬於此一體系。七世紀以來的伊斯蘭各王朝雖與游牧民軍事集團無關，但十一世紀開始，突厥・蒙古系的衝擊，給原本理當沒有相當於「國家」、「帝國」用語及概念的伊斯蘭世界，帶來了中央歐亞型的「國家」形態。並且，中央歐亞型國家的模式，也由於蒙古世界帝國的出現，而作為歐亞各地共通的要素而被引入，和蒙古體系一起在各地與當地原有的面貌融合，到了後世成為血肉而被繼承下來。

我們總是在無意識中以十九世紀西歐的視角為前提，以當時受到各「文明圈」影響而刻板化了的印象來回溯並套用在往昔的歷史上。然而，此一「文明圈」的架構其實並不那麼固定，而是以蒙古時代以後形成的明清帝國、帖木兒帝國、蒙兀兒帝國、薩非帝國、鄂圖曼帝國、俄羅斯帝國等幾個大型「帝國」的疆域為基礎，由這些帝國各自固有而無變動的「文明圈」、地域框架的錯覺產生出來的，是世界各地「文明化」使命感異常昂揚時期的人們所編造出來的故事。

在「帝國」史展開的區域模式中，就結果而言，中央歐亞型所扮演的角色，實具有與近世、近代西歐型國家並稱的歷史意義。

「地上唯一的帝國」確實存在嗎？

有幾個古老神話，是與「帝國」相關的。其中一個，就是如今看來仍然存在的，「地上唯一世界帝國」的這個修辭。然而，這或許該說是歐美人或近現代人的神話。總之，不過是一種源自於對近代以前無知的浪漫情懷。

羅馬帝國正存在於這個印象底蘊之中。虛構的動機，便是來自為了讚頌羅馬帝國的強大、偉大，並想要證明其世界性、普世性的心情和意念。此外，又有中華帝國的印象加以助長。具體而言，就是「歷代中華帝國的皇帝都被理解為受天命治理地上世界的天子，是主宰這個『天下』唯一絕對者」的這個典型認知和詮釋被援用了。然而，中國文獻中所謂的「天下」是相對性的，頂多只意味著當時政權有效治理的範圍而已。我們應該認知到，中國式的世界在古典時代也不過是地上的九分之一或不超過八分之一而已。

若據世界史的事實而論，則「地上唯一的世界帝國」這樣的局面，幾乎是不存在的。可以說，蒙古帝國充其量也只等同於現在的美國。要主張羅馬帝國是「地上唯一的世界帝國」，實在有些勉強。在帝政羅馬的東方，有帕提亞帝國，以及接下來的薩珊帝國，而且就算是全盛時期的羅馬帝國，與帕提亞交戰也時常嘗到敗績；東部邊境亦曾陷入危機，羅馬皇帝也淪為薩珊的俘虜。羅馬帝國之所以主張本身是「地上唯一的」，不過是

「帝國」時常可見的一種稱號上的虛張聲勢罷了。要說在理念上具有這種觀念，說穿了也不過是後世所創造出來的解釋。

在中華帝國，夠格稱作「地上唯一的世界帝國」的客觀情勢者，也只有秦始皇和唐太宗、高宗這一小段時期而已。就事實而言，漢與匈奴是呈兩大帝國並立的局面。蒙古帝國在本質上既非中華帝國，統治疆域也遠超乎其上。

綜觀歷史上的「帝國」，可知它們大抵是以兩個或三個為一組而成立的，我們不如說這一點才更重要。姑且舉幾個具代表性的事例如下。

斯基泰↔阿契美尼德帝國
羅馬帝國↔帕提亞帝國、薩珊帝國
漢↔匈奴
拜占庭帝國↔薩珊帝國↔嚈噠
突厥↔隋、唐
契丹帝國↔北宋
哈布斯堡↔鄂圖曼帝國↔薩非王朝↔蒙兀兒帝國
清↔準噶爾

俄羅斯帝國↔清
西班牙海上帝國↔葡萄牙
荷蘭↔英國
英國↔法國
美國↔蘇聯

此外，所謂眾多國家中的「帝國」局面，原本就不限於歐洲。例如前面所提的契丹和北宋也是一樣，若是單看兩者，那麼兩大帝國的和平共存看似持續了一個世紀以上，但如果擴大視野再照看一次，則會發現一個有西夏、吐蕃、畏兀兒（維吾爾）、大理、高麗及日本等存在的多極世界。阿巴斯王朝後的伊斯蘭中東也幾乎如此。也就是說，所謂的「帝國」恰恰與唯一且巨大之權力屹立不搖的這個印象相反，現實上不如說是某種對抗關係而使其「帝國」化，並以此作為支撐。「地上唯一的世界帝國」這種觀念，完全只是一種內在的理念，若更貼近現實來說，十九世紀後半到二十世紀初的歐洲，不正是反向投射到過去羅馬帝國而有的印象產物嗎？

作為與這樣一種世界性或虛擬世界性相關聯的事物，有關「帝國」中較為突出的類型事例或是以之為中心而形成的「國際秩序」，過去以來有諸如羅馬的和平（Pax

Romana）、伊斯蘭的和平（Pax Islamica）、蒙古的和平（Pax Mongolica）、鄂圖曼的和平（Pax Ottomanica）、西班牙的和平（Pax Hispanica）、大不列顛的和平（Pax Britannica），甚至是美國的和平（Pax Americana）等辭彙陸續被創造出來。其創造者及使用者似乎皆以肯定的意義來使用它們。可是，若談到作為這一系列改編版本源頭的「羅馬的和平」本身究竟如何，那麼就有如塔西佗在《阿古利可拉傳》（*Agricolae*）中借不列顛島某位首長之口所言的「他們帶來荒廢，卻妄稱和平」，便是這個辭彙的真意。總而言之，他是在對羅馬藉著強迫性武力而進行的野蠻統治，投以諷刺及批判。

把羅馬帝國出自武力和功名心，滿是血腥的統治，描寫成美麗、文明及理性的象徵，這是始於十九世紀中期的歐洲。有研究指出這是因為雖然國情不同，但皆帶有「帝國」性格的法、德、英等國，對過去的羅馬投射了作為優越帝國統治者的自畫像的結果。若是如此，那麼塔西佗所寫下的「羅馬的和平」之語，當然就成為一個超越時代的，對於近代西歐帝國的諷刺。更何況，各個歷史時代的狀況是否真能被簡約成「某某的和平」這種象徵性的印象辭彙呢？

如果說「美國的和平」的真意說穿了就是為戰爭背書的自我中心、感覺良好的片面和平，那麼我們該說這個辭彙的使用真是巧妙。不過，當我們看到聚焦於近年乃至現今美國的種種「帝國」論，無論好壞都濃烈地帶有十九世紀到二十世紀在歐美形成的「帝

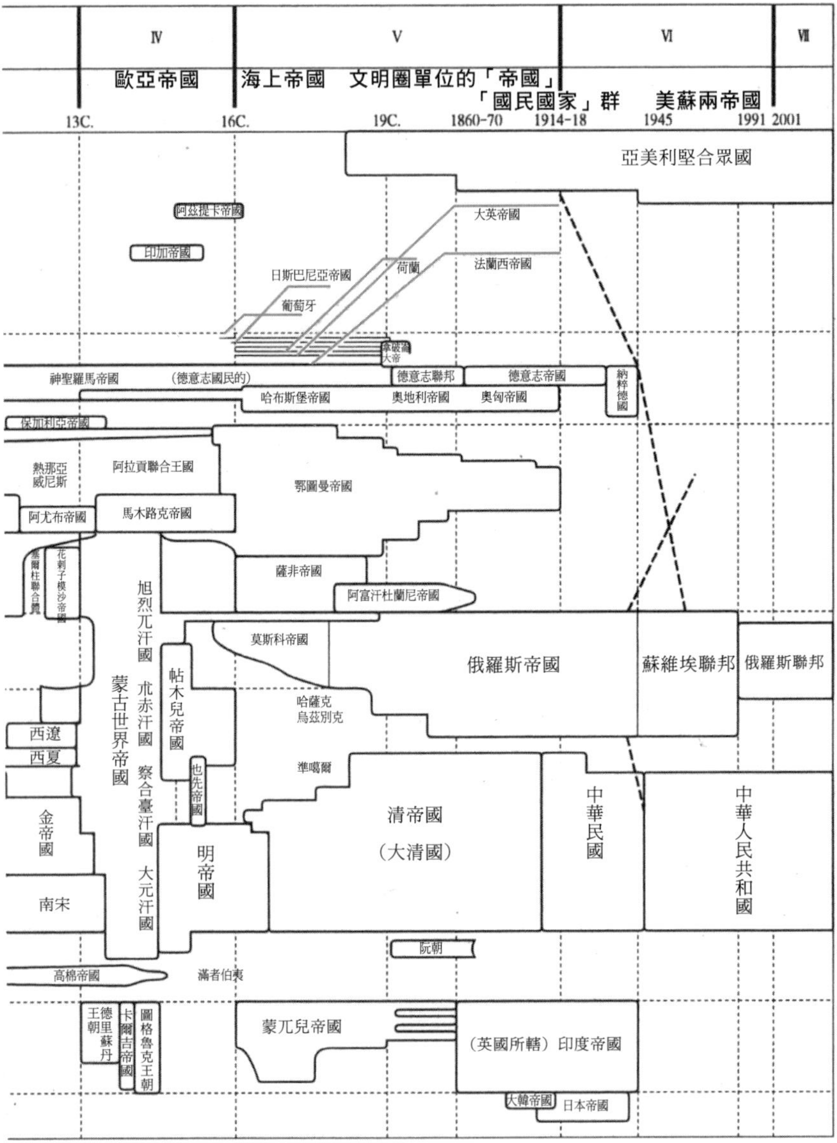
Ⅳ
Ⅴ
Ⅵ
Ⅶ
歐亞帝國
海上帝國　文明圈單位的「帝國」
「國民國家」群　美蘇兩帝國
13C.
16C.
19C.
1860-70
1914-18
1945
1991
2001
亞美利堅合眾國
阿茲提卡帝國
印加帝國
大英帝國
法蘭西帝國
荷蘭
日斯巴尼亞帝國
葡萄牙
拿破崙大帝
神聖羅馬帝國
(德意志國民的)
德意志聯邦
德意志帝國
納粹德國
哈布斯堡帝國
奧地利帝國
奧匈帝國
保加利亞帝國
熱那亞
威尼斯
阿拉貢聯合王國
鄂圖曼帝國
阿尤布帝國
馬木路克帝國
塞爾柱聯合體
花剌子模沙帝國
薩非帝國
阿富汗杜蘭尼帝國
旭烈兀汗國
莫斯科帝國
俄羅斯帝國
蘇維埃聯邦
俄羅斯聯邦
蒙古世界帝國
朮赤汗國
帖木兒帝國
哈薩克
烏茲別克
西遼
西夏
也先帝國
準噶爾
察合臺汗國
金帝國
清帝國
(大清國)
中華民國
中華人民共和國
明帝國
南宋
大元汗國
阮朝
高棉帝國
滿者伯夷
王朝
德里蘇丹
卡爾吉帝國
圖格魯克王朝
蒙兀兒帝國
(英國所轄)印度帝國
大韓帝國
日本帝國

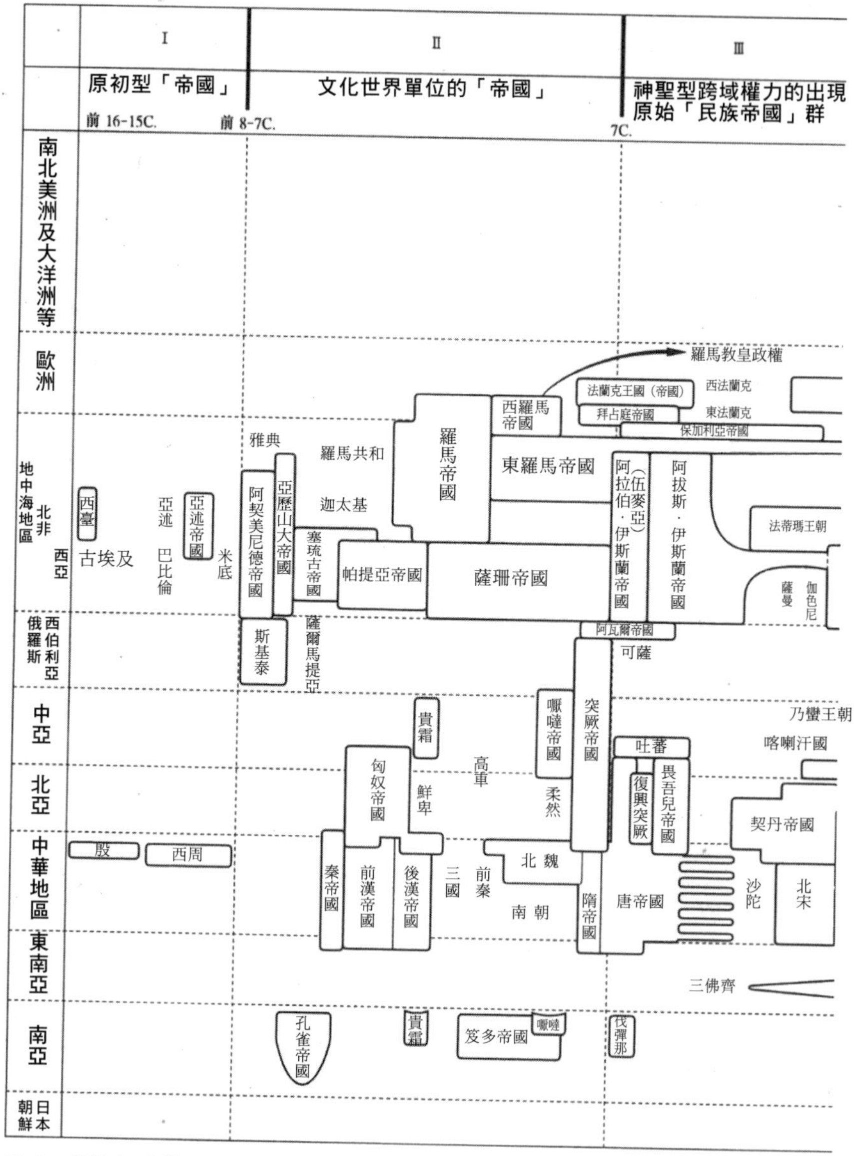

Ⅰ
Ⅱ
Ⅲ
原初型「帝國」
文化世界單位的「帝國」
神聖型跨域權力的出現
原始「民族帝國」群
前 16-15C.
前 8-7C.
7C.
南北美洲及大洋洲等
歐洲
地中海地區
北非
西亞
西伯利亞
俄羅斯
中亞
北亞
中華地區
東南亞
南亞
日本
朝鮮
羅馬教皇政權
法蘭克王國（帝國）
西法蘭克
拜占庭帝國
東法蘭克
保加利亞帝國
西羅馬帝國
羅馬帝國
東羅馬帝國
雅典
羅馬共和
迦太基
西臺
亞述
亞述帝國
古埃及
巴比倫
米底
阿契美尼德帝國
亞歷山大帝國
塞琉古帝國
帕提亞帝國
薩珊帝國
阿拉伯·伊斯蘭帝國（伍麥亞）
阿拔斯·伊斯蘭帝國
法蒂瑪王朝
薩曼
伽色尼
斯基泰
薩爾馬提亞
阿瓦爾帝國
可薩
貴霜
嚈噠帝國
突厥帝國
乃蠻王朝
喀喇汗國
吐蕃
匈奴帝國
鮮卑
高車
柔然
復興突厥
畏吾兒帝國
契丹帝國
殷
西周
秦帝國
前漢帝國
後漢帝國
三國
前秦
北魏
南朝
隋帝國
唐帝國
沙陀
北宋
三佛齊
孔雀帝國
貴霜
笈多帝國
嚈噠
伐彈那

圖五　「帝國」史的發展過程

國」影子時，便不禁想到其與冷靜、客觀的「帝國」圖像間所存在的距離。

基於上述內容，本節擬以圖表來呈現「帝國」史的開展。在「帝國」史的發展過程圖表（圖五）中所舉的「帝國」實例，只是較具代表性者；結果，這幅圖表畫成有如世界史概覽圖一般，只能說是筆者能力不足使然。

三、近代前帝國和近現代帝國的差異

各「帝國」是否存在差異？

貫串「帝國」史整體的一個重點，是近代前「帝國」和近現代「帝國」究竟有何不同？有關這個問題，恐怕會有來自各方立場的多樣性見解吧？然而，細部差異姑且不論，較大的相異點或許是如下三點：

①近代前「帝國」基本上是君主制。大體上以血統主義為基礎，但也時常在歷史上

看到，諸如依推舉制或由有力人士及家系來進行的更替制，或接力式的政權轉讓、政體維持，甚至是只限於創業者一代，近似「個人公司」者。必須注意的是，「帝國」不僅限於「王朝」。另一方面，在近現代「帝國」裡，整體而言是以議會、代議制、民主制等「國民」意志為依歸，縱使那時常是假想或表面原則。即便所謂國族國家大多是觀念的產物，仍不能否定「帝國」是以此為基礎而形成的。包含過去的日本在內，世上曾經存在過幾個山室信一所說的「國民帝國」，現在與今後也仍然可能出現。同樣地，「民主帝國」也絕非矛盾。

② 近代前「帝國」以陸上拓展為主，看不到跨越海洋的帝國疆域。另一方面，近現代「帝國」，除俄羅斯帝國和具有濃厚繼承國家性格的蘇聯等以外，海外性質大致上是比較明顯的，不如說較多是因擁有「海外領土」方成為「帝國」。此一傾向是發端於十六世紀以降的近代西歐。

③ 近代前「帝國」皆是在「民族」形成以前成立的，若要以民族主義的想法來理解，應當皆屬十九世紀歐洲所創造出來的誤解及錯覺。種族主義的觀念也很薄弱。單憑作為統治階層和政權主體的集團、部族、區域勢力，便指為近代式的「民族」或人種，只能說是一種擴大解釋。

相對於此，在近現代「帝國」中，存在著強烈的「民族」意識和種族主義觀念的源流，是以葡萄牙和西班牙為先，在建立跨越海洋的海外領土，及在其海上帝國形成之際，將海外屬地的居民視為奴隸，大開種族歧視之門。在伊比利半島的本國這邊，也發生了不同於以前多種族、宗教的混居狀況，而開始驅逐猶太系、阿拉伯系居民的「民族淨化」、「宗教淨化」等現象。蔑視海外領地之在地人的觀念，是歐洲長期以來的傳統，逐漸地也使得他們自命不凡，同時又以「文明優越感」或「文化使命」作為擴大殖民地的理由。在「國民帝國」的時代，甚至是「民主帝國」的當下，這類種族主義的影子還是很濃厚。

除了上述三點，近代前和近現代的「帝國」，基本上應該沒有什麼不同。此外，除了日本以外，近現代的「帝國」幾由歐美所獨占。然而，包括當代在內，今後「帝國」將如何演變，則尚無定數。

觀看人類史的視線

看過上述極為粗淺的論述，再從時代及地域這兩種角度來回顧一下整體脈絡，我們便能發現幾個以超越時間因素的形式來創造「帝國」，或是容易形成「帝國」的地域。

姑且撇去「帝國」或「王國」不易辨別的情況不談，當我們舉出名實相符稱得上是「帝國」者時，似乎能夠看得比較清楚。首先可以想到的是：①地中海地區與西亞、②印度次大陸、③中華地區、④中央歐亞等四個區域；甚至①自七世紀左右開始又分為伊斯蘭中東和歐洲，結果可以歸類為五個容易發展為「帝國」的區域。

而且應該注意的是，除了中央歐亞以外，這四到五個區域，與近代所謂以「文明」概稱的區域幾乎相吻合。然而，如前所述，這是近代西歐中心觀所導致的誤解與偏見。話說回來，總而言之，觀看各「帝國」與「文明」的視線，在此出乎意料地是彼此相近的。「帝國」和「文明」皆不只因跨越生態系或生活圈而擴大，而是伴隨著一定程度的普世性，主張某種主義或價值觀、思想。就結果而言，「帝國」論往往接近「文明」論。

總而言之，「帝國」以文明圈為別而展開的這個格局，明顯地是被接受的。尤其是十五、十六世紀開始以文明圈單位為別的「帝國」並存現象，更成為其後「文明論」的直接基礎。在這樣一個長久以來皆有「成套帝國」的地區存在的同時，也另有一些與「帝國」較生疏的地區，而那些地區往往被看作是距離「文明」較遠的。

接著，另一個超越「文明」的「帝國」，就是世界帝國。蒙古帝國、大英帝國、美國帝國，這三者中較接近世界文明的是何者呢？

回頭來看，由於美國在當代世界的突出表現而往往被形容作「帝國」，這是很可以理解的。不過，這裡其實存在著一個將地球這個行星整體看作是國際社會，那麼裡頭當然包含了某種統一的秩序或價值體系的想法。有關其秩序及價值本身，即便美國及其他各主要國家之間多少有些差異，但基本的方向則沒有太大不同。只是就實行、貫徹的意志，以及作為籌碼的軍事力量而言，則由美國拔得頭籌，並且它的一個極大特徵，便是使用武力的方式極為急躁且單純。

美國無疑是一個「霸權國家」。另一方面，談到主要國家，除了日本與中國以外，仍然集中於歐美。一言以蔽之，由歐美等主要國家所主導的霸權競逐，經一個半世紀左右的演變後，便形成了現今的世界。若以更廣濶的視野來看，可看到美國是在西歐始於十五、十六世紀的海上發展長流中興起，作為歐洲這個「文明」的擴大型或是新版本而成長，最終發展成為一個壓倒性的霸權國家。其間雖有許多曲折，但若以「成就美國的道路」這個略微帶有結果論的眼光來看，那麼這個過程的走向似乎是簡單易懂的。

若從「帝國」史的脈絡來看，美國本身便是一個近於「帝國」的權力。而且，它很早便帶有顯著的世界性。其方向在作為移民國家的初始即已萌芽，在南北戰爭後作為一個瀕臨兩大洋的聯邦國家，其視線也不得不展望世界；甚至在兩次世界大戰後，世界戰略便澈底地內化為美國的體質。「世界帝國」往往容易被用作非難或批判美國的言辭或形容，但否定也好、肯定也好，就歷史及客觀性而言，這數十年間的趨勢的確是如此。

不過，雖說是「帝國」或「世界帝國」，但若要說它宛若一絕對神祇，強迫其他國家接受一元的、齊一的秩序或價值，那未免太過單純且老套了。過去羅馬帝國的確是有這樣的特質，但到了歐亞世界史的階段，不如說幾乎所有的「帝國」在大體上皆是鬆散的。這些「帝國」的統治，在現實上不過是限於凌駕中小型地域、社會、王國之上，做些和緩的整合而已。

直截了當地說，「帝國」變得更接近鎮壓、壓榨、歧視、戰爭、流血，乃是西歐向海上發展以後的事。特別是十九世紀到二十世紀期間的各個「帝國」，幾乎都是歐洲或向歐洲取法，可以說是人類史上嗜血的特例。現在我們腦海中所想像的「帝國」，多帶有這個時期的濃厚色彩。這種藉此回溯遙遠的歷史故往，還大談各種故事的態度或行為，是否該說是近現代的任性自大，或者該說幾乎是緣自歐洲型文明主義的一種詐術呢？

其實，二〇〇一年九月十一日以來的阿富汗戰爭和伊拉克戰爭，其流血程度和過去相比算是少的。雖說戰爭中的流血本來就無法避免，但兩次世界大戰固不待言，阿、伊戰爭的流血程度，與越戰及巴爾幹紛爭也是無法相比。此外，即便要談美國的「世界帝國」格局，但美國也絲毫不具備排除萬難，解決、主導一切問題的力量及資源（包括物質與人力兩方面）。事實上，有關於此，無論是非難美國也好，贊成美國也好，任誰來看都是極為清楚的。即便說美國擁有力量，但那充其量也只是相對性的，不過就是在當前的國際關係或過去歷史的脈絡中顯得突出而已，說穿了也不過就是如此。

此外，若談到美國以外的國家，那麼例如德國雖然在舊東德領土上進行重建事業，但也在懷抱面向東方的擴大主義或歐洲全境的巨大意圖下，對柏林建設等方面做了巨大投資，結果由於自身招來的失敗與失調，而陷入現在的結構性經濟困境，但它仍擁有成為歐陸「霸權國家」的潛在力量與可能性，如其人口數量及產業能力等因素。至於俄羅斯也是一樣，雖有其國家將會更形分崩離析的擔憂，但對於原蘇聯圈的高加索各國及中亞各國等，俄羅斯仍是一個不可置疑的威脅、壓力，或顧慮的對象。

再者，筆者並不清楚，歐盟作為一個區域性的機構，究竟能穩定到何種程度呢？然而，就算它作為一獨立個體而能夠成就歐洲體系，也不見得時常會與美國這個「世界帝國」背道而馳。甚至，即便中華人民共和國一方面維持現有的巨大疆域，一方面又成為世界經濟的主要推手，而且還回避了國家、政權的流動與瓦解這個「不良劇本」，有朝一日將成為聳立亞洲東方的準霸權國，但仍不能據此斷定其行為必將一律與美國兩相矛盾。簡而言之，以美國為軸，縱使多少有些離合及若干路線的對立，但以幾個稱作「主要國家」，以及十個左右準於此類的國家為主體的，名喚「國際關係」的基本結構，目前不會有太大的改變，也不可能改變。國家各自的利害盤算所造成的變動和策略，以及世界整體的框架與結構，是兩個不同層次的問題。如此看來，若要將當代美國及相以環繞的體系稱作「世界帝國」，確是有其道理。

人類史上是否存在過純粹以一方權力來決定一切的秩序體系的可能性呢？過去的任何一個「帝國」裡，是否真正存在過這般狀態呢？

綜觀「帝國」史，在多樣中的統合，或是在多重、多元世界上覆蓋一層薄膜，便幾乎可被稱作「帝國」的狀態，在今日亦無太大改變。若在「美國以單一力量來執行壓倒性支配」這個實際上做不到的假設下，以一種意念及深信的態度來觀看世界，我們將會感到某些奇妙或怪異之處吧！

對於是否該將美國視為人類史上第一個名符其實的「世界帝國」，我們無需躊躇。雖說如此，過度的抗拒和肯定也不妥當。只不過，我們應當要求美國具備的是，作為「帝國」的從容寬裕，一種雍容敦厚的「帝國」姿態。比如說，武力雖是壓制及策略的手段，但將之作為實行上的政治工具，則不明智。有關於此，往昔的「帝國」各自提供了一些或好或壞的前例。「帝國」當中既有年輕的，也有成熟的。美國應該能夠選擇走上一條邁向「成熟帝國」的道路。

第五章

—

歐亞中的日本史

ユーラシアのなかの日本史

一、從大陸來看蒙古來襲

唯一一場由敵方發動的防衛戰爭

簡單來說，對於在日本列島營生的人們而言，發生在鎌倉時代的「蒙古來襲」[23]，是一起日本「遭受攻擊」的事件。

日本原為一島國。在這個國家四周為海洋環繞，具有天賜防衛能力，歷史上關於遭到他國「攻擊」的經驗、或是「有遭攻擊之虞」的恐怖記憶，實際上恐怕只想到第二次世界大戰最終階段的悲慘經歷，或是培里率黑船前來所揭開的幕末時期而已。

以純由敵方發動，我方進行國土保衛的戰爭來說，除去雖留有紀錄、但規模極小的「刀伊來襲」[24]不論，「蒙古來襲」不只是第一場戰事，從某些觀點來看，或許更是日

23 譯注：日本稱「蒙古襲來」。

24 在藤原道長全盛時期的一〇一九年，女真族搭乘五十艘船，在攻擊朝鮮半島的高麗國東海岸後，又侵襲了對馬、壹岐、肥前、筑前等北九州沿岸區域的事件。

本國史上唯一的一場國土保衛戰役。

六六三年大敗於唐朝、新羅聯軍的白村江之戰，無論如何都是由日本所發動的。戰敗以後，當時以中大兄皇子為首的日本政府，對於來自大陸的軍事行動開始感到恐怖。他們沿著預測的對方進攻路線，在短時間內搭建了幾座烽火臺和護城河，甚至是大規模的山城等，的確是將之視作關乎國家存亡的危機，拚命地進行國土防衛。所幸最後「襲來」並未發生。位於生駒山中，近年來被判定是一座不折不扣「巨城」的高安城等，就讓我們切身感受到籠罩在當時亞洲東方的壓迫感。

接著，經過了一千三百年左右，美、蘇在第二次世界大戰的最後階段進攻日本列島，或可說是一百八十度地改變了日本這個國家的歷史。不過，在演變成本土防衛戰之前，蘇聯姑且不談，美日雙方是有過交鋒的戰爭過程，並不盡然是日本片面發動進攻的。

此外，我們還可想起一四一九年李氏朝鮮國帶著二千艘兵船、一萬七千名士兵來到對馬的事件。這起事件，在朝鮮半島以干支紀年方式稱為「己亥東征」，而日本列島則以年號喚作「應永外寇」。然而，對方來襲的目的原為進攻倭寇根據地，而非日本國本身（李氏朝鮮國能夠清楚分辨倭寇及日本，並和日本保持友好關係）。就事件的發展經過而言，毋寧說是和刀伊那場戰事相近的。

再者，就是發生在幕末的一八六三年，與為了報復前一年的生麥事件而入侵鹿兒島的英國艦隊交戰，致使薩摩藩嚴重受創的「薩英戰爭」；以及一八六四年英、法、美、荷四國聯合艦隊同樣為了報復前一年長州藩對外國船隻砲擊事件，而砲擊下關（即馬關），占領砲臺的「四國艦隊下關砲擊事件」等，皆可說是以藩為單位的戰爭。姑且不論當時以開國和攘夷為中心的國內外情勢如何，這些事件本身並不具有國土保衛戰爭的性質。

雙重禁忌

總而言之，蒙古來襲無可質疑地是由敵方所發動的對外戰爭。同時，也是連著兩次迎擊蒙古這個實現了人類史上最大版圖的世界帝國，對抗其所派遣的大軍入侵的國土保衛戰爭。

而且，蒙古來襲在兩次實戰後便結束的說法，乃是後世人們的結果論，對於當時的人們來說，並非就這麼結束了。其後，來襲的危險仍然存在，不安也無法完全拭去；並且，不只是心理層面，就結果而言，鎌倉幕府的確不得不持續備戰，以繼續面對後醍醐的討幕運動。

這在日本史上的確是值得一書的異常事態。可以想像，北條時宗主持的鎌倉幕府，以及當時包括京都朝廷在內的為政者，是置身於多麼非比尋常的重度壓力中。這與苦於「黑船到來」的江戶幕府的要人們相比，恐怕還猶有過之。

戰事的發展，敵方的強大，前後兩次的大規模戰爭，持續不絕的恐怖記憶……總而言之，這的確是日本史上一場罕見的國土保衛戰爭。這般印象震撼了在日本列島人們的內心，將之稱為「前所未有的國難」。姑且不論這形容是否妥當，對於大多數的一般民眾來說，這確實是一種單純、易懂的思考方式也說不定。

然而，回顧過去，這種說法其實並不古老。最多是回溯到明治以後，尤其是在昭和以後才變得更加明顯。

此時，日本已經舉國走上形塑西歐型近代國家的道路。這個方向逐漸發展成一種高漲的國家意識，甚至演變為日本史上獨特、異常的極端階段，亦即中日戰爭（譯注：日本稱「日中戰爭」）和第二次世界大戰時期。

「蒙古來襲」被賦予特殊意義並形象化，正是那段期間。蒙古來襲對日本全國而言是無可爭論的「國難」，北條時宗也被視為「救國英雄」，在數百年後獲追封，聲譽極高。然而，另一方面人們卻回避去分析、探討事件的經過，如蒙古來襲的實際情況，鎌倉幕府的應對方式，北條時宗的真實面貌等，這與後來把所謂的「神風」神聖化有共通之處。

不過，情況到了戰後出現大幅轉變。上述內容被視為戰爭期間的異常事態，不僅蒙古來襲本身，甚至連戰爭整體或涉及軍事史的研究和論述，都被看作禁忌。至今，蒙古來襲實際上仍處於澈底的研究分析尚未展開，主觀成見和擅斷卻已先行的狀態。

簡單來說，在戰前和戰後被雙重禁忌所蒙蔽的情況下，有關蒙古來襲，如究竟發生了什麼、何時發生、結果如何等各項問題，就合於情理的史實確認而言，皆尚無定論。這實在是一個成見先行或想像過度的案例。

蒙古來襲乃今後研究課題

現在，世人對「神風」的印象已經較為淡薄了，但「空前國難」、「存亡危機」、「救國英雄北條時宗」等說法，作為一種形容修辭，還殘留在大多數人的耳中，並且似乎已經定型、扎根了。另一方面，還有一種說法指出，日本之所以能夠擊退蒙古來襲這個「巨大外壓」，是因為朝鮮半島、中國大陸、東南亞各地民族或國民對於「蒙古惡政」的抵抗、叛亂和合作之故。然而，一談到實證和史實的探討，則其實有許多禁不起推敲的地方。有關於此，雖然有待其他機會詳述，但越戰時期反美運動的類推投射，似乎是這些說法的緣由之一。

對於鎌倉幕府的認識當中，究竟存在著多少「日本」、「日本國家」，甚至是「國難」

的意識，本來就大有疑問；並且，亞洲各民族的「合作論」也實在是太過受到近代印象的影響了。

無論何者，都不能否定其中存在著印象先行的問題。不管是哪一種情況，若將我們這些現代人以「國家」概念作為當然前提的「一般認識」作基礎，來照看其實並非如此的過去，總是有些說不通及令人擔憂之處。

此外，還有一個問題，就是一直以來有關蒙古來襲的討論和印象，都只從日本的角度來看。這是前面列舉的論述裡無法忽視的共同點或特徵；或者，這些論述頂多只在稍稍揣度朝鮮半島或高麗國內的情況後便打住了。

這些論述對於「攻擊方」蒙古帝國的情況，幾乎未加考慮。總而言之，我們只留意到一種情緒，那就是蒙古是一個日本無法與之匹敵的巨大世界帝國，強大又野蠻，由於是被這個超大國家「攻擊」，因而非比尋常。這的確是一種邏輯單純的印象論。如此一來，「攻擊方」蒙古的皇帝忽必烈，便理所當然地該是一位邪惡悖德的帝王了。這真是一齣善惡分明的粗糙時代劇。然而，事實真是如此嗎？

可想而知，若我們不能細緻地兼顧「攻擊方」和「防守方」兩者，便無法確知事實。例如，一直以來無可質疑地被認為是善者、英雄的高麗國反蒙古勢力「三別抄」，其實也曾有過直接臣服於蒙古的動向，而並非人們一直以來所認知的那般單調無變化。當然，當時人們的營生和行動，絕不是後世單純或任意貼上標籤便能出現定論，每一位歷史人物的生涯都非同小可，他們為了存活都非常拚命。而且，日本史和亞洲史的區別，不過是歷史研究者任意創造出來的產物，所謂的歷史，事實上是沒有界限的。

要從事這樣的研究，其實必須蒐羅各種材料，包括多種語言的文獻史料，以及遺跡、遺物等。並且，日本史、東洋史等框架姑且不論，還須徵集海洋學、軍事史、氣象學等橫跨文理學科界限的深刻見解，以進行分析、探討，這正是一種綜合研究。

其實，所謂歷史研究皆須如此，蒙古來襲當然也是。針對蒙古來襲，我們必須進行一種遍及所有層面、事物，鉅細靡遺的再探討和新研究。也就是說，從現在起一切才正要開始。

不可思議的「元寇」

「元寇」是在日本列島生活的人們時常聽聞的辭彙。它指的是蒙古以一二七四年的文永之役、一二八一年的弘安之役等兩場戰爭為中心，對日本發動的侵襲。至於蒙古於日本戰役前後時期，在東南亞各地所發動的軍事行動，有時也以這樣的說法來形容。

然而，「元寇」一辭，出了日本便不適用。「元寇」，可說是日本的新造辭彙，也就是和製漢語。由「元」和「寇」這兩個漢字組成的辭彙，作為漢字的組合本屬奇妙，就這點而言「元寇」是既不自然又不可思議的辭彙。

無庸贅言，「元」是蒙古帝國第五代皇帝即成吉思汗之孫忽必烈，在一二七一年所定下的國號。不過，正式的國名為「大元大蒙古國」。所謂的「元」只是一種通稱、略稱。正如後述，為人熟知的這個通稱，便是造成事實誤解的重大原因。

談到一二七一年忽必烈宣布新國號，不過是第一次「元寇」即文永之役發生僅三年前的事。過去蒙古帝國的自稱是「大蒙古國」，蒙古語讀作 Yeke Monqul Ulus，若將之翻作漢語，便成「大蒙古國」。

因此，忽必烈於一二六六年送遞至日本，並在東大寺中留有複本的知名國書，理所當然地在開頭寫有「大蒙古國皇帝奉書日本國王」。一二七一年前便有「元寇」的說法，自然不能成立。

「大蒙古國」這個國號，原來是初代君主成吉思汗在一二〇六年時所制訂的。然而，六十五年後忽必烈卻在這個固有國號特意加上了「大元」之語，這個舉動可以說是非常特殊的。

「大元」之語，乃是取自古代中國聖典之一《易經》中的「大哉乾元」。所謂「乾元」，可說是天、宇宙，或其生成原理。也就是說，「大元」意指世間萬物的「源頭」。

忽必烈是期許自己所率領的國家成為地上萬物的支配中心，才加上這個名稱的。

如今，將中華全境也納入版圖的忽必烈，舉行盛大儀式並自稱國號為「大元大蒙古國」，以之作為橫跨歐亞東西的世界帝國的國名。在始於一二六〇年，長達五年的帝位繼承戰爭後期，憑藉實力成為大可汗的忽必烈，立刻推動了嶄新的國家建設。遠征日本等前往各地的作戰活動，不過是他與智囊策士們所勾勒的綜合計畫的一部分。

忽必烈想表達的大概是：自己所構想的新國家不以「大蒙古國」為足。這是他明確地意識到世界並面向世界的新國號。

一言以蔽之，「大元大蒙古國」這個國號，是在蒙古國家傳統及架構上，增添了中國王朝色彩及支配世界意志的新形態國號，找不到其他類似事例。也就是說，在世界上所有國名裡，它屬於一種雙重結構。

然而，一般中國史卻習慣將它稱作「元」或「元朝」，與其他中國王朝並列。這裡存在的邏輯是，「大元」和大唐、大宋、大金、大明、大清相同，「大」是一種美稱，而唐、宋、元、明、清才是王朝名稱。但這只對了一半，有一半是錯的。

宋代以前的中國歷代王朝，是在地名（出身地或封領之名）上增加美稱「大」，自金以後則是以「大〇」兩字為一辭，命名方式有所不同。至於「元」則與上述不同，世人幾乎忽略了國號後半的「大蒙古國」仍然確切存在，而且那原本是國號的骨幹。這麼說吧，其實絕大多數的中國史學家恐怕都不清楚「大元大蒙古國」才是正式國號的這個事實。我們不得不說，只注意到漢文史料的治史方法，未能留意到蒙古語等語文的文獻紀錄，實在令人非常遺憾。

並且，不只是國號，就實際層次而言，這個政權在忽必烈以後，也持續作為統合歐亞之跨域型超大世界帝國的宗主國，而就結果而言，對中國地區又帶有中國王朝的面向。也就是說，該政權不只在理念上是雙重結構，在現實當中也是。中國史的這種稱法，於名於實皆難稱適當。

「元」完全是一種基於中國王朝史觀的權宜稱謂，屬於一種設限的用法。有關此點，若不充分留意，那麼事態的嚴重性將不僅止於國號稱呼。世人往往將這個國家或政權的實際狀態想像成與中國王朝一樣，這導致在史料解釋和史實把握上，容易在無意間產生許多誤解，這是一種長期存在的現象。

「元寇」與「倭寇」

另一方面，所謂「寇」為竊賊、強盜之意，特別又含有濃濃的「毛賊」之意。在許多情況下，漢字這種特殊文字在每一字皆帶正反語感和價值判斷。「寇」無疑是一個負面的文字，對於這個文字的使用，本來就存在一種嘲弄、輕蔑的意圖和情緒。

總而言之，這樣一個負面印象的文字，和指稱王朝的文字「元」結合而成一辭，就漢語而言甚是奇怪。「元朝毛賊」一辭，其性質從漢語角度而言，原本就是極難成立的。實際上，「元寇」這個辭彙，至少就我所知，在中國可見的古今漢文典籍、文書、紀錄裡頭都看不到。

回頭來說，日本在當時將這場對蒙古的防衛戰稱作「蒙古會戰」（蒙古合戦）或「異國會戰」（異国合戦）。「蒙古來襲」這個後世常用的說法，在當時也已經能夠看到。不過，「元寇」之語則一直沒有出現。

「元寇」是到了江戶時期才開始使用的。依筆者管見，它的第一次出現是在《大日本史》卷六三，後宇多天皇，建治元年（一二七五年）九月七日之條等。其後，尤其是到了江戶後期，伴隨著國學鼎盛而受到矚目。於是，這個辭彙便在幕末到明治期間扎根。現在「蒙古來襲」和「元寇」這兩個辭彙可以說是並用的。

為何「元寇」到了江戶時期以後才開始被使用呢？其關鍵就在「倭寇」一辭。

當時，「倭寇」這個修辭已經存在於中國或朝鮮半島，是一純正漢語辭彙。所謂「倭」指的是日本列島及其周邊地區，以及在那裡生活的人們。不過，就文字本身語義而言，則是形容人彎曲、畏縮、弱小之意，裡頭當然包含了中國思想的獨特價值觀、文明觀和世界觀。

這樣一個負面形象的「倭」，和意味著竊賊、強盜和毛賊的「寇」，是很容易被聯想在一起的。在此，就漢語用法而言，並沒有任何不自然之處。

「倭寇」是大陸方面針對認定是日本及日本人的集團（實際上，被喚作「倭寇」者，集團成分複雜多樣，也包含了大陸、半島的人們）所創造的用語；並且，使用的時期確實很長。因此，「元寇」乃是過度意識到來自大陸的「倭寇」一辭，而被創造出來的和製漢語，可以說是源自日本的一種「對抗語」。

這該說是日本方面的自我意識使然，或該說是對抗大陸國家的心理表露呢？國學和攘夷思想的鼎盛，幕末及明治維新時極度昂揚的國家意識，這樣一個時代狀況與「元寇」一辭普及的相輔相成，恐怕不是一種偶然。

可是，坦白說來，這橫豎不過就是一種文字遊戲。這個辭彙的「發明者」到底是誰，雖不確知，但說不定有很大成分只是為了取笑或嘲諷。不過，「元寇」或許也和當時所謂神國思想或國體意識是連動的，使得這個日本人聽來不壞的修辭和語感受到歡迎，並漸次得到普及。

這或許是歷史上屢屢可見的一種超越時代的文明現象。附帶一提，整體而言東洋史家較常使用「元寇」，反之日本史家則幾乎是毫無例外地使用「蒙古來襲」。

「蒙古來襲」這個辭彙在當時的史料中也找得到根據，就這個意義來說是極富根據的日語。不過無論如何，說不定日本史家對於「元寇」一辭及其形成過程，以及當中所飄散的國家主義氣息，較東洋史家還來得敏感也說不定。雖說如此，當然以大陸為基軸來看歷史和以日本為中心來看歷史，視角和視野確是會有不同。

籠罩歐亞的蒙古風暴

上面談到的是日本的情況，然而，「元寇」也好，「蒙古來襲」也好，此一「蒙古暴風」侵襲的不只是日本或朝鮮半島、東南亞各地，也波及了歐亞的東西及南北。這是遍及歐亞整體的歷史現象。比方說，歐美將蒙古稱作「東方風暴」。具體而言，就是來自東方，使中世紀末期的歐洲基督教世界陷入危機的「風暴」。

前往日本的「元寇」，正處於這樣一個大時代的波動下。單從日本的觀點來看，其實是不充分的。我們必須追尋「世界與日本」，或是「世界中的日本」的觀點。

回顧歷史，「蒙古來襲」也好、「元寇」也好，這兩個辭彙自始在前提上，便在不知不覺間意識到亞洲東方和漢字文化圈的「東方世界」。可是，那實際上還是一種終究無法收納進「東方世界」框架裡的時代現象。將「蒙古風暴」整體擺在世界史規模的鳥瞰圖中來掌握，很是重要。若能如此，那麼吹到日本的「蒙古風暴」便將顯現其特徵。日本既非世界孤兒，亦非特殊存在。日本史上的「蒙古風暴」，是能夠讓我們無庸置疑地思考到「日本既非孤兒亦不特別」的珍貴時刻。

此外，就算是「風暴」也會因時期和地域而有許多變化。我們可以說「襲來」的內涵是有所不同的。放大眼光來看，這股蒙古擴張的「風暴」，能夠分為以下三個時期。

首先，第一個時期是成吉思汗的時代。蒙古的國家原貌，便是在此時創造出來的。這個時期的一切，皆可歸納到「草原游牧民國家」這一點上來。

原本，日後被稱為蒙古高原的這塊土地上，並不存在著可被稱作蒙古民族的確切、鞏固的統合體。這一點非常重要，卻也是一直以來許多人根本誤解的一點。

在成吉思汗統合以前，這座高原由韃靼（Tatarlar）、怯烈（Kereid）、蔑兒乞（Mergid）、乃蠻（Naiman）、汪古（Ongud）、弘吉剌（Khonghirad）等大大小小的突厥・蒙古系集團所割據。此一情勢在九世紀中期畏兀兒游牧國家解體後，也仍持續了三個半世紀。

成吉思汗顛覆了漫長的空白。出身於蒙古這支未必稱得上強勢的部族集團，且是旁支中之旁支家系的他，受惠於眾人企盼統一君主出現的時機，成功完成了對高原的統合。接著，他將突厥・蒙古系的龐雜集團，重新整合成以自己為頂點的十人隊、百人隊、千人隊等十進法體系的游牧民組織，以及左翼、中央、右翼的三大分割制，並於一二〇六年將此一新游牧民國家稱作「大蒙古國」。

也就是說，「蒙古」原是一個國家的名稱，它成為民族的名稱，是日後的事。

在歷時五年的內政整頓後，成吉思汗所率領的蒙古軍，自一二一一年起耗時五年瓦解了滿洲和華北的金帝國，在一二一九年起長達六年的西征中，造成中亞、中東最強的花剌子模沙王國解體。一二二七年成吉思汗逝世三日後，西夏王國亦降伏於蒙古之下。

晚年的成吉思汗，日夜都在對外征戰中度過。親自站在對外軍事遠征先鋒部隊的第一線，是統領龐雜及分散的游牧民聯盟的最佳手段。透過長達十數年的軍事組織活動，各路蒙古牧民都開始感受到已同處「蒙古」這一國家之下。

在成吉思汗這一代，蒙古便同時形成了一個統制力絕佳的游牧軍事力量，以及環顧歐亞中央地帶的草原帝國形態。這就是蒙古風暴，亦即「元寇」襲擊世界的第一階段。

從草原邁向陸與海的巨大帝國

蒙古在成吉思汗逝世後的擴張，有如自動裝置般展開。具體來說，第二時期是指從第二代窩闊臺到第四代蒙哥的這三十多年（即一二二八至一二五九年）。這個時期較引人注意的，是遍及歐亞的陸上大作戰。蒙古後繼者們在成吉思汗的基礎上，於歐亞東西兩側同時展開了兩次大規模的軍事活動。

一次是以拔都為主將，前往欽察草原以及俄羅斯、東歐的知名大遠征；另一次則以旭烈兀為主將，向伊朗、伊拉克和敘利亞方面展開的大遠征。這兩場遠征，皆是面向西方的作戰活動，作為其結果，在歐亞西北建立了朮赤汗國，中東東半邊建立了旭烈兀汗國，這些都構成了蒙古帝國的一部分，而且其中任何一國皆具備了堪稱「帝國」的規模。

然而，同一時期所展開的東方作戰，也就是以中國南方的南宋為主要對象的兩次軍事活動，皆無顯著進展，因而被視為一項必須克服的課題。時至此時，蒙古明顯懷抱了統治世界的意圖，並為達此一目標而開始構思世界戰略。

接著，第三時期是指忽必烈治世的三十四年（一二六〇至一二九四年）。忽必烈在兄長蒙哥猝死後，與么弟阿里不哥展開帝位繼承戰並得勝，其後將帝國重心移向東方，為帝國新造巨大首都即大都，推動全新型態的「大元大蒙古國」的國家建設。

一二七六年，蒙古在幾近毫髮無傷的狀態下接收南宋，其後以在當地蓄積的產業、海運能量為籌碼而進一步向海上發展，不久又將印度洋上的通路納入視野中。蒙古帝國就此轉型成一個遍及陸海、結構多元的「世界聯邦」。將之收束為一的宗主國，就是忽必烈的大元汗國。

總而言之，蒙古有著分為三個階段的擴張與成長。它從一個內陸草原的游牧國家，經過史上最大的陸上帝國時期，化身成為人類史上首度遍及陸海的巨大帝國。

這個歷程順勢與世界史洪流交滙。日本所遭遇的「蒙古來襲」，便是在蒙古擴張的第三期，也就是推進到最終階段，如火如荼地向海上發展時所發生的。

不戰的軍隊

話說，一提到第一章已經談過的蒙古擴張歷程，世人總不由分說地強調殺戮、破壞及掠奪的印象。當然，一旦轉為戰鬥場面，悲劇的確是無可避免的。

但是，一直以來人們所談論的「大虐殺」幾乎都未經證實。雖說誤解的根源裡，多少存在著受蒙古支配者明顯有意的敘述和曲筆、誇大形容等，但仍有很大程度是受到了後世，特別是近現代歷史學家們的成見和偏見的影響。

原本，蒙古的擴張便未必總是伴隨著戰爭。實際上，說不定爆發戰爭的情況還比較少。這其實是我們在思索蒙古時的一個謎題。

蒙古自成吉思汗統一高原的功業起，整體而言就是一支不戰的軍隊。即便是擺開陣仗互相對峙，但要下這就意味著發生過戰鬥的定論，則未免言之過早。在領導者間交戰後，潰散的一方併入另一方，似乎是游牧民社會的常態。並且，從另一角度來看，這可藉此回避了人命的折損。

就算對外征伐，蒙古也始終維持著不輕易發動戰爭的原則。無論是在哪一地區，蒙古皆重視情報戰和組織戰，盡可能地在戰爭前就把敵方導向自滅或投降，而且，大致上也有所實現。

我們看看實際交戰的事例，大多是因為發生差池或是準備不足、訊息不足，而不得不展開實際戰爭。而且，若是真正開戰，我們也能留意到蒙古軍其實總是嘗到敗績的。或者說，縱使不淪為敗戰，也會以先遣部隊或前衛隊先作觀望，若判斷敵方較強，便迅速撤退。

要說蒙古之所以有了令人驚異的擴張，是因為他們太過強大，當然比較好懂，但是，「擴張等於戰爭」的這個前提，卻是叫人質疑。

還有一點。在同一時代敘述蒙古帝國內情較詳細的波斯文史籍裡，指涉攻下或使敵方的集團、部族、人民、國家、城市、鄉鎮降伏時的用語，是「成為伊兒（il）」。「伊兒」本為突厥語，但亦可作蒙古語用，這個辭彙原指「人類集團」，甚至由「同一集團、同族、同類」的意思，而延伸至有「夥伴」之意。

所謂「成為伊兒」，就是「成為夥伴」之意。因此不得不說，過去將之譯作「使之降伏」或是「令其服從」，是明顯受了近代概念影響的誤譯。

而且，「伊兒」一詞和純蒙古語的「兀魯思」完全是同義詞。人類的集團，也就是「國」，這是極具游牧民特色的思維，也是蒙古擴張的關鍵。

不論是誰，只要成為和自己一樣的「夥伴」，便無敵我之分。因為你我都是一樣的「伊兒」或「兀魯思」，也就是同一個「國家」。蒙古令人驚異的急速擴張裡頭，可以說就是因為當中存在著這樣一個彈性自如的國家觀，或豁達的集團核心理念。

來襲軍隊為多人種混合部隊

話題回到蒙古來襲日本上頭。如方才所述，其時正值蒙古擴張的最終階段，也就是往海上發展的時期。

忽必烈的新國家「大元汗國」的一個極大特徵，就是從一開始便強烈懷抱向海上發展的雄心。經濟上他們獎勵海上貿易，以國家主導的形式組織了商船隊，在軍事上更推動海軍建設和海外派兵。我們不得不說，這是一種出自游牧民的政權才具備的柔軟性。

與上述同時受人注目的，是他們不只是擁有傳統的蒙古騎馬軍團，而是為了對應不同地區或目的，而新設由不同種族所組成的兵團和軍隊。例如，組成以西北歐亞的欽察族、阿速族、康里族為主的忽必烈近衛軍團，或令時稱「斡羅思」的俄羅斯人和漢族的混合部隊，在首都大都郊外駐屯。此外，配置於舊南宋領域的軍團方面，主要是由中國北方出身的契丹族、女真族、漢族來構成中堅階級，在地的中國南方出身者也有時會占軍隊成員大多數，純蒙古族的只有極少數位居將官等職位者。或者，也有如雲南、緬甸方面的駐屯軍那般，在契丹族將官底下以女真、漢族為主力的情況。

這些軍隊的內在組成雖然紛雜不一，但都是「蒙古軍」。忽必烈也盡可能地保存原有的純蒙古軍，將由多個種族混合組成的新蒙古軍派往各處遠征或駐守各個地區。駐守在朝鮮半島的蒙古部隊，遠征日本、東南亞各地的派遣軍隊中，其實都存在著各色臉孔。

蒙古的海上戰力是在對高麗國征伐的戰事中形成的。一二七三年，在制伏逃至耽羅（現在的濟州島）的「三別抄」（高麗國的獨立軍團）之際，有三百艘搭載了一萬二千名蒙古、高麗聯軍的船隻渡海，這可說是最早的蒙古海軍。

以這時候的艦隊為母體，蒙古在翌年也組織了遠征日本的軍隊。水手不算在內的話，那是一支擁有二萬七千名兵員的蒙古高麗聯軍，船艦達九百艘。不過，雖說是蒙古部隊，其實也是由契丹、女真、黨項、漢族等不同民族所組成的新蒙古軍。

就蒙古而言，正式的海外派兵以文永之役為最早的計畫。在博多一帶的陸地戰之後，蒙古又回到博多灣內的船隊，最終未再上陸地而逕行撤兵了。這是因為他們在陸地戰中遭受了太大的折損而見識到日本的實力，同時也擔心若勉強在此堅持，那麼好不容易建立起來且珍貴的海軍也恐將面臨瓦解。

若一併眺望大陸的形勢，與其說蒙古對日本的首次派兵，目的在於日本本身，不如說那只是該年一同展開的南宋征服戰的其中一環。從日本與南宋一直以來的通好關係來看，若能截斷南宋退路並威嚇日本，也就足夠了。蒙古在此時恐怕沒有征服日本的意圖。

文永之役時的蒙古遠征軍，正如對歐亞大陸擴大作戰時一般，對於首次接觸的土地和人們，以先遣部隊觀察日本方面的反應，這可說是一種試探底細的做法。

然而，到了弘安之役，情況和局勢便全然改變了。七年之間，接收了南宋的忽必烈大元汗國，一鼓作氣地向通往海上帝國的道路邁進。然而，在同一時期其實也發生了如何安頓這數十萬南宋職業軍人的問題。

對於正自陸海兩方將歐亞整體化為一個巨大通商圈的忽必烈及大元汗國而言，現在要再向日本派兵，從軍事和經濟上，甚至從帝國的榮耀上來講，皆有其意義。於是，除了來自朝鮮半島，與首度出征幾乎同一規模、陣容的東路軍外，又加上十萬士兵、三千艘兵船和相當人數的水手，在中國南方組成了人類史上屈指可數的超大型艦隊，而且這次還要渡過東海的波濤侵襲日本。

但是，史上稱作江南軍的這支大型部隊中，特別從復員不易的舊南宋兵中徵召了志願者，不攜武器而是帶著農具。因此，也能看作是前往日本列島的移民或屯田。後來由於「颱風」而沉入海底的恐怕都是這些人員，實在叫人憐惜。

至於第三次，忽必烈最是熱衷。但是，帝國內部在此時卻發生了蒙古王族的大叛亂，使得派兵日本之事被迫延期。一二九四年隨著忽必烈的去世，蒙古擴張這個大時代，事實上也隨之落幕。

二、鎌倉日本沒有外交

大河劇「北條時宗」的時代考證

二〇〇一年NHK大河劇的主題是「北條時宗」，這已是一則舊聞。我雖然不過是一介平日以十三、十四世紀的「蒙古時代」為鑽研主題，埋首於歐亞東西多語言文獻的歷史學者，但由於北條時宗也涉及蒙古來襲的故事，於是早有打算要在這個總是不看電視節目的週日晚間八點檔時段，打開久違的電視機。

在此之前，二〇〇一年三月底的某日，ＮＨＫ電視劇節目部人員突然造訪我在京都的研究室。他們說服我的方法，和傳聞的學生運動的「集體組織工作」很類似，叫人感覺奇怪。順帶一提，相當於所謂大學紛爭世代以後的我們，就實際體驗而言，和「組織工作」的關係很淺，不知該說是幸還是不幸？

話說回來，該說是吉村芳之這位節目主任擁有如紛爭世代般的高明手腕，或說老派作風所致，總之我被他滿溢熱情的辯才及翩翩風度給打動了。在反覆問答後，才留意到自己已經接下電視劇時代考證這個萬萬想不到的奇特任務。災難何時會降臨到自己身上，還真是無從預知。

不過，日本中世史研究者奧富敬之老師，作為一位少有的北條時宗專家，幾乎把自己完全獻給這部電視劇的時代考證了。相比之下，我只要在電視劇情節進展時，對於時而出現在畫面中的蒙古相關事物，在能力範圍內多少回答工作人員的詢問即可，真的是輕鬆多了。

說到底，雖說是時代考證，但也只是掛著羊頭賣狗肉，我說不定最多只是一個附帶性的角色罷了。

話說，這樣的歷史劇總是容易被問到和史實之間的差距。特別是ＮＨＫ大河劇更是如此。說到世人的高期待，這對ＮＨＫ和節目工作人員來說，或許就變成關愛過度了。

應該說歷史劇是介於史實與戲劇之間的。縱使是電視劇，也要在史實上力求正確，這種意見當然是可以被接受的。另一方面，即便是歷史，只要不是完全篤定，也不過只是一種解釋、推測和假說罷了。因此，也有一種看法是：只要將之視作以歷史為題材的電視劇故事即可。

雖說我這個人本來就不太花時間看電視劇，所以也說不上準確的感覺，但大多數的觀眾恐怕都屬於後者。就算未似《水戶黃門》和《遠山金四郎》那般偏離歷史，但對於與史實間保持適當平衡的歷史劇持冷靜態度，只是單純享受觀劇樂趣的觀眾，想必也是有不少的。

其實，即使是去年的這部大河劇《北條時宗》，也是以作家高橋克彥先生的原作《時宗》為藍本，再由編劇家井上由美子女士苦心改寫成劇本，接著又據此改編為電視劇。可以說經過了原作、劇本、影像三個階段，即使各階段皆充分地考證，參閱了史料及現有歷史研究，但其中又有作家、劇作家、劇組人員的特色與想法、解釋與原創、創意與巧思等（順帶一提，稻葉壽一先生所率領的藝術考證令人非常激賞，讓我學習到有關如何再現鎌倉街景等新知）。

原作、劇本、影像皆是各自獨立的作品，而且我們或許能說它們整體構成了一部綜合作品。此外，自企畫、立案起，統籌一切的阿部康彥先生和前述吉村先生所設的目標和定位，更成主要基調。他們主要的目標除描繪蒙古來襲這個「激盪時代」外，當然還要打造「動人戲劇」。

簡單說來，無論從哪一階段來看，這部大河劇皆是取材於歷史的電視劇創作。而且，它最多也只能是一部取材於歷史的電視劇創作，不可能有完全接近史實的進一步超越。而我也在了解此一情況的前提下，參與了這個製作。說實在的，在觀影過程中自己也有不少覺得狐疑之處。就各個場面、設定、劇情進展而論，作為一位歷史研究者，我仍覺有不少需待改進之處，這點恐怕奧富老師也有同感。

然而，反過來說，若是太錙銖必較地拘泥於歷史研究的角度，相關創作將一籌莫展。首先，有關主角北條時宗這位人物的史料，實在非常缺乏。我們只能一點一滴地了解一些片段事蹟和足跡而已，其生涯則是近乎於謎。「救國英雄」，「迎向空前國難、苦惱下當機立斷的人物」等形容雖然簡單易懂，但那大多是後世（特別是明治以降）所創造出來的形象，到底是否真是如此，我們仍是無法確知。

若是對歷史過於講究，那麼影像中的北條時宗就要變成一個靜止的圖像了，也就是一齣連環畫劇。[25]當然，認為這樣才「正確」的歷史研究者，想必也不在少數，更何況，

25 編按：連環畫劇指的是日本始於昭和時期的一種街頭講故事的形式。

事物的謎團不只限於北條時宗，空白和疑問到處都存在著。

這一點，不用說奧富老師，我也感到有些苦惱。說時代考證是一種災難，主要就是這個原因，不是只談世間印象與實際情況間的差距便能了結的。

史實本身的疑點

這段話愈說愈複雜，而且聽來有點像是規避責任的藉口，在讀者面前滿是抱怨，身為作者的我誠惶誠恐，但接下來仍想再深入談一些話題。這個話題姑且聚焦在蒙古上頭。

有關蒙古來襲本身，「巨大外壓」、「空前國難」的印象在日本已經扎根了。至於日本方面的應對，以及與朝鮮半島上的高麗的關聯性等，在歷史研究者之間有各種討論，然而有關來襲的蒙古，從日本的歷史研究者到小說家以及一般民眾，幾乎都存在一種共通的惡者形象。

話說回來，日本中世史研究已積累了許多關於蒙古來襲的研究。也有一種意見認為，這是日本史上罕見的、遭敵方發動的禦外戰爭；或說作為國土保衛戰爭，蒙古來襲對其後日本或日本人的自我認識及歷史意識的形成，皆造成了不可忽視的影響。詮釋的角度很多，也有數部出色的著作留傳於今日。

不過，這裡可以看到一種模式。那就是日本學界對大陸和半島情勢、動向雖有某種程度的關注，但所有的關心和著力點都在日本上頭。至於蒙古這個對手，則總套上「強大兇暴的世界帝國」、「野蠻不文明的侵略者」等先入為主的觀念，等於是沒有做過真實意義上的詳細分析。

雖然日本學者們並非從未嘗試過掌握蒙古方面的狀況，但是坦白來說，我們仍可留意到一些該稱作成見的問題。很遺憾地，充分理解蒙古帝國整體情況的討論，尚不成氣候。這部分是由於存在多語文史料的障礙，當然也是莫可奈何。

簡單來說，對於蒙古來襲，遭受攻擊一方的研究很多，但關於發動攻擊的一方，則只以「領土擴張的野心」、「貪得無厭的侵略欲」來簡化處理。處理了數度的政府交涉和兩次戰爭等歷史研究課題，對於對手卻全無了解，還是令人感到有些奇怪。

這樣一個弊端，在各方面都可得見。其中一點，就是一說到蒙古，總是認為他們很強大，而蒙古是騎馬部隊所以不擅長海戰等，也是常見的誤解。此外，由於在高麗和中國南方強制徵調民眾令其粗製濫造偷工減料的船隻，才導致船隻輕易沉沒的這種著名說法，究竟又是從哪一條史料中看到的？一談起這些謬誤來真的是沒完沒了。

此外，相反地，所謂的「蒙古」在當時完全是一國家名稱，成為民族名稱是很後來的事；被稱作「蒙古」的統治階層中，不僅有後世所稱蒙古和突厥系的人，也存在著契丹、女真、黨項、漢族、高麗、穆斯林、伊朗、俄羅斯、西藏等民族的人，有各種不同的出身和來歷；被派往日本遠征的諸多部隊中，在史料上寫作「蒙古軍」的這支人數不多的部隊，其實也是忽必烈在一二六〇至一二六四年掌握政權後，所聚集各色人種而成的「新蒙古軍」；此外，在蒙古帝國的內部，遠征與其說是義務不如說是權利，在兩度進攻日本的作戰中，包括高麗王國在內的，來自遼東一帶、在朝鮮半島展開的幾支部隊，是以遠征成功後可對新領土提出權益主張的眼光來注視日本列島的。這些重點對蒙古帝國史的研究者來說，可以說已經是「常識」了。

關於國書——日本史家的深信不疑

歷來斷定忽必烈是打從一開始就要令日本屈服的看法，真的沒有疑問嗎？一直到通稱為文永之役的一二七四年第一次戰爭期間，眾所周知有國書（蒙古大可汗忽必烈的書信）、政府文書、國信使及使節等，數度自忽必烈處派送出來。

最早的國書是至元三年（一二六六年）八月送出的，日本的東大寺也留有複本。關於這封關鍵的國書，一直以來其實有許多討論，但日本史和東洋史的研究者很明顯地是各自進行了完全相反的解釋和評價。

看起來幾乎所有日本史家，都想將其內容看作是一種「要脅」、「威嚇」、「脅迫」。相對地，東洋史家除了特立獨行者以外，態度則非常謹慎，甚至是過於謙虛。

很抱歉，我必須說，這是日本史家的問題了。例如這封國書開頭的文句「上天眷命」，是當時蒙古行政文書常見的制式用句。蒙古語本有一定型字句為「長生天氣力裡」，「上天眷命」不過是其漢語文言的翻譯罷了。

若要藉此論斷這代表當時蒙古對日本抱有怎樣的意圖，難免令人感覺不明所以。緣自於上天信仰的這個修辭，也明確受到匈奴及突厥接納，在亞洲內陸不過是一種傳統又單純的觀念罷了。打個比方，若有外國的歷史學家把天照大神搬出來，批評日本的托大真是豈有此理，大家又會怎麼想呢？

此外，也有日本史家把大蒙古國皇帝的「大」視為一個問題，說是過於驕狂。這種批評也很奇怪。所謂「大蒙古國」是蒙古語國號的漢語翻譯，是在一二〇六年統合了現今蒙古高原上眾多游牧民的成吉思汗，為自己的新國家而取的名稱。自彼時起便一直以該國號自稱。一二六六年當然也是如此。

接下來的「大蒙古國皇帝奉書日本國王」，若是考慮到隋、唐、宋、明、清的案例，反而還稍嫌這個寫法客氣了些。再加上，末尾的「不宣」（或為「不宣白」）是「不盡述」之意，在對等關係的私信中是常用的字句。此外，第一行的「上天」、第二行的「大蒙古國」、第五行的「祖宗」只抬頭了一個字，也是很一般性的用法。如「日本國王」、「王」、「王國」等，在意指接受一方時，便很清楚地以換行表示敬意。就通篇文字內容來看，也很四平八穩。單從文章本身來解釋，只能說這是在表達通好之意。

當真是脅迫嗎？

只有一點，對於國書的末尾處「至用兵夫孰所好」字句，仍有「這應屬脅迫」的意見。無論如何皆想採「威嚇說」的日本史家們的最後根據，便聚焦在這裡。但若習於漢文的人，恐怕不會那麼重視，因為那充其量只是在表明「不願戰爭」而已。我也同大多數東洋史家一樣，在這封國書裡感受不到強大的壓力。

話說回來，在一二六六年這個時間點上，離忽必烈考慮要壓制日本，令之屈服的客觀情勢還很遠。其時正好是兄長第四代大可汗蒙哥猝死，忽必烈與胞弟阿里不哥自一二六〇年起展開了長達五年的帝位繼承戰爭，忽必烈獲勝後正要穩定自己帝位的時候。他不過就是在這萬事起頭的時間點上，嘗試向日本送出親筆信而已。

從忽必烈的角度來看，中國南方的南宋國依舊屹立，至於朝鮮半島的情勢，蒙古雖然支援著高麗王室，但事實上是由武人政權來掌控的。作為向南宋展開作戰的開端，正準備向南宋漢水中游的軍事要塞襄陽出兵，那是兩年後即一二六八年的事。就結果而言，蒙古出乎意料地未遭南宋強大抵抗，便在一二七六年於兵不血刃的情況下，開啟首都杭州城門而使南宋滅亡。然而，這段過程是後世人們「事後諸葛」才得以參透的。

蒙古在忽必烈掌權以前，自一二三五年以來便對與南宋作戰倍感棘手，在一二六六年的時間點上，已經超過了三十年的歲月，卻仍未取得引人矚目的成果。對忽必烈來說，結局雖非如此，但他一開始無疑是料想將會展開一場長期作戰的。就一二六六年的情勢而言，我們應當更直接單純地按國書的內容來考量才是。

不過，或許仍有史家會拘泥在「至用兵……」的字句上。因此為求慎重，在此想舉忽必烈送至其他國家，但完全未受關注的國書為例來說明。

這裡要談的是忽必烈集結本身的派系，在踏上帝位繼承戰爭第一步的庚申之年（一二六〇年）四月七日，從根據地內蒙古開平府（後來的上都）向南宋國發出的〈和宋書〉。這封值得注目的國書，收錄於《秋澗先生大全文集》這部輯錄了出仕於忽必烈的漢族官僚王惲文集的第九十六卷中。國書的開頭寫著「皇天眷命，大蒙古國皇帝，致書南宋皇帝」，以「不宣白。庚申年四月七日，行開平府」作結（末尾的「行」為行文，也就是發送文書之意）。

開頭及末尾雖和一二六六年送給日本國王的國書類似，但內文修辭真是極盡露骨的威嚇和脅迫。有關這個文本的詳細分析和探討擬留待其他機會，此處姑舉一例：

> 苟盡事大之禮，自有歲寒之盟。若乃憂大位之難繼，慮詭道之多方，坐令失圖，自甘絕棄，則請修浚城池，增益戈甲，以待秣馬利兵，會當大舉。

以上這些字句，才真該說是威脅的典型。

這段文字翻成白話的大意是：「你們若是不服從於我，介入我方帝位之爭，意圖斷絕關係，那你們最好整修城壕補充武器防具，等著我方軍馬和士兵大舉征討吧！」這種寫法就能確定是威嚇、脅迫吧。若要將一二六六年那封史上有名的致日本首封國書視作威脅，那麼無論是從國書本身的內容意義，大陸方面的客觀情勢，以及通好、威嚇的表達差異來看，難道不該說是後世史家們的過度反應嗎？

趙良弼攜來近乎最後通牒的國書

然而，日本這邊卻無回覆，其後蒙古那方又遣來使者和文書。無論是人際關係或外交，「沒有回音」亦即無視、置之不理，並不意味著沒事發生，而是會將對方引導到負面的感情和反應上去。再者，如後所述，就忽必烈和大元汗國而言，政治環境早已急速變化。

在數度未獲回覆後，至元八年（一二七一年）九月，趙良弼這位忽必烈的女真人側近，抱著必死的覺悟，手攜忽必烈的親筆信來到了大宰府。世間傳有趙良弼遭禁閉時，在同年九月二十五日所寫的書狀全文。將之一讀，便能了解所有詳情。

這裡一字一句皆照實翻譯趙良弼的文字，內容如下：「皇帝（忽必烈）親下指令，要求在下於晉見（日本）國王及大將軍時，親自遞交。倘若交與他人，即處以斬首之刑。此乃在下不能交與守護所小貳大人之故。因此，在下必須依樣先製作一國書副本……在下所攜印有玉璽之國書，將於晉見國王及大將軍時直接遞交。若有人蓄意強奪，在下會立刻於此地自刎。伏乞照鑑。」

「國王」指的是京都的天皇，「大將軍」指的是鎌倉的將軍，也就是皇族將軍，即當時還只有八歲的惟康王，[26]不過，這裡指的其實是北條時宗。也就是說，趙良弼這位忽必烈身邊的老臣，是了解日本政治的二元結構，賭上了老命來施展策略或進行威脅，

26 初代皇族將軍宗尊親王之子。宗尊親王在文永三年，即一二六六年被逼離將軍之位而歸隱。惟康王取而代之受到擁立，一二七九年獲賜親王地位。

逼迫日本國直接表態。

此外，此時的忽必烈國書正文也收錄在《元史》的《日本傳》中。雖是題外話，但若將這篇文章按照收藏於東大寺的首封國書複本的形式，加上開頭定型文句和末尾的「不宣」來重現，那麼便可以一字抬頭和本文一行十二字的格式來漂亮地做編排處理。這樣一種國書復原工程，雖然看似微不足道，卻也是進行時代考證的必須作業之一。

看看這封國書，關於前半所提日本使者未到忽必烈身邊的理由，便有種種推測。值得注目的是後半段。

> 近已滅林衍，復舊王位，安集其民。特命少中大夫祕書監趙良弼充國信使，持書以往。如即發使與之偕來，親仁善鄰，國之美事。其或猶豫以至用兵，夫誰所樂為也。王其審圖之。

這仍是一篇整體而言堪稱懇切恭敬的信函，然而這只是一種表象，尤其是近文末處的這兩句：「其或猶豫以至用兵，夫誰所樂為也」，便含有「若是開戰，則責任在你方」的意思。

我們不得不說此信函和一二六六年給日本的首封國書雖相似卻不相同。五年的歲月根本地改變了情勢。蒙古會派出近臣趙良弼施加壓力，可以說近乎最後通牒。

忽必烈送出這封國書是在至元七年（一二七〇年）十二月。再往前回溯半年前的同年六月，蒙古在中國本土的中央地帶，蒙古和南宋攻防焦點的襄陽南郊大會戰中，擊潰了范文虎所率領的十萬水陸機動部隊；對於埋葬了南宋王牌軍團的忽必烈而言，對南宋作戰的視野變得開闊無比。朝鮮半島也正如這封國書上所提到的，武臣政權由於蒙古直接的軍事介入而潰敗，蒙古方面以王氏的高麗王室來「王政復古」，雖屬間接但已達到對半島的完全掌握。

而且，忽必烈的中央政府在將趙良弼送往日本途中，亦令蒙古派駐高麗國軍團中的精銳騎兵部隊作護衛，陪同至朝鮮半島南邊的港町、金州，並下令此軍團以備戰態勢繼續駐屯，向占據珍島的三別抄施加軍事壓力的同時，也令他們保護身在大宰府的趙良弼一行，採取一旦有事便可跨海對應的態勢。趙良弼一行人其實是徒手空拳來到了九州。大宰府、京都、鎌倉的應對，又交雜了金州蒙古軍渡海而來及珍島的三別抄軍關注此事發展這兩種相異視線，此一交涉實在是在一種戰慄驚險的情勢下展開的。

至此，忽必烈政府對日本的態度，和過去完全不同了。其實，正是自此時開始，日本周邊的情勢便一舉風雲告急。期望日本史家務必要了解此一情勢轉變。坦白說來，我雖不認為鎌倉日本已經有了外交，但日本史研究對於這般局勢，不也需要一種亞洲格局的視線嗎？單憑單純的善惡二元論，是無法抓住其真相的。

世界與日本，以及外交

我之所以花這麼多時間拘泥在國書上頭，是由於感覺到只從一方觀點來解釋、分析外交交涉過程的危險性。我們可以留意到，有關蒙古來襲的論述，一直以來似乎都從日本立場來做斷定。國書不過是其中一個例子。理所當然地，我自然應該將雙方的主張，與時刻變化的各種客觀情勢相對照，來進行觀察。史實的正確性及歷史的客觀性或評價，都是未來的課題。

有趣的是，蒙古來襲中「強大世界帝國蒙古」與「遠東弱小島國日本」這種對立形勢的類似性，與其後歷史中的世界與日本，甚至是現在的美國與日本，真是令人感到相當吻合。在上述局面中，蒙古、世界或美國，作為一個令人聯想到強大他者、巨大外壓的存在，構成「雙重情節」（double plot）。將日本與世界相比，想要論出一個是非曲直的這個做法，其原貌說不定可以回溯到蒙古來襲。若是如此，那麼以美國為起點的全球化浪潮，就是現代版的蒙古來襲了。

這該看作是日本特有的自我意識過度？還是歷史上日本人所偏好的一種思考模式？

不過，無論何者，這種將事物分成大小、強弱、自他兩者，使之極端變形（déformer），套進預設的既有印象模式當中的二元對立思考方式，雖然容易理解，卻也很是危險。這種方式再怎麼樣都會造成情緒和情感主導一切，而偏離事實與客觀的結果。但這種情形，無論在過去還是現在，皆無太大不同。

無論如何，一種不只是向內凝視自我，亦須留意外部他者和對手，力求清晰、冷靜的分析和掌握的態度，在任何時候任何事情上都是不可或缺的。

談到鎌倉時代，若要把現代的國家印象套用在當時，本身就很勉強。若是飛鳥時代、奈良時代等中央政權處在亞洲格局的時代環境，好說歹說都是鞏固國家主義，邁向「創建國家」時期的話，那又另當別論，但在「中世」一辭確實適用的「國權」或「國家」，在離單純使用鐵板一塊和一元論來論斷的階段尚遠的多樣政治、社會、宗教等諸多權力和團體擴大、擴張並蓄積力量的時代中，國家意識會顯得淡薄也是莫可奈何的。何況，在與生俱來便擁有國界和防衛，也就是在大陸世界中作為「國家」結合首要條件的「島國」日本列島來說，平安時代以後的京都朝廷就精神上而言，會加速遁入以鎖國為外交因應的安逸世界，說不定也是一個自然而然的演變結果。

在對外「自我封閉」及國內武家抬頭的情勢下，鎌倉幕府的確成了官方權力。不過，他們作為一個自認、公認的以戰鬥為本分的戰士集合體，當然是以軍事和警察作為幕府的首要任務。用比較現代一點的話語來說，我們能夠指出他們與京都的朝廷共享了「國權」，故就體制而言或可說是各自分工的。

但就體系而言，對外夠格代表「國家」者，仍是京都朝廷，若是可行則應主導「外交」者還是京都。北條時宗主持的鎌倉幕府，大概不會像現在一樣考慮到「外交」或「國家利益」。

固然，京都朝廷的「外交」只能重視平安時代以來的前例，以及朝議後的搪塞對策。但以今日眼光來看，與蒙古的通好、交融也是十足可行的。那或許會是一個不同的歷史進程。然而，時宗卻決定加以拒絕。他做了一個極為忠實的戰鬥者本分的選擇——軍事權力若是放棄戰士本分，便將自亂陣腳。

被動員到北九州的武士們，是為了自己而戰。要向他們要求「日本國」意識，是太過苛刻了。這個說法雖然有些不帶感情，但京都朝廷依情勢或許是可能和蒙古一體化的。朝鮮半島就是如此。要言之，鎌倉日本要談「國家」、「國益」、「國防」或「外交」，都是太過困難了。

三、大陸文化與足利學校的源流——足利學校演講紀錄（二〇〇二年）

栃木縣足利市將中世以來的足利學校認定為史跡，慎重維護、以傳世人。該市每年十一月二十三日皆舉行孔子聖廟祭祀，並舉辦紀念演講。距今三年前，我有幸擔任平成十一年（一九九九年）的演講者。在此擬原文照錄當時的演講內容。此外，談到「某某年前」之時，尚祈讀者了解那是自演講那一年開始算的。

各位早安。我來自京都。方才我首次參加這座城市舉行的足利釋奠典禮，感覺非常榮幸。感謝各位。

那是一段十六年前的往事了。當時我還在京都大學人文科學研究所擔任助理，從工作崗位請得了十個月的長假，在中國與歐洲度過各半。我在那裡從事幾項史料調查的工作，期間也去了曲阜。當時，讓中國陷入長達十多年大動亂的文化大革命已經結束了一陣子，正是各種修復工作如火如荼展開的時候。曲阜孔廟也舉行了文化大革命後首次釋奠，我很幸運地能夠親自觀禮。能夠參加十六年前在中國的釋奠典禮，以及今日在足利市內足利學校孔廟的釋奠典禮，我感到相當榮幸。

這個釋奠典禮的原點在中國，而後傳到了日本。不需我多說，足利學校可說是日本中世以來學問的原點。足利學校在這足利之地受到大家守護，而且奉祀孔子的釋奠也有所延續，令人印象深刻。所謂「釋奠」，在漢語的原意為「獻供奉祀」。我想這起先應該不限於祭孔時使用，恐怕是漢代種種與儒教相關的制度體系化了後，「釋奠」這個一般的名詞才變成了祭祀孔子及其高徒的特別儀式。若要我比較一下方才所見和十六年前在中國所看到的，還是能感受到足利的釋奠是日本風格，具備日本特有的形式，這讓我有了許多思考，真是非常難能可貴。這幾年我數度造訪足利，得到不少和足利人士交流的機會。今天，又能有這樣的緣分在大家面前談話，求教於各位。

有關方才所介紹的中村元老師，我想說一些話。在我們學者夥伴之間，總不擅念他本來的名字，而容易以漢音來讀。[27]原本我一直想著今天能與中村元老師見面而非常期待，但終究沒能和他見上一面，他於今年辭世了，我感到非常遺憾。

中村元老師有許多著作，我想各位也時常閱讀，而我是在學生時代因《佛教語大辭典》等辭典類書籍而受到老師許多指導關照。足利學校的起源，當然可以追溯到相當古早的年代。這間學校歷經江戶時期來到明治維新時，正確來說據稱是明治二年，以第二十三代的庠主謙堂為最後一位庠主，因為在日本進入近代學校制度的階段後，庠主便不再傳承。所謂「庠主」，就是足利學校的校長之意。到了平成年間，才有中村元老師這位在日本東洋學界首屈一指的碩學再獲邀擔任庠主。就這一點而言，或可說是足利各位先進的眼光獨到，總之，傳統終究還是存續至今了。我對各位的敬意，較以前更深。今天，中村老師雖然未能臨席，但我想中村老師一定是在哪裡聆聽著的吧。

接下來將近一小時左右的談話，或許無聊冗長，但願能盡我所能，與大家分享。

我今天的演講題目是「足利與曲阜」，不過，若要談些正式的內容，則時間既有不足，我能力不及之處也還很多。方才的介紹對我褒獎有加，令人汗顏，我的專長是東洋史學，我想聽起來是很難懂，但總而言之就是亞洲的歷史。順帶一提，亞洲的歷史本來應該包含日本史，但是日本這個國家有時非常不可思議，日本史和世界史在學校教育中是分開的。所以學生們，或者恐怕各位也把日本史和世界史分開來看也不一定。甚至，若是抱持這樣的想法，則或許還會延伸出所謂的東洋史便是在世界史中分為東洋史和西洋史，也就是三分之一的這個想法。這是學校制度的既定框架，以及教學科目分配方式所造成的問題，但實際上歷史是沒有人種和國界區別的，絕對不是說現在來到了一個無邊界的時代，國界才開始消失的。

27 譯注：中村元老師的「元」原讀はじめ／Hajime，漢音則讀作げん／Gen。

所謂的國界本來是不存在的，那是人類所創造，或是現在也正在世界某處被創造的產物。而國界在政治狀況中又有種種變化，因此即使真有界限存在，也有消失不見的時候。我認為，人和文化，以及思考方式的動向，是超越這樣一個時常變化的國界或藩籬來變動的。對於像我這樣一位研究歷史的人來說，最難解釋但也最重要的，就是眼目所不能及的某些事物跨出了人類擅自創造的國界而傳於世人。那未必只有事物，有時或許是思考方式或價值觀，換句話說是心靈也不一定。

將這樣的認識先置於腦中，再來思考這所足利學校，我想便能跳脫日本史框架，從不同領域和方向來加以探討。無論如何，足利學校的面貌和形態，以及今日釋奠所象徵的傳統，皆無可取代。人是跨越世代而生的。一個人的人生，任誰皆是有始有終。我們之上必有父母，而我們的父母又有父母，倒推回來便有了現在的我們。我想足利學校及這裡所匯集的種種意念、思想、傳統以及心靈，便是這麼樣地在生命傳承中不斷承繼下來的。

足利、曲阜與蒙古

最近，在大學講課有時也不得不先提示關鍵辭。比照這個方式，在此我也打算集中於幾個焦點。其中一個當然是「足利與曲阜」；另外一個，我想對各位而言算不上是聽得慣的辭彙，但仍想舉出以作為關鍵辭，那就是「蒙古時代」。

說到那是什麼時代，在西曆來講大約就是十三到十四世紀的事。這是掌握、了解其時歐亞全境的表達和思考方式。不過，這樣的形容未必能說已在日本或世界的學界普及。回到今天、特別是最近，如諸位所知，所謂的世界歷史動態，是在中國開放、蘇聯瓦解、東歐解放和民主化的趨勢下，展開了俗稱的全球化。作為全球化的結果，世界金融、文化、經濟，就有如「大爆發」（big bang）一辭所象徵的，彼此的藩籬正在消失中。事實上歷史研究也是一樣，我們可以指出整體狀況在兩方面都有極大變化。

所謂歷史研究，說得艱澀一點，就是以某些根據來探討過去人類營生活動的工作。作為其基礎的史料，由於世界局勢變化而大量問世。這是第一個變化。長期以來看不到，或是雖存在但無法閱覽的史料，大量地出現了。過去由於政治藩籬而看不到的中國或原蘇聯是如此，就連其他不存在政治藩籬之處，也在這十年急速全球化的浪潮中，以資訊公開等形式而變得更容易被看見。總而言之，這世界急遽發生了一個曾經（這「曾經」其實充其量不過是約十年前的事）被視為「常識」者，目前在歷史研究現場很難再被視為常識的大變化。雖說如此，我想日本史領域原來就相對完整安定，所以還比較少見激烈的變化，但變化似乎多少還是有的。另一方面，我所專攻的亞洲史、東洋史領域，現正迎向激變的時代。亞洲史的改變，也會是一個影響世界整體思考方式的改變。

接下來的談話有些艱深。十九世紀後半到二十世紀初，是歐洲的世紀。其中，日本是亞洲最早完成歐化，或該說是近代化的國家。我們現在所穿的服裝絕非日本自古以來的服裝，而是西化的結果。上面談到的人類史大浪潮在世間普及，到了二十世紀末變得理所當然，當然也導致了重新思考亞洲歷史的動向。由於政治狀況甚或是人心的變化，也造成了一個趨向，使我們凡事不只從西洋或美國為中心來思考，而是如實觀察、了解事實究竟如何。若說得簡單一些，就是人們對於世界史的印象、整體視野和世界史圖像的想法都在急速變化，向立足於事實的驗證和再思考的動向在變化。

我的專長就是這十三、十四世紀的「蒙古時代」。若是對應到日本史，這個時代對足利和其歷史而言，可說是非常重要的時代。在日本史上，這是自鎌倉時代中葉到末期，然後悄悄進入南北朝的時期。也就是說，這是以足利為據點的足利一族成為日本命運的主角而浮上檯面，足利尊氏從鎌倉來到京都，後醍醐嘗試建武新政，終歸失敗，作為武士棟梁的足利家取代北条氏興起，最終在義滿主導下確立足利政權的時代。

方才我談到了日本的學校制度，制定教學科目來傳授知識當然有其好處，但同時也有壞處。壞處就是科目內容會在學校教育中被絕對化。數學等科目大概沒什麼關係，最具危險性的應該是歷史科目。例如，以昭和二十年為界，日本的歷史教育產生了很大的改變。正確來說，應該是昭和二十四年（即一九四九年）。日本史和世界史被區分成不同科目，甚至世界史也再被區分為東洋史和西洋史。不過，人類的歷史其實不是這樣的。我們不該將歷史區隔來看，各段歷史時常在某處產生聯繫。

接下來要說的，可說是揭開了「足利時代」的序幕，也在世界歷史上引起了非常大的漩渦，那就是十三世紀初由成吉思汗所創建的蒙古帝國。該帝國原來只是亞洲內陸草原角落的一支小小勢力，然而他們急速地擴大，成為了世界帝國。若要說得詳細一點，那會耗去各位一整天的時間，因此請恕我割愛。有關於此，我曾寫了幾本無趣的書，各位若有興趣尚祈參閱。

談到蒙古帝國，一般來說似乎都有蒙古是非常強勢的印象。不過，其實我並不了解蒙古是否強勢，但大體上蒙古並不是透過作戰來增加夥伴的。我認為「群體勢力在蒙古這面旗幟下逐漸擴張」的解釋，才是正確的。總而言之，就結論來講，十三世紀後半，他們名實相符地直接統治了大半的歐亞大陸，堪稱「世界帝國」。不過，有關其統治，我們總在教科書所建立的一般觀感中得到一種強而有力的印象，那是過去的教授們所寫的所以莫可奈何，但東洋史在過去其實是中國史，絕大多數日本研究者只讀漢文文獻，藉此來建構敘事，造成了使這樣的歷史圖像居於中心地位的結果。很遺憾地，這個影響現在仍很大。說得明白些，這是負分，因為那未必是真正的歷史。最近，這個情況已有相當改善，但已經定型的印象還是很強大。然而，蒙古在後半期其實已經不靠軍事力量來統治，而是透過經濟和文化為之。資本主義的動向、萌芽雖然自古即有，但若問到底是在世界仍處於歐亞格局階段下的哪一個時代所興起的？答案就是這個「蒙古帝國時代」。

曲阜這座城市也在蒙古時代產生了大大的改變。首先，請看圖六。我想各位一定會猜想這到底是什麼文字。這是八思巴文字，是一二六九年時所發明的。蒙古帝國裡相當於宗主國的國家，以中國稱法為「元」，也就是中村元老師的「元」，但正式的名稱應是「大元汗國」。「汗國（兀魯思）」，在蒙古語中意指「國家」。還有，「大元」是從漢文經書上擷取下來的，是《易經》中的「大哉乾元」。「乾元」指的是天地。甚至可延伸意指天地宇宙。因此，所謂「大元」，簡單來說意指「大的元」，換句話說，「大元汗國」便包含了所謂宇宙、世界的「起源」之意。世人雖然擅自把它改稱為中國式的「元」，但其實是不正確的。就蒙古帝國而言，第五代皇帝忽必烈（一二六〇年至一二九四年在位）以亞洲東半邊為基礎來建立國家，甚至在伊朗、中亞、俄羅斯也有其分國，整體而言形成了一個世界聯邦。八思巴文字便是忽必烈建立政權九年後，所創製的文字。

另一方面，中國以曲阜為首的各地孔廟，都有一座執行釋奠的主殿稱為「大成殿」。

圖六　八思巴文字

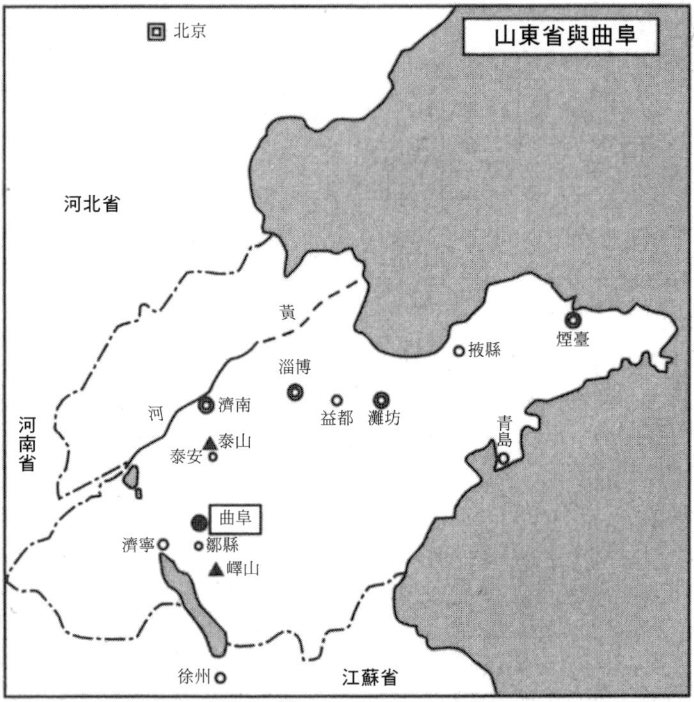

圖七　山東省與曲阜

這個「大成」所指為何呢？

「大成」當然是漢語。在中華文明的歷史中，孔子時而被尊崇為「王」。孔子是活在紀元前的人物，在逝世後經過了相當歲月才獲得王號，也就是受封為最高爵位的「王」。漢以後的中國歷代王朝，以曲阜為本山，視儒學教育為治國原則。這和大家過去的印象一樣，這樣的思想是在漢代確立，出仕於王朝的行政官僚們，基本上都受儒學教育。自漢以後，王朝漸漸也將孔子的子孫奉為貴族。眾所周知，中國史上政權更迭非常頻繁。說到中國，我們都有一種「尚文國度」的印象，但坦白地說，歷史上的中國其實是一個叛亂、興亡、對立、騷亂的國度。我認為這個自我矛盾非常有意思。具體來講，中國歷代王朝不斷更迭，皇帝也頻繁更替，但唯有孔家是不變的。如此一來，漢代以後的歷代王朝，便漸漸將「尊孔」視為理所當然，向其子孫即孔家後代賜贈領地並予以優待，結果他們的地位便漸漸地變得有如「貴族」一般。

王朝起先將孔子稱作「文宣王」。接著，歷代孔家的一家之主，自某一時期開始被稱作「衍聖公」。「衍」字的寫法對日本人來說有些困難，就是在行字中間加入三點水，便成「衍」。第一代的孔子是位階最高的「王」，作為其子孫的歷代當家便是「公」，即「公爵」。然後，孔子本身也漸漸地變得神聖偉大，從某一時期開始被稱作「至聖文宣王」，也就是在「文宣王」前面加上了「至聖」兩字。在今天的釋奠典禮裡，足利市長莊重地以漢文讀音為我們讀了祝文。文中稱孔子為有至高聖人之意的「至聖」，這原本是王號中的一個辭彙。

尊重儒學的蒙古政權

不好意思，我的話太多了。那麼，祀孔的孔廟為何，又從何時開始被稱作「大成殿」的呢？我們不妨認定是從蒙古時代的大德十一年，也就是一三〇七年開始的。蒙古帝國中心的大元汗國皇帝是一位名叫海山（Qayisang）的人物，為忽必烈曾孫。在海山即位前，蒙古帝國遭逢了極大動亂。當時他人在中亞，就從中亞率領自己的嫡系部隊，返回相當於現在的北京、即由蒙古所創建的世界帝都大都，以軍事政變奪回了政權。海山便是這麼一位經過大動亂而掌握政權的世界帝國皇帝，他是在一三〇七年即位的。

他即位後一舉推出各項新政策。若以一般印象論，總說蒙古對中國文化進行了許多鎮壓，但事實是正好相反。我們可以注意到一個現象，就是蒙古對於中國傳統文化的態度，其實是遠較歷代中國政權還要更熱衷與尊重。其實也不限於對中國文化，蒙古對伊斯蘭文化也是非常重視傳統。仔細想想那也是正常的，若要統合世界帝國這般巨大的集合體，由於不是近代國家所以會非常費力，因此要成就一個如此龐大的帝國，簡單來說重點就在人心。若是管治下的人民大多數都不接納這樣的政權或國家、社會，那就很容易發生動亂而無法維持。

皇帝海山在即位後率先著手進行的，就是將前述的「大成」王號封於孔子。一直以來被稱為「至聖文宣王」的孔子，又新獲贈「大成」兩字，而稱為「大成至聖文宣王」。這是一個極具象徵意義的政治行為。這個行為是透過比過往更尊重儒學始祖孔子，來強調蒙古政權尊重儒學的立場，也更清楚地表明重視中國文化的意向，以作為維持社會秩序的基礎。

我們把話題拉回到石碑上的八思巴文字（圖六）。這段文字要由上而下去唸。而且和漢字不同的是，八思巴文字和蒙古文字一樣，要由左讀到右。各位手上的影印本，是一三〇七年落成於曲阜孔廟的石碑拓本照片。這座石碑現今也依然矗立。其實這八思巴文字所示原為漢字。請各位仔細看看，圖六中每一段八思巴文字旁邊都附有漢字，也就是每一個漢字皆有八思巴文字的音寫。

八思巴文字並不難讀。各位若是有興趣，一晚便能記住。順帶一提，我是花了一小時記住的。不是在自吹自擂，我想說的是，只要不逃避，誰都能夠學得起來，因為那是有如日本片假名般簡單的文字。在辭典翻查「八思巴文字」，常有「此種文字非常困難，故未普及」的說明。不過，八思巴文字雖以西藏文字為基礎，但對日本人而言則是稍加努力便能輕易理解的文字。我們時常可以看到這種扯謊的辭典。我想，負責書寫那個條目的人士，想必沒有實際試著學過八思巴文字。對於沒有嘗試過的人來說，看不懂的文字總是古怪又看不順眼吧。圖六的碑文，原來是閻復這位當時屬一流文人官僚的漢族文人，為皇帝海山所起草的詔文，是一篇極為出色的漢文，其後又以八思巴文字來音譯。

這座石碑既巨大又壯觀，立於曲阜的本山，而蒙古政府在中國本土各地都立了相同的碑。當時中華地區的行政體系，是以「路」為最高等，接著是「府」、「州」、「縣」甚至是「鎮」，意指軍隊駐守的鎮臺。加封孔子之令，傳達到所有城市及行政單位，並有了石碑的設置。這是過去中國完全看不到類似情況的空前事例。現在也還有一些石碑留在中國各地，全部算起來恐怕超過五十座。最偏僻的一座，位於雲南與緬甸的國界近郊。也就是說，蒙古將儒教文化推廣到了中國全境。附帶一提，這裡所說的「中國」，是一片空前巨大而遼闊的疆域。也就是說，蒙古使原來不是「中國」的區域也成為了「中國」，在推廣孔廟和廟學等設施以作為文教政策尖兵的同時，也設置了大型的加封碑。

接下來，請看圖八的資料。這是位於中國南方，以「蘇州夜曲」聞名於世的蘇州城內的文廟，也就是孔廟中的文物。上面刻印的文字，內容和曲阜的碑文是相同的。這段拓本是整篇碑文的中間部分，上下還刻有其他內容。該碑文的左下角寫有大德十一年七月某日，未書具體日期。日本的命令公文也大致如此，過去中國在政府行政公文的發送階段，一般來說是不寫日期的。直接收受這份公文的行政機關，比方說公文從中央政府發下來，轉到地方行政單位的「路」，也就是日本現在的都道府縣收受後，再直接發送到接受命令的官府、團體、個人之時，才載入收到公文的最終日期。因此，不寫上日期是理所當然的。言外之意就是這裡所刻的內容其實是皇帝發令時的原文。如前所述，所謂大德十一年即一三〇七年。也就是當時收到了這樣一封命令公文。蘇州在元代被稱作「平江路」，這平江路是在圖六的狀態下收到文書的。命令公文恐怕是以八思巴文字音譯漢字和原有漢字的雙軌方式發送下來，而蘇州這邊省略了八思巴文字，只以漢字來篆刻。我想各位看到這只有漢字的碑文便能了解，「上天眷命，皇帝聖旨」這兩句四字文是詔書的前言。正文是從「蓋」開始的。

如各位所見，從「上天眷命」開始算起，第八行上頭有「加號大成至聖文宣王」等文字。孔子被稱作「大成至聖文宣王」，其聖廟被稱作「大成殿」，是始於這封詔書。不只如此。蒙古以前的中國，是個分裂的中國，此一分裂持續了一段非常長的時間。以中國本土來說，北為金，南為南宋。過去日本的中國史教育裡，只把南宋看作中國，但實際上金和南宋都是中國。

另一方面，孔家在中國就有如天皇家在日本一般。歷代政權雖有更迭，天皇家卻是不變；孔家也是在王朝更迭下仍然永續的家系。就所有價值觀「原點」的這層意義來講，

上天眷命
皇帝聖旨蓋聞先孔子而聖者非
孔子無以明後孔子而聖者
非孔子無以法所謂祖述堯
舜憲章文武儀範百王師表
萬世者也朕纂承丕緒敬仰
休風循治古之良規舉追封
之盛典加號大成至聖文宣
王遣使闕里祀以太牢於戲
父子之親君臣之義永惟聖
教之尊天地之大日月之明
奚罄名言之妙尚資神化祚
我皇元主者施行
大德十一年七月 日

圖八　蘇州城孔廟內碑文

孔家某種程度算得上是近乎天皇家的存在。因此，各個時期的政權才會保護孔家。到了中國分裂的時期，北方的金和南方的南宋都各自擁立了不同的孔家。南宋在位於金朝版圖下真正的曲阜之外，又在南方衢州創造了另一個曲阜。此外，華北地區也在金滅亡時發生了大動亂，有相當部分化為焦土，曲阜也是如此。到了蒙古時代中國才再度統合，由忽必烈進行調整，令南北兩邊的孔家協調，才由北方孔家所保有的曲阜繼承本山的地位。化為焦土的曲阜，在忽必烈以後的蒙古政權治理下逐漸復興，而海山更進一步加以推動，在從「路」到「鎮」的各級行政單位，創造了和曲阜一樣的文物。

孔廟、廟學、書院三合一

具體來說，首先是孔廟，其次是廟學，也就是廟裡附設的學堂，第三就是書院。以上三種設施合而為一，在所有行政單位中皆有所設置。這是非常不得了的社會事業，也是宏大的「振興國家」的事業。而且，在創造這些事業前，蒙古先在所有的路、府、州、縣，設置了刻有加封孔子詔文的石碑。對於蒙古中央政府而言，照理說期盼的形式應如圖六所示是八思巴文字才對。雖然目前留存的石碑中，也有詳細刻有八思巴文字者，不過，各碑文的行數是紛陳不一，文章亦然。碑文形式之所以參差不齊，是因為蒙古中央政府雖以統一形式發出指令，但實際的施行卻有部分是聽憑地方去自由裁量——蒙古的統治其實是寬鬆的。

回頭來說，位於足利的足利學校，據說是永享十一年（一四三九年）由上杉憲実恢復的。如此一來，創建的年代當然是在恢復之前了，有關這點，以小野篁為主，至今皆有各種說法被提出。由於我並非日本史專家，所以不能有什麼發言。唯一能說的，就是足利學校是引進中國某種形制而建立的；而且，應該是引進了當時最先進的形制。那麼，這個形制究竟從何時才可能出現呢？

中國的確自古便有孔廟。也有少數廟學是從相當早的階段起便存在的。不過，附設書院的形制，確實是一三〇七年以後才有的。書院這個制度，就起源而言是始自上一個時代即宋代，但那就像私塾一般，並非官制化的形態。也就是說，官府經營的孔廟、廟學、書院成套地被建立起來，還要等到蒙古以後。對此，許多專家都有誤解，這些成見是可懼的。

我認為足利學校的教育體制、傳授方式及授課內容，其實有許多特色。其教育內容當然以儒學為主，但被稱作庠主的校長乃是禪僧。此外，在這裡學習的人是佛僧，即便是武士，在入學期間也必須轉為佛僧身分。也就是說，禪宗和尚所教授的儒學，其內容是儒、佛、道三教兼通的。說到禪，日本以臨濟宗最有名，但中國則臨濟和曹洞相同，頂多只是學派之別，因此無須過度放大其區別。

禪僧既兼政治顧問，也是學問僧。佛教不用說，儒學和道教也一併學習的這個特色，世人總說是始於宋代，但其實不然。我不是為了譁眾取寵才這麼說。此一特色其實是始於統治華北的金代。有關於此，中國研究者恐怕會覺得相當衝擊。金代整體而言是比較質樸的政權，蒙古的大元汗國其實承接了金代的特色而將之普及，才造就了延續至今的形制。這個設施的形制是孔廟、廟學、書院三合一，然後教授內容和人事組織也整頓為獨特的制度，而近於今日。

我不清楚這段歷史和足利學校的成立有多大關聯？不過，我們應該認識到，足利學校不只屬於日本，也屬於「東亞」這個格局。坦白說，我們不得不認為，這個體系是隨著「東亞」歷史中的文化、思想變化的動向而傳到足利學校來的。如此一來，其建立的時間便是從這座石碑所見的一三〇七年起，到蒙古失去中國全境向北撤退的一三六八年間的某一段時間了。其實，我們還可進一步縮小範圍。一三〇七年蒙古對孔子加號「大成」，並具體制訂、施行各種崇尚儒學的政策。這些政策在中國全境擴大效果，實際上是在一三二〇年到一三三〇年間的事。也就是說，一定是足利尊所率領的足利一族，躍上日本史中心舞臺的時期。

以上是我今天談話的主題。對了，方才的談話是參考許多史料來談的。當然，其中也有大家長期以來熟知的史料。不過，以碑文拓本為主的這些基礎史料，則還未受到普遍使用。

正如我向各位報告的，十六年前我在中國展開過各種調查。可是，一個人實在做不了多少工作。那時，或該說偶然因某種緣分，我在曲阜，而且是在釋奠日遇到了來自足利的一位人士。那位人士名叫山浦啟榮。我們談了許多話。就在這時，我向他談到，這些碑文雖然是重要的基礎史料，但還未受到充分利用。後來我回到北京及內蒙古，又到了歐洲，從事伊斯蘭古文獻調查，半年後歸國。接著便接到了山浦先生的來信和電話，他表示希望將自己的餘生獻給曲阜等地的碑文拓本收集及研究工作。其實一開始我跟他說，這是不可能的。我會這樣說是有理由的。

在我所服務的京都大學裡，東洋史研究室的第一任教授名叫桑原隲藏。他已經逝世了，是戰後日本文化界中心人物桑原武夫的親生父親。我認為桑原隲藏是日本近代的偉大人物之一。這位桑原先生，不，為了和武夫先生區別或許該稱隲藏先生較好，還有另外一位法國東洋學中心人物沙畹（Chavannes），在歲數上相去不遠的這兩位，自一九〇七年到一九〇八年，先後步上了探索神祕東洋的旅程。首先，沙畹自巴黎千里迢迢經西伯利亞鐵道，和夫人一起坐著馬車走過冬季的中國本土。桑原先生則追在後頭。兩人一開始在北京相會，大體上想著同樣的事情。那就是斷然決意要進行中國本土的石碑調查。他們是拚了命的，因為那是動亂時期的中國。沙畹原本是帶著保鏢的，另一方面，桑原教授雖然已經確定要到新設立的京都帝大擔任首任東洋史教授，但由於他一直以來都想進行中國石碑的調查，因而被允許到清朝的中國留學。他是在這樣的前提條件下才到京都赴任，我們的研究室才能正式開張。

他留有《考史遊記》這本書。[28] 根據該書，這趟旅行路途似乎充滿了苦難。他好像每天都在發燒和下痢。或許是這個緣故，桑原先生在六十歲退休半年後便過世了。另一方面，沙畹先生或許也太過勉強自己，他也因為在第一次世界大戰中參加了對德進行的抵抗運動，而在第一次世界大戰如火如荼之際辭世。拜這兩位先人澈底蒐集碑文所賜，京都和巴黎都保有許多曲阜等中國各地石碑的出色拓本。可是，桑原和沙畹兩位碩學過世後，便不太有運用這些石碑的研究。那是因為，幾乎在同一時期，又有別的文物出現了。具體來說，就是在從中國角度看來處於邊境位置的內陸乾燥世界，大量出現了敦煌文獻或各種多語種文獻。研究者果然還是凡人，總是容易被流行的事物所吸引。所謂石

---

28 雖是畫蛇添足，但在此想作些補充。《考史遊記》除了桑原隲藏歿後整理刊行的單行本外，也收錄在桑原隲藏全集中，甚至在二〇〇一年附上了砺波護所撰寫的説明，收錄到「岩波文庫」中，以袖珍版重新刊行，為了好讀和推廣而做了種種考量。逼近袖珍版書籍極限的單冊厚度和內容的充實度，以及一千一百日圓這個令人驚豔的便宜價格，令我為岩波書店的雄厚實力感到讚嘆。購買這本書，是一定不會吃虧的。

碑研究，真的是不容易。即便是了解到要去當地採集各種拓本的必要性，但嘴巴說說很簡單，實際上卻是不尋常的苦勞。

然而，從彼時至今，山浦先生在數年之間，說起來頂多過了十年的歲月，便澈底地蒐集了曲阜和山東省、山西省各地的主要石碑，而且是直接從原有碑石採集下來的「原拓」。當然，這是在與當地機構的互信之下才能進行的。現在，足利也正在興建藏館。若要研究釋奠，現在給各位看的原拓是不可或缺的。若要追溯傳播到日本的儒學和中國儒教的歷史，數量相當龐大的石碑皆可有所幫助。今日請各位看的，只是其中一部分而已。並且，若要探討足利學校的起源或源流，山浦先生所蒐集的拓本一定會很有幫助。我也希望今後能再有造訪足利和足利學校，使用山浦先生所蒐集的拓本的機會。

由拓本研究來看足利學校源流

若能善加利用，我想不久的將來或許會出現某種結論。我們或許不得不推想，在尊氏和直義來到京都，使足利政權確立的時代裡，成為足利學校源流的某些事物便已傳到足利來了。若從亞洲整體格局來思考，結論便是如此。並且，那是一個變動以歐亞為範圍發生而不限於亞洲的時代。我認為足利政權的成立其實也有放在該時代背景下考慮的必要。尊氏和直義兄弟為了撫慰後醍醐天皇之靈而派出貿易商船，以所獲利潤在京都建造天　寺，但該貿易船完全只是當時日本和元的所謂日元貿易交流的一個環節而已。

一提起「元」，我們日本人總會想到「元寇」，也就是戰爭。由於存在著一種應該是「對峙」的時代印象，我們才會先入為主地以為元以前的中國即「宋」和其後的「明」，對日本而言才出現有意義的交流。不過，其實兩國早在「元寇」時代便有了有效的交流。實際上，一直到明治為止，日本和中國交流最屬密切的時期，是元代後半的數十年。在這樣一個大交流的時代中，我們難道不該說足利政權和關係人士，將當時中國大陸最先進的形制、制度引進到足利來嗎？總而言之，現在有關這段歷史的面貌或許還很粗略，但我認為在思考事物的框架上，必須做這樣的方向設定。

作為結語，我要談談至今為止數度造訪足利時常有的一個想法。那或許是我胡思亂想也不一定。那次與山浦先生在中國相遇後，我又去了德國的海德堡。那是一座古老的大學城，也有歷史悠久的城堡，同時又是歌德生活過的城市。該座城市是日本人到德國觀光的一個主要景點，我想在座或許也有人曾經造訪過。我停留的海德堡，剛好位於德國及歐洲幾乎正中央位置，方便我每隔兩三天就奔往歐洲各地的研究機關和典藏機構。然後，就在海德堡的印象仍深深留於腦海的心境下，我獲得了造訪足利這座城市的緣分。

這兩座城市其實很相似。我最早去到海德堡是在十三年前的一九八六年，當時碰巧海德堡大學舉行六百週年校慶。也就是說，這所大學是在一三八六年創設的。恐怕較足利學校的成立稍微早一些。與海德堡城相當的，是足利的鑁阿寺。這原來是足利氏的「平城」。而相當於內卡河（Neckar）的，就是渡良瀨川了。兩座城市的每一道風景都非常相似。而且，我認為兩者皆擁有非常美好的風土與環境，以及傳統的市街。作為歐洲文明的特徵，海德堡街景是建物朝垂直方向伸展的；相反地，鑁阿寺這座「平城」所象徵的足利街景，則符合日本文化的特徵，或許該說是非常平穩安定比較適當。這點非常有意思。昨天我也從淺草經東武鐵道來到足利。望著車外的景色，接連映入眼簾的盡是關東平原的平坦地帶，待到總算望見山頭，河川流水自彼山出現的第一處，便是足利。海德堡也是如此。她位於最後注入萊茵河的內卡河，從山間開始往平原地帶流出的位置。

最後，或許有人會問，為何海德堡能夠作為一座觀光城市，吸引世界各地的人們呢？那是因為她在地理上有許多美景，以及歌德。同時，又有同足利學校一般的海德堡大學或是海德堡城等非常多的因素。但是，只是因為這些理由嗎？我想，應該還有其他更重要的因素，這放在足利來看也是一樣，那就是熱衷於活化自然與風土，守護傳統人士的力量。此外，正如我在開頭所提到的，這樣一個超越世代的形態，以及其中所蘊含的人的心靈，有如生命傳承般彼此相繫。這點也同樣重要。

以上就是我的講話，謝謝各位。

第六章

——

尋找看不見的歷史

見えない歴史を探して

一、探訪東西的文獻與風光

從中國山野到北京

一九八六年，我從當時服務的京都大學人文科學研究所請得長達十個月的假期，和妻子一同前往中國和歐洲。

在中國度過了長達半年的生活，有苦也有樂。

以內蒙古為中心，和相關領域的學者們針對十三、十四世紀的「蒙古時代」進行共同研究——這是我來到中國大致上的理由。

內蒙古大學的諸多先進，以及來自北京、南京、西安、太原、開封、濟南、蘭州、烏魯木齊等遍及中國全境的「蒙元史」（中國如此簡稱蒙古、元代的歷史）領域研究者們對我真是盛情款待，讓我留下了許多難忘的回憶。

開心的回憶，有許許多多。

最重要的是我親眼看到了各種風景。草原、荒野、山岳、河川，以及大大小小的城鎮。過去，我以文獻為主要線索，在腦中跨越時空描繪了「歷史之旅」，但現在的我則隨著季節風向，痛快地感受到了那時空之旅的「現場」。

想去的地方有很多。站在那片土地上，眺望風光，思考種種問題——那喜悅真是無與倫比。

然而，也不是所有事物都令人開心。在自然風光美不勝收的中國各地，當我們身臨其境置身於山野中時，同時也伴隨著許多風險。

這趟旅行是妻子首次到海外旅行，四歲兒子的日語則還是隻字片語而已。半年之間，除了前面提到的訪中主要理由是共同研究外，我和妻子大致走了中國大陸一回。在這三個月左右，我偶爾會深切感受到「大地行旅」是多麼的危險。

在西側地平線的彼方，熟得透紅的夕陽把天邊一帶染紅，靜靜地沉沒下去。我們一家三口在路旁目睹此景，有時感覺真是可怕。何謂「日暮而道遠」？我們切身體會到了。我們三人在黃土平原的正中央，陷入了一種被遺忘在世界角落的情緒裡，若在前往的方向上看到燈火人家，便覺安心，甚至在那燈火中感到人情溫暖。

在大地上漫行，其實並不容易。雖然這聽來理所當然，但對我而言，卻是此行最大的收穫。

這趟略顯有勇無謀的旅途，還有另一個目的。那就是尋找與「蒙古時代」有關的碑文，也就是「元碑」。

「蒙古時代」是一個上從美麗壯大的紀念碑，下至微不足道的先塋碑（先塋指的是祖先的墳墓），社會上下各個階層都普遍建石立碑的「碑刻時代」。

在眾多石碑裡頭，也有如實地刻下蒙古大可汗的命令文書或特許狀，連文末刻印都未有遺漏者。此外，還有於公於私的各種公家文書，以及財產目錄和捐獻目錄之類。當然，也建有上自帝王、貴族、大臣、武將等，下至低階軍官和村級官員等各式人等的「生平紀事」，這都是從其他文獻無法得知的「真實」資料。

刻在石碑上的文字也不只有漢字，還有八思巴文字、畏吾兒文字、契丹文字、女真文字、西夏文字和西藏文字，以及阿拉伯文字、敘利亞文字，甚至連羅斯文字都有，各式各樣。語言方面，除了當然的漢語外，還有蒙語、畏吾兒語、西藏語、梵語、波斯語、阿拉伯語、拉丁語等，屈指而不能數。

以雙語呈現，蒙語和漢語以單詞為單位兩相完全對應的蒙漢合璧碑，也不算罕見。不止是雙語，甚至還有三種語言或六種語言的情況。

在這裡，我們可以看到歐亞東西兩側名實相符地成為無邊境世界的「蒙古時代」，領略這個時代背景的濃濃色彩。多彩多姿的多種語言，多元價值的各式碑刻，是歷史與語言研究上無與倫比的根本材料。

這樣的石碑還有相當數量殘留於各地。

例如，在儒教的發源地山東省曲阜及其周邊，其實仍有為數眾多的元碑留存。迥異於我們的「常識」，蒙古其實熱衷於保護儒教，足以證明這一點的堂堂巨碑，在彼處一字排開地林立著。

然而，稍往城鎮或郊外去，我們能夠看到的石碑，還算是多的，而大多數的碑刻，竟是留存在人跡罕至的山中或溪谷裡。

這並不難理解。

因為，市區或近郊的碑總會遭受破壞。我們能夠想像幾個可能的破壞時期。當我造訪的文獻上留有紀錄，直至第二次世界大戰為止仍確實存在的石碑，但遍尋不著而詢問當地民眾時，總得到「文革」這個答案。

我也聽到過非常駭人的故事。有許多情況是，石碑被破壞時，該石碑所在的寺廟建築也一併遭到破壞。

可是，「文革」並非一切。不少情況是，眼前所見的石垣或堤防其實是石碑殘骸的「再利用」。我也曾看過一般人家裡頭的「再利用」，如石磨及石板等。在缺乏石材的中國，形狀平整的板狀石碑，真是最好用的材料。

如此探尋石碑大半也是確認破壞痕跡的旅程。我時而陷入自己是在確認一件又一件現代史活生生傷痕的情緒中。二十世紀是人類史上最大的破壞時代，這樣一個平日便有的想法，總不得不在望著遭到破壞且荒廢的「遺址」時，一再得到確認。

然後，剩下的一半則是走進山野的旅行。因為，人跡難至之處，破壞之手也難以伸進來。這真是諷刺。

無論如何，當我與使人忘我的石碑相遇時，總想在那多留個一兩天。有時我簡直就像登山隊員一樣，在好不容易到達山頂，親眼看得令人雀躍的石碑後，卻反而不得不立刻下山，常覺無比遺憾。

當我幸運地發現了幾座長期以來不為人知，刻有波斯文的石碑時，總是驚訝又興奮。一般來講，在「絲路」式的浪漫故事裡頭，往往會提及許多牽涉東西交流的紀錄和事例，然而，直接明示的證據可能其實並不多（此時，「蒙古時代」的史事也時常被拿來做最好的例子）。

當時的波斯語和現在的英語一樣是「國際語言」，和現在的漢字、漢文和八思巴字蒙古文的文章一樣，刻在同一座石碑上，堪稱是東西交流的最好物證。

當然，有關這些碑刻的種種，身為外國人的我並無直接的「發表權」。至少我是這麼認為。一想到中國學界的實際情況，我總期待中國的相關人士務必能展開全面調查，雖說這非常困難。但這世上一定還留有不少「尚未發現」的重要碑刻，也一定還留有一座石碑便能一舉推翻某一歷史「常識」解釋的可能性。

若有需要，我願意奉獻人手與史料。我手邊「新發現」的重要石碑將近有二百座。我們這些外國的研究者願意在中國學者專家發表、研究後再行利用。碑刻是一種文化資產，其處理率先由本國人士來進行，是很合理的。再者，若某些石碑刻的是波斯文和阿拉伯文等非漢語文字，在下說不定也有一些可以效勞之處。若能承蒙要求，我個人將不惜棉薄之力。

（有關本段文字，擬針對二〇〇二年的情況變化進行一些補充。近年，中國各地開始陸續出版了一些收錄碑刻的文獻和研究書籍，令人耳目一新。其中也看到了我多少有些接觸的金元時代石碑。真叫人高興。等待中國學者們調查、研究的這個判斷並沒有錯。這十來年間，我常從中國相關領域的專家處聽到很多諸如「你為何不就你『發現』的碑刻發表研究成果？」的聲音。不過，我只要接著做就夠了。我希望中日雙方的學者能在同一條件下競爭，而且互相合作。今後的發展令人期待。）

在各地走了一遭，我在同年十月來到了久違的北京。從日本以坐飛機來到中國時，坦白說霧濛濛的北京市街，在被中國大陸風塵所掩的我看來，就是一個光彩奪目的大都會。當時雖然還不像現在一樣有高樓大廈林立，但仍教人這麼認為。

處理歷史文獻時，總教人深深感受到過去在田野生活的農民或牧民，是如何看待遙遠的都市。說不定那個時候的自己，在無意之間也更貼近了一位負笈前往花開之都的古代人的眼光也不一定。

不消說，十月是「沉醉北京」的季節。

北京冬為嚴冬，夏為酷暑，很難說得上是適宜人居的土地。然而到了九月和十月間，則是一年當中最美好的時光。晴空高照，路樹搖曳，清爽的風徐徐吹過。既不熱也不冷，北京特有的濕氣也不知消散到哪兒去了。

據說，在所有事物皆顯美好的這個季節裡，造訪北京的人們強烈感覺沉醉，終生難忘。我們一家也不例外地成為秋日北京的俘虜了。

正在這麼想的同時，又有一樁內蒙古的記憶浮現腦海。

要言之，這個時期的北京就和「高原」一樣。北京的北方就是蒙古高原。「沉醉北京」的真面目，大多是瀰漫高原的秋天氣息。也就是說，這股秋天氣息飄到了北京。

這個現象非常貼切地象徵現今中華人民共和國首都北京的一個面貌。

若套用「中華本土」（China Proper 或 China Mainland）的想法來看北京這座城市，則它位於東北方的角落。而若以過去的「中原」觀念來看，則原本是一座純粹位於邊境的城市。

如今，那座城市卻成為巨大國家的首都。在這過程當中，歷史背景和「中國」本身同時產生了巨大變化。

北京直接的前身是大都。「大都」是距今超過七百年前，由成吉思汗的孫子忽必烈所精心打造，作為巨大世界帝國「大元汗國」帝都的。這方面的訊息在一九九二年我也略有效力的NHK特集《大蒙古》裡頭也有所介紹，相信還有觀眾記得。

雖說如此，正確來講早在「蒙古時代」前的契丹遼帝國和女真金帝國時期，也就是十世紀到十三世紀初，北京便由準首都朝首都的地位轉型。也就是說，這座城市早在蒙古時代以前，便有在以非漢族為核心的政權下走上首都化道路的「前史」。不過，彼時是南方還有北宋（其疆域達「中華本土的八成左右」），接著還有南宋（只有淮水以南）等漢族王朝並存的「南北朝」時代。

金帝國中期稱這座城市為「中都」，位置在現今北京市街西南方（與大都之名相較，或許容易被誤解成「中型都市」，但那當然是「中央之都」之意）。皇帝忽必烈以可說是一種升格的方式，在其東北郊外原野從零開始設計、動工，將大都打造成正在積極建設的新世界國家的中心，並經明清時代發展成為現在的北京。

因此，無論是大都或北京，原本皆是以多元種族共生為前提的巨大國家首都。反過來說，「中華本土」邊境城鎮成為首都，無非是由於「中國」這個政治架構大舉擴張所造成的。

要言之，就是「小中國」轉型為「大中國」的結果，那是自「蒙古時代」以後發生的。其後的「大中國」，理所當然地也該具有多元種族社會的色彩。

現今中國各地其實有各式人群生活著。甚至是世人認為毫無疑問屬「中華本土」正中央的河南省和山東省也是，只要走一趟山野，便能不時遭遇追趕著綿羊和山羊的穆斯林牧民集團。

「中國」的國家形態與日本那可以近於單色色調來描繪的情況大相徑庭，就本質而言是處於幅員遼闊和多元的色彩之中。仰望北京的秋天，又讓我再一次思考了這個想當然耳的問題。

與伊斯坦堡版《史集》相遇

在停留北京一段時間後，我們於十一月坐飛機前往西德。我們寓居海德堡將近四個月，遍覽了歐洲各地的大學、研究機關、博物館以及圖書館。

我的目的是閱覽與「蒙古時代」相涉的波斯文古抄本，並盡可能地攝影或是拍成微捲。以德國為中心的歐洲生活，真是非常舒適。與停留在中國時的嚴苛相比，確是不可同日而語，妻子與兒子也宛若重獲新生般，面容閃閃發光。

首先，我們的旅程是從土耳其共和國的伊斯坦堡開始的。

在舊市區向海洋突出之處，有一座現已成為伊斯坦堡觀光景點的托卡比皇宮博物館。那是鄂圖曼王朝的舊宮殿。宮殿角落有一座小小的圖書館靜靜矗立，唯有此處幾乎無人造訪。

我造訪此處的最大目的，是將這座圖書館所收藏的，蒙古帝國時代根本性史料《史集》中最古老、品質最佳的珍稀古抄本捧讀於手。那是我長年以來的夢想。

《史集》是十四世紀初俗稱「伊兒汗國」的伊朗蒙古政權「旭烈兀汗國」在宰相拉施特・哀丁主導下，作為國家事業編纂而成的。

首先，《史集》就真實意義而言，夠格稱得上是世界史上唯一世界帝國即蒙古帝國的「正史」。雖說是波斯文的史書，但該書也大量使用蒙古語、突厥語、漢語、拉丁語等單詞。這是處於世界與時代中心的蒙古，以歐亞首屈一指，擁有古文明和歷史敘述傳統，又屬當時國際語言的波斯文所撰成的一部「蒙古帝國史」。

並且，《史集》同時也具有自人類始祖亞當開始的伊斯蘭、伊朗史的一個性格；附帶一提，波斯語和阿拉伯語中有「人、男性」之意的「亞當」，與西洋各語言中的「亞當」，就語源和意義來說是完全一樣。

《史集》甚至也是一部網羅了中國、印度、突厥系的游牧國家群，以及名為「法蘭克」的歐洲等，過去以來即已存在的「地域史」和「文明史」的歐亞世界綜合史。要言之，那堪稱是人類史上最早出現的一部名符其實的「世界史」。

若無《史集》便無法談蒙古帝國史。豈止如此，現在大多數人不知史料來源（當然那是無可奈何的），可以說是被建構出來的「世界史圖像」，其中其實有不少部分是若無《史集》便將失去關聯和脈絡而大大傾斜。

一直以來，我們都是透過西歐、俄羅斯、伊朗研究者所發行的版本來看待《史集》。可是，任何一種版本都只是以《史集》中的一部分為對象，而且從現在的眼光來看，其作為校訂本的水準，是絕對無法令人滿足的。我還是想從根本的抄本來處理。我總是這樣想。

當這部伊斯坦堡版本的《史集》出現在我眼前時，當時我胸口高漲的情緒，至今難忘。我曾想著要放棄過去以來所製作的日文譯本，重新製作一部值得信賴的校訂本、譯注書和研究書。

我花了一週的時間前往該館，持續接觸伊斯坦堡版的《史集》。關於玷汙或有疑之處，皆以全部抄寫來處理，而不只是記筆記而已。

當那裡的職員對我說：「休館日也可以來喔！」的時候，真的很高興。而且在休館日的午餐時間，那裡頭僅有的一位閱覽課職員艾哈邁德先生竟然邀請我一同用餐，真是令人驚喜。因為在沒有觀光客的時間，可眺望海景的高臺餐廳，照理說應該是休息的，我本來打算略過午餐不停地抄寫下去。

他請我吃了一頓非常豐富的午餐。這麼說雖然失禮，但眾所周知，土耳其由於異常卻又已成常態的通貨膨脹，恐怕是沒有那般奢侈的餘裕，所以他恐怕為了我而花了一筆不小的錢。不只如此，午餐後他還帶我去參觀不見人影的博物館內部，教人感激不盡。

他大概是覺得這位恐怕不打算到托卡比皇宮博物館看看那些傲世的收藏品，只是從早到晚不停地抄著古抄本的詭異日本人很可憐吧？對了，話說這一週內圖書館的閱覽者只有筆者一人。也就是說，閱覽室和艾哈邁德先生都是由我獨占了。

那時，我首次目睹了這次本來不打算觀賞的托卡比青花瓷藏品。就知識而言，我認為自己已夠了解，但龐大藏品的氣勢真是極其壯觀。我自己也想過若是去看則一定會做如是想，然而親眼目睹時還是有一種說不上來的衝擊撼動全身。

日本所稱的「染付」、中國所稱的「青花」，真的是蒙古時代東西交流的產物。在宋代中國的白瓷傳統之上，加上在伊朗已有所復興的上彩技法，又使用伊朗產的鈷顏料（中國稱作「回回青」），以深藍之筆繪畫出各種圖案。正如英語所說 Blue and White 一般，這瓷器是青與白交互閃爍的「綜合藝術品」。

忽必烈王朝的大元汗國令官營的窯業城市景德鎮製造青花，一部分於宮廷內使用，一部分作為和金、銀、絹並稱寶物的賞賜品，又有一部分是由國際貿易港泉州、福州裝艙，經東南亞和印度一帶出口到伊朗以西等地。青花成為象徵蒙古時代的昂貴國際商品，其生產和景德鎮的繁榮一直持續到後來的明代。

在現在的托卡比宮殿博物館裡頭，就藏有超過一萬三千件的青花大瓶、大盤。裡頭恐怕也含有大量的，鄂圖曼王朝在擊潰埃及馬木路克王朝時，或是遠征伊朗等地所接收的物品。在中國值得一看的青花逸品並不多，反而是從印度到歐洲尚有許多現存品。其中有絕大多數特別是集中在托卡比，而且有許多是大型且極盡高級的珍品。

這些珍藏品正不聲不響卻又滔滔不絕地說服我們：青花這個無論是在藝術或產業上皆給中國陶瓷歷史造成大幅轉向的瓷器，主要是在以伊斯蘭世界為主的歐亞西方有大量需求的前提下被生產出來。蒙古時代下，歐亞東西方在蒙古主導下，不只在軍事、政治、外交層面上，在經濟、物流、文化上的關係也非常緊密。並且人與物不只是透過陸路，也藉由透過印度洋的海路在東西兩方移動。其「時代」餘波，一直延續到下一代，例如為葡萄牙作先驅的歐洲勢力在透過海洋向東方發展提供了基礎條件等。

另外，在日後ＮＨＫ的特集《大蒙古》中，我們決定收錄托卡比宮殿博物館。我們將一般在這種類型的企畫裡頭都不會收錄的伊斯坦堡版的《史集》，以及幾種波斯文古抄本都拍攝下來，以供歷史研究專家和一般民眾觀覽，這給了我小小的欣喜與成就感。

另一方面，由於青花是世界首屈一指的文化遺產，作為影像也很上鏡頭，當然是在五次的播送裡皆有所收錄。此外，在介紹伊斯坦堡版《史集》的鏡頭中，也拍到了艾哈邁德先生細心搬運藏品，略微緊張生硬的身影。雖說這整個拍攝過程我皆有參與，卻未同行前往當地拍攝，當我第一次看到影片時，在驚訝的同時也感到有些懷念。

以博斯普魯斯海峽分界的不合理

日暮黃昏，圖書館關閉的時間一到，妻子和兒子便在外頭等我。他們就算只有兩個人行動，在伊斯坦堡也很安全。其後，在歐洲各大都市也持續著妻子觀光，筆者則在圖書館尋找文獻的這種模式。透過這趟長達十個月的東西旅行，妻子完全變了一個人到處遊覽，即便是在海外幾度辛苦的長期停留，她都能發揮較我強大的行動力。

親子三人一起眺望日落的馬爾馬拉海以及博斯普魯斯海峽，真的很美。伊斯坦堡如世人所想，是由上天打造，是一片海與陸巧奪天工的土地。

北京的秋天可說是內陸之美，伊斯坦堡的秋天則是海與天空的鈷藍，以及新舊市區的石造建築群及承載那所有的石灰質大地的白色，也就是深藍和白色協調下所構成的美景。這正是好比青花般 Blue and White 的天地。

坦白說，若以古都的姿態，以及文明的面容來比較的話，北京是不及伊斯坦堡的。在勾動人心的魅力上，根本無從比較。

那原因是什麼呢？

不消說，因為伊斯坦堡是實現了橫跨亞洲、歐洲、非洲三塊大陸的鄂圖曼王朝近五百年的故都。甚至若是回溯到君士坦丁堡時代來通算的話，便是歷時約一千六百年的王城之地。這座城市恐怕比陸地上任何一個作為「世界帝都」的時間都要來得長，歷史和文明的色彩極濃。順帶一提，即使是回溯到開始巨大化的工業革命時期以前，倫敦及巴黎就都市本身的起源以及作為王都的歷史而言，都頂多只有北京的程度而已。莫斯科作為城市而浮上檯面正是拜蒙古時代所賜，不會比北京悠久。而東京更是年輕，從江戶開府來算，也不過和紐約平起平坐而已。

此外，不只是作為歷史城市的風格而已，兩座城市在景觀上也有根本性差異。北京的話是看看故宮就能了解一般，呈長寬四方開展，然垂直高度來看則不那麼高。中國建築本來就缺乏往垂直方向的發展性。正如「城」這個漢字意指「從土裡出現」一般，我們能夠說作為中國城市代表的北京，其「土城」的氛圍再怎麼說皆屬濃厚。另一方面，聳立著與天齊高的宣禮塔（minaret）或圓頂（dome）狀清真寺的伊斯坦堡，則有著濃濃的「石城」印象。兩座城市景觀的背後之所以存在差異，或許是不得已的。

眺望著大海，我不經意地做如是想。

就理論上而言，博斯普魯斯海峽和達達尼爾海峽一樣是將亞洲和歐洲隔開的邊界。然而，那不過是由於歐洲的北、西、南方皆為海，因此在東方若不設定區隔便覺困擾，因此這可能是歐洲為了確定範圍而擅自決定的。這和將其實平坦而沒道理用作區隔線的烏拉山脈，視作另一歐洲「東境」的缺乏常識是有得比的。

「歐洲」一辭的「起源說」之一，是古代希臘神話中少女歐羅巴（Europa）被迫乘上宙斯化身而成的白牛，被渡海帶到克里特島（Crete）的這段故事（有關歐洲的語源還有其他說法）。即便將理念上的直接淵源歸於希羅多德的《歷史》一書中相對於北方的歐洲，將其南側的東半邊命為「亞洲」，而西半邊是「利比亞」（即非洲之意），但那只在古代希臘可如此解釋，至於往後的歷史現實，則又呈現出多種樣貌。

若以博斯普魯斯海峽來做區隔，怎麼看都是不合理。這座城市由君士坦丁堡到伊斯坦堡為止的歷史和存在本身，就可以證明。

就算歷經了羅馬帝國、拜占庭帝國、鄂圖曼帝國，這座城市位於連結黑海、愛琴海和地中海的水路要衝，仍是它最大的存續基礎。想當然耳，為大地所包圍的海洋與水路，自古以來便始終不是界線，而是聯繫點。而且，東西南北的陸路也在這塊土地上交會。

簡單來說，這座城市是水陸的交會口。

以這座城市為首都的歷代政權，必定同時在「歐洲」和「亞洲」兩邊擁有版圖。在控制博斯普魯斯的前提上，橫跨兩邊而立國是常有之事。就連現在這個認為國家比重太過偏向伊斯坦堡不妥，特意將首都遷往安那托利亞高原上安哥拉的土耳其共和國，也沒有改變。

所有的區域劃分都和時代區分一樣，是很主觀恣意的。就連「歐洲」這個架構本身，就辭彙和概念來講本來雖然好聽，但就內容和實際形態而言，其實是相當草率且危險的概念，不是嗎？

跨越博斯普魯斯的大橋，常被說是「歐洲與亞洲間的橋梁」。然而，這不過只為了勾起異鄉人旅遊情懷的浪漫修辭罷了。不禁讓人思考，在大橋上奔馳的客車和大型貨車姑且不論，對於生活在伊斯坦堡及其周邊的人而言，這座擁有響亮稱號的大橋和自古以來便有的橋桁或小船，究竟是何者才便利且有利用價值呢？

上面幾段文字，是我稍嫌主觀的一些看法。若以文明論或哲學論，或是風土、環境論等觀點來思考「東西洋之間」這個深具內涵的題目時，或許隱含成為種種話題線索的魅力，但在與根本性原典密切相關的歷史研究方面，這樣的話題其實極為棘手，處理其中的問題極需謹慎的態度。

即便是按字面將「東西洋之間」理解作「東洋」和「西洋」正中央的中央歐亞，或是將「東」與「西」兩個「文明世界」一併來照看，若要從原典出發來看，也誠非易事。簡單來說，因為這牽涉到必須要投身多語文史料大海的決心。

引自己為例，實在是誠惶誠恐，然而例如與「蒙古時代」歷史研究相關的語言，至少多達二十多國。當然，如果是天才則不在此論，但憑一個凡人是辦不到的。豈止如此，就算只看東方漢語文獻和西方波斯語文獻這並列雙璧的兩大史料群，若欲達致兩種語文皆能通曉的境界，則將無法尋常度日。

加以，一度獲得的能力並無法保證可以長久維持，這是身而為人類的悲哀。不如說，當我們集中心神在一種語言文獻上頭時，其他的努力積累便會漸漸回歸於零。雖說要重建歷史，但其實我們一生所擁有的時間總有許多是投注在準備上。

即使是限定在一個時代，以一人之力要環視歐亞東西也實在是非常困難。何況，若是要遍覽整個時代，縱使是一個區塊一個區塊這樣來看，也不可能在一兩個世代內就完全整理完畢。

要列舉十九世紀以來籠罩在許多人腦裡的西歐中心思考方式、價值觀和歷史圖像等，是多麼的偏頗又不適當，誠非難事。然而，只是否定和抨擊並無意義。僅僅胡亂地質疑近代西歐形式的文明和體系，就算是高喊重視亞洲，也容易流於以短時間的「流行

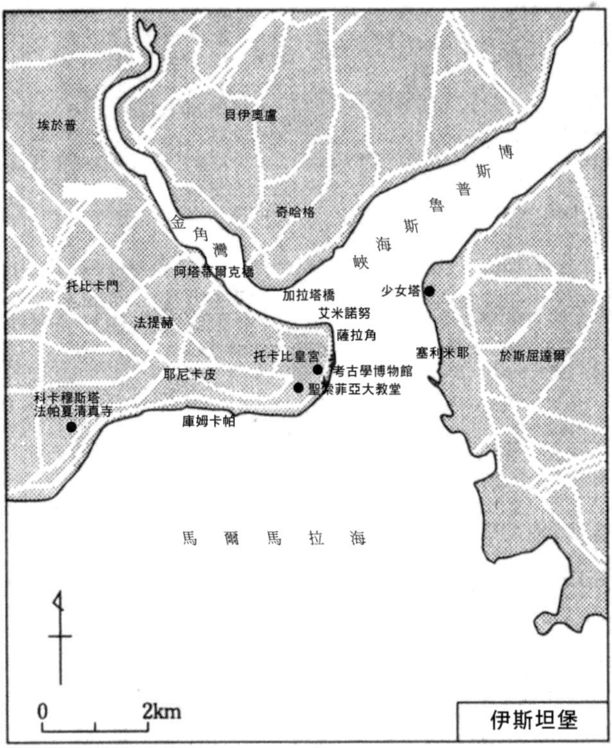

埃於普
貝伊奧盧
奇哈格
金角灣
博斯普魯斯海峽
阿塔蒂爾克橋
托比卡門
加拉塔橋
少女塔
艾米諾努
法提赫
薩拉角
托卡比皇宮
塞利米耶
於斯屈達爾
耶尼卡皮
考古學博物館
聖索菲亞大教堂
科卡穆斯塔法帕夏清真寺
庫姆卡帕
馬爾馬拉海
0
2km
伊斯坦堡

圖九　伊斯坦堡

病」告終。

本來，我們對於一直以來的人類史腳步，便只是抱著不太充分的知識和理解。特別是有關「東西洋之間」更是明顯。我希望蒐集所有確實的史料，能夠靠近原有的樣貌一些。這是一種令人望洋興嘆的作業。不過，除了持續下去之外，別無他法。

近年，人們總說學問的理想形態正在劇烈改變。但是，與各個變動領域相反，當然也存在著追求不變的真實而不斷沉潛的領域。就旁觀者來看，這或許只是一種「故態依然」也不一定。不過，若是變動的事物裡頭也存在價值，那麼不變的事物當然亦可能包含了無窮的價值。

身為歷史研究者，我們的工作雖然非常不起眼，但只要一步步累積起來，應該會慢慢接近那不變本質的。我希望這樣的「志氣」永遠不要消失。

二、地球環境學、古典學、歷史學

日本的落語[29]裡有所謂的「三題噺」，也就是以三段材料來構成一個主題。在本節這個看起來像是落語的標題中，我的用意不在模仿，而是真有其理由。

這個標題首先出現的是「地球環境學」和「古典學」。我曾接受一個「無理」的要求，要我將這兩者間的關係寫成一文。然而，這出乎意料地是一有趣的題目設定。現代地球社會中最要緊的「地球環境問題」，和立基於人類精神活動，堪稱知識遺產、文化傳統典型的古典為研究對象的「古典學」。兩者乍見之下似乎位於兩個極端，究竟有沒有什麼關係呢？

另一方面，我本身也以世間慣稱的「東洋史」為專攻領域，又特別是以漢語和波斯語兩大史料群為主的東西多語言文獻為主要材料，在歐亞中央地帶展開的多樣性歷史現象和人類活動為研究對象（近年將之稱作「中央歐亞史」）。我總想著藉此或許可以建構一個人類史焦點的「歐亞世界史」，但實際上並非那麼簡單。

總的來說，在以「歷史學」為名的這個領域，不斷反覆累積、踏實的史料蒐集、解讀分析和事實檢證等作業，才是占了真正價值和本質的絕大部分。其中我所直接牽涉的更是需要非常踏實的耐力和許多時間的領域，恐怕是最無關乎效率和投資報酬的學問。

雖說這樣一種事實主義、史料主義的「歷史狂」姑且被視作文科，但典雅而古色古

29 譯注：即單口相聲。

香的「古典學」，和目標在追求反省近代文明、近代科學及危機意識的現代學尖端「地球環境學」之間，究竟有何關係呢？

各自的情況

首先，我要從「地球環境學」談起。這始自一段奇妙機緣，距今還不到兩年。

我已經記不清楚，那是前年二〇〇〇年一月底還是二月的事了，總而言之，那是我抱著合計四十餘篇的畢業論文、碩士論文及博士論文，為前後兩場研究所碩、博士班入學考試，以及大學入學考試，還有校內期末考試等學年事務所追趕的學期繁忙時節。當時，名古屋大學大氣水圈科學研究所的中尾正義老師（現為綜合地球環境學研究所）突然來電找我。然後沒過幾天，又特意蒞臨我位於京都的個人研究室。

由於我們兩人素昧平生，說真的實在是誠惶誠恐。中尾老師看起來也很緊張。他的來意是為了一個我料想不到的委託。他問我：我們目前正在構想設立一個與「地球環境學」相關的研究所，是否可能請您協助？

別開玩笑了。我這裡已經夠忙了。如果對所謂「文學院」[30]因著一種不知從何而來的世間印象而認為我們悠哉遊哉的話，那真是誤會大了。事實正好完全相反。其實文學院一年到頭的狀況是，恐怕不只是京都大學全校，甚至是日本的國公私立大學也沒有這麼忙的。世間的印象真的是很胡來……總之，我做了如上的回應。

儘管如此，最後我還是答應下來了。理由之一是我被中尾老師真的想將「文理」融合起來的雄辯與熱情所打動。這有很大的說服力。另一點是我一直以來便認為歷史研究本來就是光看文獻史學和考古學還不充分，必須動員理科的種種途徑，極盡世間知識來進行的一種當然的「綜合學術」（這反過來也可套用在「地球環境學」上面）。兩者應該是相輔相成的。如此，我的忙碌著實地又增加了三成。

另一方面，談到「古典學」，自一九九八年起在日本教育科學部[31]五年的研究經費下進行了「古典學的再建構」這個特定領域研究，此一計畫有涉及古典及「古典學」多達一百數十位的研究者參加，進行各式各樣的討論。至於我，大概是因為處理出現於十三、十四世紀蒙古時代的人類史上第一部世界史，即波斯文史書《史集》等經典的幾部大史書，還有研究方法是「古典學」的這兩點，而被分配了相當分量的工作。附帶一提，這一個在純文科來講實屬罕見的大型計畫，在《學術月報》二〇〇〇年十一月號

30 譯注：日本稱「文學部」。
31 譯注：日本稱「文部科學省」。

（Vol.53, No.11 總號六七二號）編有名為「古典學研究—現代的古典學角色」（古典学研究—現代における古典学的役割）的特集，包括拙文在內共刊載了十五名專家人士的文章和座談會報導。

其實，作為這個研究計畫的活動之一，二〇〇一年九月初我們在東京的一橋紀念講堂邀請國內外貴賓，花了三天時間舉辦「在古典之中發現新價值」（古典における新しい価値の発見）國際研討會。我們邀請成立於同年四月的地球環境學研究所所長日高敏隆先生在最後一天作專題演講，非常感激平日事務繁忙的日高老師撥冗賜講。

這場題為「動物行動學與古典」（動物行動学と古典）的英語演講的內容大意是：動物和人類都擁有各種幻想（illusion），藉此觀察世界並建構自己的世界。古典世界也是其中之一，透過認識古典，我們可以了解到人類具有何種幻想。也就是說古典不是過去的產物，而應該是啟示未來的線索。他的論旨相當明快，質樸且直率的口吻也叫人佩服。來自臺下的反應也各式各樣，其中當然也有異論。要不是我當天擔任主持人，其實也有幾點想要請教。

古典作品告訴我們的事

日高先生的說法正直接衝擊著古典的一個面向。雖說如此，若要以幻想為切入點，那麼過去人類的活動將不問過去與現在皆收攏於其中，而不限於古典。而我作為本業的歷史學等，就會變成針對「幻想」的過去競合虛構優劣的，無限的「解釋學」。本來科學整體正如日高先生所述，正是幻想的不斷再建構。不過，另一方面，當然也存在著超越了幻想的，難以撼動的純然事實，而處理此一問題的學術研究，無論是文科也好、理科也好，也當然是存在的。

讓我們暫且將上面這段令人感覺愉悅的討論擱下，若是要追求古典中現代功能性的話，那麼恐怕就會極為單純地變成只是了解人類的行為和生理、行動或思考模式，歸納人類文明的多樣性和共通點時，無可取代的前例、端緒或線索。當然，若是要更細緻地直接探究「古典為何？」便將掉入討論不易的死胡同裡。不過，若是仔細地觀察事物全體，而不是去凸顯差異或不一致的話，那麼古典的事物也確實存在。在思考人類社會或是地球社會形態走向時，那帶給我在其他地方無法獲得的指標和觀點。

雖說如此，若只以善惡之別來看古典美好與否，那麼我們當然不可能盡看善的一面。比方說，有關直接牽涉到「地球環境學」的自然或自然觀，各個地區、文明圈的古典作品所傳達者，實在是紛陳不一。

以下便在承認自己見識短淺的前提上來談一段話，譬如說，眾所周知堪稱是日本文明古典的《源氏物語》裡，有假託於空蟬、[32]夕顏、[33]末摘花、賢木（楊桐）、花散里、澪標[34]等四季花草、蟲類和風景印象的女性們登場。這個遍覽世界古典也能夠說是略顯異常的成熟的表現形式，是以四季分明的日本特有的「柔和自然觀」為背景。然而，在人類文明中也是屈指可數的古老伊朗古典世界中，卻是大地和太陽的嚴酷苛薄，看不到柔和的自然思維。雖說如此，在日本古典和文學中，植物不論，對於動物或自然的描繪則出乎意料地少。這一點或許是我的誤解，但以法國文學為主，西歐古典著作對於動植物的述及就更少了，不是嗎？現代，特別是我們日本在無意識中所期待的自然印象，到處都會遭遇挫折。

在古典作品裡頭，一般來說關心多集中於人類本身。這大概意味著人為了「生存」、「覓食」、「發情」是如何地拚命。附帶一提，如前所述，在現在我正打算自眾抄本中製作校訂本、譯注的《史集》裡頭，是將歐亞各地的人群以現代所說的「生態」作為區別，而非「民族」或「國家」。十三、十四世紀，蒙古帝國作為人類史上首次超越文明圈架構所帶來的，一個作為鬆散整體的統合的視線便是如此，這應該使得近代西歐型理解方式的特殊性更加鮮明。另外，常言道中華文明的古典作品《詩經》等文獻裡頭，可見黃河流域中竹林繁茂，還有大象和犀牛，氣候也比現在還要溫暖許多。其實這方面的敘述，皆可自古典裡頭輕易拾得。

文理融合的綠洲計畫

作為這段文字的一個小結，最後想再談一些與綜合地球環境學研究所（簡稱地球研）相關活動有關的內容。

如前所述，成立於二〇〇一年四月的地球研有五項研究計畫，其中有一項名為「綠洲地區對水資源變動負荷的適應力評估及其歷史變遷」（水資源変動負荷に対するオアシス地域の適応力評価とその歴史的変遷）的計畫。這項簡稱「綠洲計畫」的研究計畫，是以歐亞中央乾燥地帶的綠洲地帶為對象，對應到與地球規模變動，相以連動的水資源變化，並以探索人類生活場域或形態大幅變化的歷史過程，針對人類與自然

32 譯注：蟬殼。
33 譯注：瓠子花。
34 譯注：一種航路的木樁標誌。

體系的相互作用做歷史性驗證為目的。要言之，這個計畫可以說自始便以文理融合為前提。

最終說來，各項研究計畫的概況是每次三項、為期五年的研究計畫以相隔一到二年的時間間距的模式來運作，而中尾先生主持的綠洲計畫是將起初的對象地區設定在橫跨中國甘肅省、內蒙古自治區的「祁連山－額濟納地區」。提出這個構想的其實是我。

關於這個計畫設定，能夠自誇之處很多。首先，這個地區是漢武帝時代與匈奴的戰爭中，舉國家之力開墾以來，人類史上罕見、持續長達兩千年「巨大開發」的土地，與此相關的史料、文物和遺跡一應俱全。特別是漢代的居延漢簡、西夏、蒙古時代的黑水城文書等等，存在著遍視亞洲全境仍能凸顯其保存完整之價值的歷史文獻，具備了適合與理科數據彙整或彼此精確檢證、解析作業的質量。

另一方面，分隔甘肅省和青海省的祁連山[35]因海拔高度甚高而有冰河流下，自彼處往北麓流去的黑河，過去也被稱作弱水或黑水，在途中滋潤了張掖[36]等綠洲農耕地區，更進入到沙漠地帶，最終以額濟納的湖水[37]盤繞。自上游到下游具備了冰河、山岳森林、山腹山麓牧畜、綠洲城市、綠洲農耕半沙漠農牧、乾燥游牧等環境。就學術領域的分野來說，上自冰雪中心的採集分析，途中經綠洲灌溉乾燥農耕的用水分析或游牧生態觀察，下至現在完全乾涸的許多河道或正在枯竭的鄂濟納湖水地區地下水分析或湖底堆積物的解析等等，便於以與各理科領域互相牽涉的形式來進行設定。

再者，這個地區過去是所謂「絲路之地」，乃亞洲內陸交通東西與南北大道交會之處。而且，現在也作為中國西北地區乾燥惡化最劇的地方，受到國內外注目。簡單說，便是一直以來飛至日本的黃砂根據地。無論是歷史上的話題性或現實上的緊急性，皆綽綽有餘。而且，當地調查的高度安全性也不容忽視。

總而言之，把這個地方視作文理融合的「實驗場」，真的是最適合的。我一直在心底想著，如果我的責任只到這個計畫設定和文科參與人員相關的組織化為止就好了。總而言之，在各種專門領域的人士參加下，這個研究計畫著實地啟動了。團隊在冰雪中的辛勞，不容小覷。此外，在祁連山這座「天山」到額濟納這條盤繞的「黑水」之間，從事地毯式調查的各領域人員們應該會獲得種種體驗；另外，這個計畫的暱稱「天山黑水」，是這個計畫的主要成員之一，以游牧調查享譽盛名的小長谷由紀女士所命名的。我大大地期待有緣成為研究夥伴的這些男女老少（說「老」是失禮了）在今後

35 根據司馬遷的《史記》，在匈奴語中乃「天山」之意。
36 漢代地名，今名同。甘肅的甘州即指此處。順帶一提，肅州為西郊的酒泉。
37 漢代的居延澤。在西夏及蒙古時代稱額濟納。順帶一提，所謂額濟納在西夏語為「黑水」之意，現在的額濟納旗即由來於此。

的發展。

回頭來說，就算嘴巴上說文理融合，但這樣的方式應當也有種種類型。說不定，導入、設定、方向訂定，出乎意料地是屬於文科的工作。當然，今後還有令人望洋興嘆，耗費龐大時間的史料篩選、解讀、檢證和整合等作業，在等著這個「祁連山—額濟納計畫」中，包括文科中的文科的我在內的幾位「文獻通」、「歷史通」去解決。這一系列作業恐怕花五年也不夠。我們能夠說，這樣一種研究途徑在真正的學術層次中，是還未得到嘗試的。就這一點而言，我們文科和在當地組織團隊系統化進行調查的理科專家間的差距，當然是很大的。

面對世間對文科這種純基礎學門存在著的「不食人間煙火」這一類令人發噱的誤解，我們只能搖頭。有關那些絕大多數尚未被觸碰的各式多語言基本文獻，縱使是只以從世界各地收集照片和膠捲的方式來蒐集，這作業亦不輕鬆。所需的資金、工作和能力，都不是開玩笑的。況且，還要在上頭更進一步地做解讀和分析。文獻通不消說，就算是理科專家也會被要求要有相應的對應能力。嗯，包括這方面的調節和相互理解在內，或許也算是一種「實驗」。

無論如何，這是人與人之間的共同作業。只要彼此能夠保持信賴關係，想必「有志者事竟成」。這一點希望研究者們能夠有充分的心理準備。

說是這麼說，但總覺得所謂的文理融合還是予人一種文字遊戲的感覺。本來人類的行為就沒有所謂「文」或「理」之別。文科和理科只是學問世界，再進一步說只是學校教育所創造出來的幻想。有許多理科友人和知己，創作能力和文學敏銳度都遠在我之上。

文科也好，理科也無所謂，動身力行就對了。就算是組織團隊從事工作，我也想顧好作為個人的工作。任何國家都存在假學術研究為名的封建遺制。反正只要直率、謙虛地兼顧作為個人的自我分際和超越個體的廣度即可。大家想必都明白自己的職責所在。正因為如此，才更需要彼此尊重。

三、歷史與古典的邀約

所謂的「文學院」

作為幾年前大學研究部即碩博士班重點化的結果，我所屬的單位大學部和研究部排序對調，變成了研究部和大學部，先有「文學院研究部」才有「文學院大學部」，大學部看起來就像是附屬的一樣。[38]不過，這是令人很難理解的。只是，就連大學中人都這麼想的話，我想世間的各位也理所當然地會這麼想。雖說如此，反正只要說「我是文學院的」大家就懂了。這個時候，對方常會浮現出不知是羨慕還是憐憫的表情。不知道是不是真有「相由心生」這回事，但面對他們無言的雄辯，我也提不起勁反駁說「那是誤解」，只以曖昧的笑臉來敷衍帶過。

就損益來講，文學院是一個只靠著學生所支付的學費便能運作的單位，物美價廉，就國立大學而言是很罕有的教育研究組織，但在社會上較不實用的印象總是揮之不去。對社會有無貢獻，究竟該怎麼來證明呢？雖然我的腦海裡閃過「若以學院為別來詳加檢驗結果會是如何？」的念頭，但即便是有嚴重赤字也能自信地說出「造成貢獻」的一種態度，在以產業技術立國的日本來講應該還是重要的。

另一方面，雖然離「賺大錢」還差得遠，但日日優雅地享受學問樂趣、悠哉過活的錯覺和幻想也無法自「文學院」切割開來。然而，就這種情況而言，其實幻想也不壞。雖說「現在也是」有些奇怪，但的確到現在為止，我的同僚中也有名符其實能將文人墨客氣息感染到自身周圍二、三公尺，而不是只有自己的優異人士。聽說這樣的人在以前更多。而且，因為京都的特殊人文環境，我想也因此有人會說：啊！我們所住的世界根本不同。而對「東夷」的言行目瞪口呆的吧？不過，最近這座大學的部署也開始吹起整頓風，變得完全和尋常人一般忙碌，或許也因為如此，能夠對等交往的人士也增多了。

為何要叫「文學院」？有諸多說法。「文學」這個漢語辭彙本來是「學問」之意。這個字意在中國歷史悠久，在日本則是到了江戶時代末期才確實有此字意的。順帶一提，現在國立大學入學考試的五項基本科目裡頭，國語、外國語和地理歷史等三科有很多時候是由文學院和領域相近的教員們所負責的。將「文學」一詞與 literature 等譯語對應，或許是有些不適當的。另一方面，以一八七七年東京帝國大學的創設為肇始，戰前的帝國大學有「文」、「法」、「工」、「理」、「農」、「醫」等等，以一個字來表達學院名稱是基本的原則。也有看法重視這一點而認為「文學院」乃「文」學院。這樣的知識和見解是從兩年前還是同事的大前輩礪波護老師口中聽來的。確是如此，如果是「文」學院的話，就現實來講是更貼切的。如此一來，從事、致力於文科所有的基礎學術是想當然耳的。若是這樣，那麼總而言之「文科」、「理科」或是「文理融合」所說的「文」和「理」，便是由「文學院」和「理學院」來作為代表。的確，兩者皆以基礎學為基本。談著談著，我們的話題似乎變得非常常識性了。

38 譯注：日本大學學制研究部與大學部間的分際較明確，相當於我國研究部碩博士班的編制稱為「大學院研究科」，大學部則是「大學學部」。

男人的「濫買」與「浪漫」

我雖在「文學院」這樣的地方服務，但打從出生以來恐怕便與（狹義的）文學或哲學關係淺薄。明明如此，我卻即便是看不懂的書，也想著書只是買來擺著也好，便不管文科理科而使勁地買，自己這種胡亂買書的癖好真是無可救藥。歐亞史更因為是要追夢用的，研究室早被奇特的書籍和史料塞得快要動彈不得。我仗著自己的研究室是位於一座大正初期的紀念建築物裡比較挑高，便疊了兩層、三層直到天花板。要是地震一旦發生，可是牽涉到死活。就算這樣，或許該說是由於專門研究領域之故，總之因為那是營生工具所以莫奈何，搞得自己家裡也塞了成堆的，與專門領域相關的雜亂書本，的確是日日逼迫著家計和生活空間。偶爾會有國內外的友人或知己到我狹窄的客房裡過夜，如果那裡的書塌下來了，真不知該如何是好？

以東洋史等為專門研究領域的人們，生來大概都是無可救藥的購書狂患者。他們總是自豪有多少書架，其中放有多少珍藏書籍。在酒席上吹噓自己欠了書店多少錢等，真的是異常人類的世界。有這樣的前輩或同事實在方便，只要想到那本書某某人大概會有，便可去電商借。只要忍住性子不要自吹自擂，大概都借得到。由於借來的書總是保存得非常良好，因此我總在心裡擅自把對方想成是「收集者」而自己是「閱讀者」，借用對書來講反而是一種功德。

然而，我們這樣的世代也已經步向尾聲了。過去，據說有一位同事曾經因為買書太過放縱終於遭到太太抗議，而脫口說出：「濫買是男人的浪漫。」[39]其實，這句不可輕信的「名言警句」，除了大家把它當作鬼扯、吹噓或酒席談笑外，在聽者一方也抱持著這麼說一次看看的共通願望。不過，這樣的「名言警句」在現代社會早就講不通了。

數位時代的長處與短處

的確，最近我不得不被迫實際感覺到了人們遠離文字、活字、書本的現實。我平日除了因工作而與研究室的人們直接相處外，也會和從二十歲左右的大學部學生、研究所學生、旁聽生、博士後，甚至是校內外或國外三十來歲的「青年學者」們等，為數眾多的年輕人接觸，他們的年齡差距可達二十歲左右。所謂的「大學」實際上就是「年輕人的天地」的基本形態，在今天也無太大改變。平日，學生們其實是透過專題討論、授課

39 譯注：原書在此處原是作「本買い」（購書）與「本懐」（夙願）這兩個日語發音皆為「ホンカイ」的雙關文字遊戲，中文版在此作貼近中文習慣，又不悖離原文意的音近意譯。

或研究會、學會中的報告、發表，以及學期末、年度末的考試和大學畢業論文、碩士論文和博士論文等和人生相關的特別場合，來閱讀各式各樣的文章。當然，我對自己寫的東西一點自信也沒有。無論如何，我是以只要大家讀得懂便可為原則，不太會說大話，然而，即便我的標準不高，但或許該說是時勢變遷或風氣變化，很多事情真的是迅速地在起變化。對此我常感嘆而無法舒坦。雖說文章也因人及時代而有種種面貌，但最近所感覺到的現象是：自主思考的變少和膚淺。這點叫人相當介意。

我的結論或許下得太快，但我想現在的人靜下心來讀書的時間真的是變少了。思考和深思熟慮，這或許不需透過讀書便能做到，但總不如讀書。不只是我們這些大學教師，世間一般也常將責難的矛頭指向以行動電話為象徵的青少年文化。第一次學到在互傳簡訊上耗費時間和金錢的「手機窮忙」[40]一辭，已經是兩年前左右的事了。

雖說如此，由網路或電子郵件，甚至是電腦合成技術，透過現代機器來傳送、整理文字這本身是很了不起的。例如，過去說到大學畢業論文、碩士論文或博士論文，總有文章或圖表、算式、數據等既定模式。可是，其用意皆在展示自己思考的結果，以求他人理解，表現形式有時換作畫像或影像也無妨。然而，不只是理科才可以這樣，文科，而且以歷史學來講，清楚重現某一歷史狀況或一個場面的歷史學，雖然一個專有名詞的稱法在日本尚未確立，但一個新的「再現歷史學」或「復原歷史學」、「實驗歷史學」

等新的「學問領域」即由此誕生也不一定。如果要追求這一點，那麼活用電腦合成技術當然可說是應該的。

我個人也在一九九二年播放的NHK特集《大蒙古》中，有過讓工作人員使用我所整理的有關蒙古時代大都和主要宮殿群的資料，以電腦合成來復原重現的經驗。正當其時，我腦裡也閃過若能以這個大都的電腦合成為基礎，投入、使用所有資訊，來復原、重現由大都到現今北京的發展過程的念頭。與那時相比，現在電腦合成技術的水準，在費用與處理手法上都進化了一大步。主要利用於電腦、電視、影片、建築和服裝設計的電腦合成技術，應該可以在學術研究上作更進一步活用的。

目前為止，我們的研究不用說都是一種內容思考和論證的過程，直至細部的文章和語句，其實都考驗著「文」的能力的一種「學術論文的世界」，但我認為至少在成果發表的手段和方式上，不妨再更加多樣化。只要品質上有很好的保證，那麼以電腦合成檔案光碟作為「論文」的代用品來提出應該也是可行的。若是發展到了這個境界，或許數位世代的能力和潛力將會成為和過去大有不同的「知識可能性」而綻放花朵也不一定。

話題談得偏了。總之，我絲毫沒有要否定現在日本年輕人的念頭。優雅又可愛的女

40 譯注：日語原為「携帯貧乏」。

性、紳士又靦腆的男性，年輕世代裡頭有很多很吸引人的新人類。他們和包括我在內的上個世代，那些走路像猴子一樣的日本人身影相比，真的是大大不同了。雖說年長者倚老賣老看年輕人不順眼是千古不易的鐵則，但特別是在誇張一點來講，「民族」、「人種」皆呈現激變的現代日本裡頭，聽起來的確就像是舊人類的嫉妒一般。

正因如此，遠離文字、活字和書本才叫人感到遺憾可惜。因為那意味著沉著的思考力、判斷力，甚至是思想的韌度，只有被給予是不夠的，還要自己起而創造才行。要創造出思考方式的多樣性，以及身而為人的深度。若想鍛鍊大量吸收心或智慧的基礎體力，或說是心靈的刻紋，讀書是最好的方式。讀書的確不是一個按了鍵盤便能輕易地有回應的世界。不過，在文字和文字串連的彼方，馬上就會傳來回響。那是內化在身體裡頭的心靈之聲。接著，那將成為心靈與頭腦的土壤，成為創造下一個階段的自己的泉源。

讀書本來就不受世代或年齡侷限。就算是同一部書籍，讀法和感受方式也因年齡和心境而異。可是，無論如何，人在作為生物個體成長、成熟過程中的閱讀，其意義完全不同：孕育在渺小人類個體中的智慧，創造出人類文化的無盡蓬勃，甚至又存在著現正消失中的可能性。一方面是悲喜等感情與情緒，喜愛與憎惡，憧憬與羡慕，尊敬與嫉妬，煩惱與頓悟的心理。或是超越了人這種生物，一切萬物共享的原點。諸如此類，讀書領引著我們品味與思考。在創造自我，走上自我人生的時期的閱讀，其意義理當完全不同。

「自主思考」，「自主發現問題」，「自主發想，嘗試突破」。為了要消除現在年輕人讓人感到不放心的這個現象，需要的正是閱讀習慣，以及閱讀所帶來的心靈厚實度、柔軟度，甚至是綜合能力，不是嗎？

各種導讀手冊

說到閱讀，書籍也是五花八門。自古以來入門或導讀類的手冊便依領域而有大大小小的不同。比較簡單易讀的，例如稍早岩波書店的《圖書》（図書）為紀念岩波文庫創刊七十年而邀請各界名人撰寫短文的《我的三冊》（私の三冊，一九九六）或同樣為紀念岩波新書創刊六十年而臨時增刊的《我推荐的這一本書》（私の薦めるこの一冊，一九九七年）等等，都很有意思。透過拜讀上列書籍，我可以了解誰推薦什麼書，作出如何的評語等，使人讀來津津有味。此外，在我所屬的學院裡，西洋文獻文化學系的教師們完全從大學部學生著想出發，特別是以新生為中心而發放的閱讀導覽小冊《西洋文學一百冊》（西洋文学この百冊，二〇〇二年四月，非賣品），說是超乎想像雖有些失禮，但它儘管只有四十頁，每部作品的介紹卻多達一百四十一字的分量，實在是非常充實。我不是在吹捧自己的同仁。比較遺憾的是，這是非賣品。

總而言之，不限於這三本，附帶署名的推薦文可以看到別人對於書籍的不同想法或態度，讀來有獨特的趣味和痛快的緊張感。《西洋文學一百冊》以古今名作作為對象雖是想當然耳，但兩種臨時增刊版的《圖書》，對於所謂古典或歷史的推薦也比想像的還多，令人驚訝。尤其是岩波新書的出版方針本來是廣泛處理各類學門的，卻令人意外地對古典或歷史顯得很用心。推薦文中出現的喜愛或值得向人推薦的書，有許多是屬於古典或歷史類，能讓我們充分了解究竟何謂「一生的閱讀」？

接下來要自賣自誇地提到我也有所參與的書籍，二〇〇二年四月平凡社東洋文庫編輯部出版了一本《東洋文庫導讀》（東洋文庫ガイドブック），內容正如標題所示。一直以來都將重點放在日本和亞洲古典名著上的平凡社東洋文庫，這次推出了超過七百卷的紀念企畫。包括我在內有十二位作者，在預先被賦予的如「故事的樂趣」、「詩苑逍遙」、「東洋的百科全書」、「閱讀江戶」、「親近鄰國」、「了解中國傳統文化」、「印度的世界」、「中東伊斯蘭世界」、「亞洲的近代」、「多元文化的交會」等分類下，我的內容和標題全由個人決定，使用十五頁來進行東洋文庫的介紹和導覽。順帶一提，我的撰文題目是〈面向歐亞史的視線：大航海時代以前的世界史〉（ユーラシア史へのまなざし：大航海時代以前の世界史）。

這些作者大多與我同一世代，恐怕也是包括東洋文庫在內的戰後出版潮的讀者及受益者的一群人。然而，萬萬想不到起初完全只是紀念品及宣傳用，應該不會賣錢的這本「詭異書籍」，排列在書店裡不久，竟又馬上再版，這某種程度的「暢銷」現象讓我嚇到了。當然，一開頭津島佑子女士的文章等等，真的令人驚豔。教人不得不暗暗佩服：原來，一位以「文」而立的作家，文章就該寫得如此清麗。其餘學者們的文章也有許多寫得極好的。

不過，即便如此，負責的編輯也為這一類的導讀竟賣得如此好而感吃驚。然而，由處理的內容還是能夠被歸類到古典或歷史這兩類來看，可知追求古典或歷史，說不定稱得上是閱讀裡的某種態度，或是人類精神文化的共同項目。

始於松平千秋的譯著《希羅多德》

回顧過去，正如我也談到的，自己不是一個很會推薦古籍經典的人。只是，有關古典的重要性以及閱讀古典的重要性等等，我自認還是懂的。若該古典是與歷史有關的，那麼我或許可以談點什麼。以下，要不恥地來追溯一下自己的閱讀記憶。

那是很偶然的。昭和四十二年（一九六七年），進入高中的我，應該是在暑假剛剛結束時，來到一間在鄉下來說算是大型的書店，書店角落有一擺放文學或歷史書籍的專櫃，我也不是為了買什麼或讀什麼而去，只是一直望著。然後，很偶然地那裡擺著一本筑摩書房世界古典文學全集的新刊《希羅多德》，是松平千秋的翻譯作品。總之，我被那本書吸引了。價格是一千日圓。剛好口袋裡有這筆小錢。

一直以來，我都是從家裡的書架隨便取書，漫無目的地一本一本讀下去。就不是學者什麼的家庭背景來講，我們家的確有許多奇特的書。不過，卻完全沒有給小孩看的書。所以，就結果來講我應該是翻了許多包括特難讀的書籍在內，和年齡不相稱的書吧？其中有《唐詩選》或《十八史略》等中國作品，也有西洋文學、西洋哲學、歷史或經濟等。現在想想，也有我這間研究室前主人羽田亨的《西域文明史概論》和《西域文化史》等等，但老實說對於內容的印象已經模糊了。

說到這些奇奇怪怪的閱讀究竟有什麼幫助，我真的不是很懂。大概就是很怪異地記了不少和年齡不相稱的片段知識和漢字。對於那時的記憶，比較清楚的是熱衷於棒球而數度骨折，因太過著迷於建築設計圖製作而刻意忘記習題，因而吃了老師的大排頭等，這樣愉快的每一天。簡單來說，一直以來都是一種「這裡有書就姑且拿來讀讀」這種程度的「被動」閱讀。

松平千秋譯的《希羅多德》（ヘロドトス）是我自願購買，事實上幾乎是第一本自己出錢購買的書籍，這給了我相當大的影響。自那天的閱讀起，我便為之入迷而讀得津津有味。上下兩段的編排，就閱讀來講分量很是充實，花了三天一口氣把它讀完。當然，這段期間沒有到高中去上學。不止這樣，讀完之後我還發燒，結果前後請了一星期的假。我記得母親為了我而相當擔心。

在那一年內，我自掏腰包買了東洋文庫的第一卷《樓蘭》等書籍。那大概也是成為高中生，開始領到一些可以買書的零用錢的關係。再上去的高價書便央求母親買。對我來說，自己亦有相當意識的閱讀經驗，換句話說是身而為人開始懂事的閱讀經驗，便是從這本《希羅多德》開始的。松平千秋便成為我非常崇拜的人。其後，一直到近年東洋文庫中松平千秋譯的《伊利亞德》（イリアス）、《奧迪賽》（オデュッセイア）一旦出版，我就馬上買來看。順帶一提，《希羅多德》日後也獲得編入「岩波文庫」，改版為《歷史》上中下三集。

進入京大文學院，我才知道松平千秋是這裡的教授。我想著要用原文來讀讀《希羅多德》，碰了一點希臘文。不過，我的興趣漸漸轉變，最後選了現在的道路。歲月如梭，後來我於前些年由日本經濟新聞社出版了《游牧民的世界史》一書（游牧民から見た世界史，一九九七年）。其中也引用了松平千秋所譯的《希羅多德》。過了一些時日，我竟然獲得松平千秋老師的邀約，這真叫人吃驚。在京都「葵祭」的那一天，我請其高徒中務哲郎作陪，一同拜訪了老師位於比叡山山腰的宅邸。那天，我終於親眼面見一直以來崇拜的老師，而老師的風範正如我所想像的那樣。老師和夫人招待的日本清酒，是最美好的滋味。

回頭來看，從高中到大學的時期，應該是最適合閱讀的年紀。其實，廣泛的閱讀也是不錯的。因為，這個時期才有迷上了便可專注一陣的時間與充裕。若是不喜歡，那麼再讀別本便可。可以很快地轉變心向，這也是年輕時期的特權。

最近，在與我有所交流的校內外人士中，所謂理科的專家總倡導古典教育的重要性。某位相當傑出的數學家曾說：「漢文只要念過去就好」，我不以為然。當然，他有一半是開玩笑的。但有一半應該是認真的。

即使是古典，其範圍也很廣。雖然有國語國文學者說日本沒有古典，一般所認識的日本古典和世界古典完全不同。如果是日語的話，自然就讀「原文」。另一方面，世界的古典一般而言很難用「原文」來讀。若不讀「原文」，便讀不到原意和興味的這種想法，基本上應該是正確的。不過，如果是非常出色的翻譯，那麼文意和精神仍能大致傳達。若是更好的譯文，那麼讀起來說不定就像是在閱讀日文書籍一樣。

日本是一個擁有豐富翻譯文化的國度。惡劣的譯本當然也有，但品質極佳的古典譯本卻是不少，在最近來說更是如此。近年歷史類方面也有許多不錯的譯本。當然，若是有能力閱讀原文的多種語言使用者（polyglot），那就沒有問題了，但這總是不太容易。

日本是能夠以本國文字大致閱覽世界主要古典和史書的國家，甚至是在相當程度上能總攬閱讀的稀有國度。這該說是某種知識財產吧？總之，這將能成就名為「知識力」和「文化力」的「國力」基礎。

在人們高喊出版不景氣的近年，拜努力向世間送出好書的書店和出版社所賜，我們的心靈也進入一種可以充分擁有日本文化和世界文化的雙重境界狀態。在這個身處日本也能更容易地前往世界各地的全球化時代，最大的好處就是今後將有更好的條件讓我們將人類文化的普世性和多樣性內化於人性內在。我如此期待下一代的年輕人們。

單行本後記

今年，也就是二〇〇二年，在剩下的日子裡會發生什麼事呢？我們平時總會多多少少打算、設想未來的日子。人類裡頭或許有一些人是擁有預知能力的。不過，從事歷史研究的這樣一個某種意義上來說是「後見之明」學問的人，無論好壞，皆是將「常識」作為共同基本觀念的一群凡人。雖然也不是說都沒有人會談些帶有預知氛圍的話題，但大抵上都說不中、講不準。雖說如此，有關過去曾經發生的事，對於所依據的文獻、遺物、遺跡等研究材料，以及由此推論出來的確定或不確定的多樣性「史實」，卻總是懂得叫人吃驚，即便那僅限於我們的專攻領域這個切得又小又窄的守備範圍中。此外，卻也有一群正因為離史料、辭兮兮的考證作業和史實分析等幾微之處皆遠，才能放膽在論斷的世界中飛翔的歷史評論家。說像又不像的這兩群人，由世間來看恐怕是大同小異。

「將來」和「未來」，在漢字裡頭的意義相當不同。「將來」意味著即將到來，而「未來」卻或許永遠也不會來。所以，談論未來的人才能夠變得大膽，所談的內容更是氣勢凌人。自由、舒暢、暢通無阻的談話，總使人愉快。相反地，在歷史研究現場從事工作的人們，大多執拗、膽小又倔強。這樣的一群人，其傾向會隨著投入程度而加劇。他們的頑固隨著歲月累積，我想這或許也是一種職業病，然而自己卻也莫名地釋懷並自我接納，悠哉地安居於史料的深山裡。

本書便是筆者在這樣幸福的日常生活中，放蕩不羈寫下的文章，又在或多或少的反省下將之改寫潤飾後的結果。這本書雖然無法告訴讀者二〇〇二年剩下的時日會發生什麼事，但「搞歷史的人」也算是「工匠」的一種，只能夠從平日處理慣的過去歷史中發言而已。豈止未來，我們恐怕連兩、三年後的「將來」去向都看不出來。不過，完全就個人的「直覺」而言，也許該說是就「常識」來說，我認為現在的美國和被它拖著走的世界，有些危險。說不定我們是該為這股動向加設安全裝置了。若是對於美國的這份擔憂，能夠變成瞬時資訊全球化社會中的世界共同認知就好了。我這樣一個既不上網也不收發電子郵件，還活在石器時代裡的人如此認為。

這本小書能夠問世，自始至終皆拜日本經濟新聞社出版局編輯部櫻井保幸先生的友情所賜。過去曾經聽說，好書成就於一位傑出的編輯，這次我如實體驗到了。謹在此表達我由衷謝意。

二〇〇二年七月末日——杉山正明

章節出處

序　章　**新撰**

第一章

一、二節：〈世界史上的遊牧文明〉（世界史上の遊牧文明），《季刊民族學》（季刊民族学）八五，一九九八年七月。

二節部分內容：〈普什圖遊牧民的部族聯合體＝阿富汗國家的歷史〉（パシュトゥン遊牧民の部族連合体＝アフガン国家の歴史），《每日經濟學人》（毎日エコノミスト），二〇〇一年十一月六月號。

三節：〈蒙古開啟世界史〉（モンゴルが世界史をひらく），《伊斯蘭秩序的世紀》（パクス・イスラミカの世紀）新書伊斯蘭的世界史（新書イスラームの世界史）2，講談社，一九九三年十月。

四節：〈何謂東亞史？〉（東アジアとはなにか），《極光》（あうろーら），二，一九九六年二月。

五節：馬可波羅這號人物存在嗎？〉（マルコ＝ポーロという人物は存在したのか），《世界史指南》（世界史のしおり）八，帝國書院，二〇〇〇年四月。〈馬可波羅所見的忽必烈宮廷〉（マルコ・ポーロが見たクビライの宮廷），《北條時宗的時代》（北条時宗の時代）ＮＨＫ出版，二〇〇〇年十二月。

第二章

一節：〈總論：蒙古主導的世界史時代——元代中國的視線〉（総説：モンゴルによる世界史の時代―元

代中国のまなざし），《世界美術大全集．東洋編七．元》（世界美術大全集．東洋編七．元）小學館，一九九九年十月。

二節：〈與青花的相遇——東西融合的精華〉（青花との出会い——東西融合の精華），《明的陶磁》（明の陶磁）故宮博物院七，ＮＨＫ出版，一九九八年三月。

三節：〈蒼狼一族的歷史觀〉（蒼き狼たちの歴史観），《歷史與文學》（歴史と文学），週刊朝日百科．世界的文學（世界の文学）十，一九九九年九月。

第三章

〈成吉思汗形象的形成——超越時光的權威與神聖化路程〉（チンギス・カンのイメージの形成——時をこえた権威と神聖化への道程），《生活世界與民俗學》（生活世界とフォークロア）思考天皇與王權（天皇と王権を考える）九，岩波書店，二〇〇三年二月。

第四章

〈帝國史的脈絡——面向歷史中的模型化〉（帝国史の脈絡——歴史のなかのモデル化にむけて），山本有造編《帝國的研究——原理．類型．關係》（帝国の研究—原理・類型・関係）名古屋大学出版会，二〇〇三年二月。

第五章

一節：〈侵襲世界的元寇〉（世界を襲った元寇），《北條時宗》ＮＨＫ出版，二〇〇一年一月；〈蒙古帝國、征服亞洲的攻勢〉（モンゴル帝国、アジア征服の猛威），《歷史與旅途》（歴史と旅）二八—二，二〇〇一年二月。
二節：〈蒙古史顛覆元寇和時宗形象〉（モンゴル史が覆す元寇、そして時宗像），《中央公論》，二〇〇一年四月號。
三節：〈足利と曲阜〉（足利與曲阜），《足利學校釋奠紀念演講筆記》（足利學校釋奠記念講演筆記），足利市教育委員會，二〇〇〇年三月。

第六章

一節：〈探訪東西文獻與風光——北京、伊斯坦堡及歷史〉（東西の文献と風光をたずねて——北京、イスタンブル、そして歷史——），《極光》（あうろ一ら）四，一九九六年八月。
二節：〈地球環境學・古典學・歷史學〉（地球環境学・古典学・歷史学），《學術月報》（学術月報）五四—一一，二〇〇一年十一月。
三節：新撰

上列各篇，在匯整成書時皆做相當刪修。

另眼看歷史 Another History 01

顛覆世界史的蒙古（十週年紀念・經典重現）

モンゴルが世界史を覆す

作　　者　杉山正明
翻　　譯　周俊宇
責任編輯　沈昭明（一版）、李銳俊（二版）
校　　對　魏秋綢
排　　版　宸遠彩藝
封面設計　薛偉成

副總編輯　邱建智
行銷總監　蔡慧華
出　　版　八旗文化／遠足文化事業股份有限公司
發　　行　遠足文化事業股份有限公司（讀書共和國出版集團）
地　　址　新北市新店區民權路108-2號9樓
電　　話　02-22181417
傳　　真　02-22188057
客服專線　0800-221029
信　　箱　gusa0601@gmail.com
Facebook　facebook.com/gusapublishing
B l o g　gusapublishing.blogspot.com
法律顧問　華洋法律事務所／蘇文生律師

印　　刷　成陽印刷股份有限公司
定　　價　460元
初版一刷　2014年3月
二版一刷　2025年2月
I S B N　978-626-7509-29-6（紙本）、978-6267-509-28-9（EPUB）、978-6267-509-27-2（PDF）

國家圖書館出版品預行編目(CIP)資料

顛覆世界史的蒙古/杉山正明著；周俊宇譯. -- 二版. -- 新北市：八旗文化, 遠足文化事業股份有限公司, 2025.02
面；14.8×21公分. --（另眼看歷史 Another History；01）
譯自：モンゴルが世界史を覆す
ISBN 978-626-7509-29-6(平裝)

1.CST: 蒙古史 2.CST: 世界史

625.7　　113019526